Moshe Talmon

# Schluß mit den endlosen Sitzungen

## Wege zu einer lösungs-
orientierten Kurztherapie

Aus dem Amerikanischen von
Walter Goidinger

# Inhaltsverzeichnis

# Einleitung

Jack ist 42 Jahre alt, verheiratet mit Kirsten und Vater von Jessica (5) und Tom (2). Eines Freitags holte er seine Frau auf dem Heimweg von der Arbeit mit dem Auto ab. Es regnete in Strömen an diesem Tag, zum ersten Mal seit einigen Monaten. Die Straßen waren rutschig und die Sichtverhältnisse schlecht. Das Auto geriet ins Schleudern, und Jack verlor auf der Abfahrt von der Autobahn die Kontrolle über den Wagen. Er rammte die Leitplanken, Kirsten zog sich bei dem Aufprall schwere Verletzungen zu; sie stieß mit dem Kopf gegen die Windschutzscheibe und verlor sofort das Bewußtsein. Jack kam mit einigen Kratzern davon, da die Fahrerseite mit einem Airbag ausgerüstet war.

Nach einem Monat auf der Intensivstation und nachdem sie sich drei Operationen unterzogen hatte, begann sich Kirsten langsam zu erholen und ihre motorischen Fähigkeiten allmählich wiederzuerlangen. Während dieser Genesungsphase erwies sich Jack als hingebungsvoller Vater und Ehemann. Jessica lobte ihn eines Abends sogar als ihren »Superdaddy«. Er kam auch tatsächlich hervorragend mit der Situation zurecht. Er betreute die Kinder, ging gleichzeitig seiner Arbeit nach und stand seiner Frau im Krankenhaus zur Seite.

Doch Kirsten war kaum nach Hause zurückgekehrt, als Jack in depressive Stimmungen und Schuldgefühle verfiel. Er konnte sich an seinem Arbeitsplatz nicht mehr konzentrieren und verlor seinen gewöhnlich guten Appetit. Dazu gesellte sich eine hartnäckige Schlaflosigkeit. Er hoffte, seine Probleme mit Willenskraft und Verantwortungsgefühl für seine Familie loswerden zu können. Jack war noch nie bei einem Psychiater gewesen und verschwendete auch keinen Gedanken an diese Möglichkeit. Doch je mehr er versuchte, sich die Depressionen und Schuldgefühle auszureden, desto ärger schienen sie ihn zu plagen. Nach sechs Monaten anhaltenden Bemühens, die quälenden Gefühle abzuschütteln, fühlte er sich schlechter als je zuvor. Er war nicht nur unfähig, wieder ins Lot zu kommen, sondern verlor nun auch allmählich jede Hoffnung, seine Gefühle und sein Leben in den Griff zu bekommen.

Kirsten erholte sich rasch und war bald wieder ganz die alte. Sie schien mit ihrem Mann die Rolle des Kranken zu tauschen. Schließlich erklärte er sich bereit, Dr. Tyler zu konsultieren, den Hausarzt und langjährigen Freund der Familie. Nach einer gründlichen Untersuchung und mehreren Labortests bat Dr. Tyler seinen Patienten in seine Praxis: »Das Erfreuliche ist, daß dir rein körperlich gar nichts fehlt. Das Unerfreuliche ist, daß dich der Unfall ohne Zweifel depressiv gemacht und psychisch aus der Bahn geworfen hat. Meiner Ansicht nach solltest du einen Psychiater aufsuchen.«

## Depression als Zeichen der Liebe

Jack entschloß sich, seinen Stolz zu vergessen und sein Mißtrauen gegenüber Psychiatern aufzugeben. »Wahrscheinlich hat Dr. Tyler recht. Ich falle euch mit jedem Tag mehr zur Last.« Auf Empfehlung eines Freundes rief er mich an und bat um einen Termin bei einem Psychiater.

»Ich bin klinischer Psychologe, kein Psychiater«, klärte ich ihn auf.

»Worin liegt der Unterschied?« wollte er wissen.

»Der Hauptunterschied liegt darin, daß ich keine Medikamente verschreibe. Ein Psychiater ist Doktor der Medizin, ich bin Doktor der Psychologie.«

»Das ist mir ganz recht. Das letzte, was ich will, sind Psychopharmaka. Wissen Sie, mir reicht's ziemlich, und ich weiß beim besten Willen keinen Ausweg mehr.«

Der Therapeut muß zuerst die Gefühle des Patienten verstehen und respektieren. Er muß versuchen, die positiven Züge in ihm zu aktivieren. Meine Aufgabe war zunächst, die Gefühle Jacks zu entschlüsseln und als berechtigt anzuerkennen. Nachdem ich mir seine Geschichte und das, was er über seine Gefühle unmittelbar nach dem Unfall berichtete, aufmerksam angehört hatte, sagte ich: »Sie haben eindeutig eine Depression. Daß Sie sich so fühlen, liegt daran, daß Sie ein besorgter, liebevoller und verantwortungsvoller Ehemann und Vater sind. Mit Ihrer Depression drücken Sie Ihrer Familie gegenüber auf Ihre Art aus, wie leid es Ihnen tut, den Unfall verursacht zu haben.«

Ich machte eine Pause und fuhr dann fort: »Ihr Besuch bei mir stellt nicht nur den richtigen Schritt zum richtigen Zeitpunkt dar, Sie haben auch eine weise und mutige Entscheidung getroffen: sich Ihren Gefühlen zu stellen und mit einem Psychologen darüber zu sprechen! Niemandem fällt das leicht. Ich weiß Ihre Bereitschaft zu schätzen, dieses Risiko einzugehen, und freue mich über Ihre Offenheit, einen Psychologen zu konsultieren, trotz Ihrer anfänglichen Befürchtungen und Zweifel.

Sie sind offenbar bereit anzuerkennen, daß niemand perfekt

ist – auch Sie nicht. Jeder von uns wird dann und wann von Unfällen – auch von schwerwiegenden – heimgesucht. Sie haben die volle Verantwortung für den Unfall übernommen und sind nun bereit, Ihr normales Alltagsleben als verantwortungsvoller Vater und Ehegatte wiederaufzunehmen. Jetzt können Sie aber auch einen Blick auf die Kehrseite der Medaille werfen: Der Unfall hat Sie gelehrt, wie dankbar Sie sind, daß Ihre Frau und Sie selbst am Leben sind und Ihre Kinder vor Leben und Liebe nur so sprühen. Ich bin sicher, daß Sie versuchen wollen, ihnen Ihre positiven Gefühle auf andere, neue Art und Weise zu zeigen.«

Jack war über meine Antwort überrascht und verwirrt. Später vertraute er mir an: »Ich hatte befürchtet, Sie würden mir vorwerfen, meine Gefühle zu unterdrücken. Ich befürchtete, daß Sie mich über sämtliche Traumata meines Lebens berichten ließen, um mir schließlich zu sagen, meine unbewußten Probleme könnten nur in einer jahrelangen Therapie geheilt werden.«

Jack unterzog sich einer *Single-Session-Therapie* (Therapie in einer einzigen Sitzung)*. Die therapeutische Kunst bestand in diesem Fall darin, Veränderungen zu fördern, die eine praktikable und relativ unmittelbare Lösung ermöglichen. Ich stellte die Depression als Zeichen der Liebe und Besorgtheit dar. Dadurch verschwanden die wiederholt auftretenden Schuld- und Schamgefühle und machten einer Lösungsmöglichkeit Platz, die diesem »Akt der Liebe und Besorgtheit« einen anderen Ausdruck verlieh.

Die Kurztherapie ist keine wunderbare Schnellheilung aller psychischen Probleme. Es handelt sich vielmehr um einen neuen Therapieansatz, der am besten von Jay Haley, Autor,

---

* Im weiteren als »Kurztherapie« bezeichnet (Anm. d. Übers.)

Supervisor und eine führende Autorität in der modernen Psychotherapie, zusammengefaßt wurde: »Die Therapie verhilft uns zu der Erkenntnis, daß die Therapie nach wie vor ein neues und überraschendes Unterfangen ist. Wir hatten angenommen, die Langzeittherapie sei die Grundlage zur Beurteilung aller Therapieformen. Jetzt stellt sich heraus, daß die Therapie in Form eines einzigen Gesprächs die Norm zur Beurteilung der angemessenen Dauer und des Erfolgs einer Therapie werden könnte.«

Die Kurztherapie kann viele psychische Probleme »entknoten«. Sie kann Ihnen helfen, destruktive Verhaltensweisen einzustellen. Sie kann Ihnen kraftraubende Scham- oder Angstgefühle nehmen. Sie kann Ihnen zu dem Mut verhelfen, eine seit langem anstehende Entscheidung zu treffen oder direkt zu handeln. Sie kann Ihnen einen vollkommen neuen Blickwinkel auf Ihre Situation eröffnen. Sie kann Ihnen die Gewißheit geben, daß Sie nicht »ausflippen« oder verrückt werden und daß Sie bald wieder in der Lage sein werden, wie früher zu fühlen, zu denken und zu handeln, was mir auch Jack in einer telefonischen Nachbesprechung sechs Monate nach seinem einmaligen Besuch bei mir bestätigen konnte.

Kein(e) Therapeut(in) sollte allerdings seine/ihre Behandlungen von vorne herein dogmatisch auf eine einzige Sitzung beschränken. Er oder sie muß Ihnen nur so bald wie irgend möglich helfen. Dies kann oft schon in der ersten Sitzung sein. Soweit und sofern Sie mehr Zeit benötigen, können Sie die Therapie jederzeit wiederaufnehmen, wann immer sich in Ihrem Leben die Notwendigkeit dazu ergibt. Möglicherweise benötigen Sie in entscheidenden Phasen Ihres Lebens therapeutische Betreuung. Dann werden Sie eine oder ein paar Sitzungen außerordentlich nützlich finden. Zu anderen Zeiten haben Sie vielleicht das Bedürfnis, daß der Therapeut

Sie ein Stück Ihres Lebensweges begleiten soll, wofür eine längere Therapie erforderlich ist. Bei dieser zuletzt genannten Variante wird es sich aber wohl eher um die Ausnahme als um die Regel handeln.

## Leitfaden zur kürzesten Therapie

*Schluß mit den endlosen Sitzungen* ist so geschrieben, daß niemand Angst vor einer Psychotherapie zu haben braucht oder befürchten muß, die Lösung bedrückender Probleme wie Depressionen, Angstzustände, Impotenz, Kommunkationsdefizite mit der Familie oder geringes Selbstwertgefühl sei erst nach Jahren möglich. Dieses Buch soll Ihnen nicht nur den Einstieg in eine Therapie erleichtern, sondern auch den möglichst raschen Ausstieg aus ihr weisen. Es versteht sich als Leitfaden zur kürzesten Therapie mit dem günstigsten Kosten-Nutzen-Verhältnis: zur Therapie in einer Sitzung, die auf einigen sehr einfachen Tatsachen beruht:

- Jede Therapie beginnt in der ersten Sitzung.
- Oft ist eine einzige Sitzung durchaus ausreichend.
- Die erste Sitzung ist in der Regel die wichtigste, eindrucksvollste und wirksamste – unabhängig von der tatsächlichen Dauer der Therapie.

Die wissenschaftlichen und klinischen Grundlagen des Phänomens der Kurztherapie habe ich in meinem ersten Buch *Single Session Therapy* detailliert beschrieben. Ich werde im folgenden verschiedentlich auf diese eher technischen Erklärungen Bezug nehmen.

*Schluß mit den endlosen Sitzungen* wendet sich an Leser, die sich mit der Frage beschäftigen, wie sich psychische Probleme lösen lassen, die aus Gefühlen, Gedanken und Handlungen in Beziehung zu sich selbst oder zu anderen resultieren. Sie erfahren, wie Sie die Dinge am besten in die Hand nehmen und den Problemlösungsprozeß kürzer, sicherer und weniger kostspielig gestalten können, als Sie dies für möglich gehalten hätten. Sie erhalten Einblicke in psychotherapeutische Zusammenhänge. Ferner erkläre ich, warum eine Therapie nicht unbedingt eine langwierige Angelegenheit sein muß.

Das vorliegende Buch beschreibt, wie eine einmalige Kurztherapie abläuft. Es stellt seinen Lesern ein therapeutisches Alternativmodell vor, das an die Stelle des herkömmlichen, oft abschreckenden Modells treten soll. Die Basis dieses Modells ist die psychische Gesundheit, nicht die Psychopathologie, die krankhafte Veränderung. Der Schwerpunkt liegt nicht auf den Problemen, sondern auf den Lösungen. Im Mittelpunkt steht die Partnerschaft zwischen dem Therapeuten und dem Patienten – nicht Kontrolle, Bevormundung, Dominanz und Hierarchie des einen über den anderen.

Im Laufe der Lektüre werden Sie entdecken, daß die kostengünstigste Behandlung in vielen Fällen der Verzicht auf eine Therapie ist, vorausgesetzt Sie sind bereit, sich selbst als Ihren eigenen (und besten) Therapeuten einzusetzen und die dafür nötigen Fertigkeiten zu lernen. Selbsttherapie kann sogar besser sein als Kurztherapie. Sie können beurteilen, ob Sie das Problem eigenständig lösen können oder ob die Hilfe eines Freundes nötig ist.

Keinesfalls soll es in diesem Buch darum gehen, Therapeuten oder Therapien zu glorifizieren – es soll Ihnen vielmehr helfen, Ihr eigener bester Therapeut zu werden. Dieses Prinzip schließt aber Hilfe von außen nicht aus. Und wenn sie sich tatsächlich überlegen, die Hilfe eines Therapeuten in Anspruch zu nehmen, so sollten Sie dies nicht auf Anraten eines Arztes tun, oder weil Ihr Chef oder Ihr Ehepartner Ihnen vorschlägt, mal »zu jemandem zu gehen«. Druck von außen ist sicher nicht die beste Motivation für Veränderungen.

Die Therapie, wie sie hier präsentiert wird, ist eine partnerschaftliche, wirksame und kurze Methode zur Lösung von Problemen, die sich längere Zeit hinderlich auf die Entwicklungs- und Erfolgsmöglichkeiten von Menschen ausgewirkt haben. Wenn Sie oder jemand aus Ihrem Bekanntenkreis Hilfe von außen benötigen, werden Sie mit Hilfe dieses Buches den richtigen Therapeuten bzw. die richtige Therapeutin finden. Den »richtigen« Therapeuten finden Sie in einer für Sie und Ihre Bedürfnisse passenden Person, die Verständnis für das therapeutische Verfahren entwickelt und erkennt, daß eine Therapie nicht unbedingt lange dauern muß. Schließlich geht das Buch noch auf die Verantwortung von Therapeuten ein und bespricht, wie Sie den Nutzen jeder einzelnen therapeutischen Begegnung maximieren können, egal ob Sie eine einmalige Sitzung vorhaben oder sich gerade mitten in einer Langzeittherapie mit offenem Ende befinden. Wenn ein Mensch zu seinem Problem steht und sich bewußt entscheidet, etwas dagegen zu unternehmen, kann dies Auslöser eines gewaltigen geistigen und körperlichen Therapieprozesses sein. Sich einem Problem zu stellen heißt nicht, sich oder anderen die Schuld zuzuweisen. Unabdingbar ist lediglich der Wunsch, sich um das Problem zu kümmern oder irgendeine Verhaltensweise zu ändern.

*Schluß mit den endlosen Sitzungen* ist kein Buch über außergewöhnliche Menschen oder herausragende Persönlichkeiten. Viele Menschen wissen ihre Probleme eigenständig anzugehen. Manche sind sich ihrer Möglichkeiten bewußt und freuen sich darüber, andere wiederum ignorieren sie vollkommen. Glücklicherweise können die meisten Menschen lernen, ihre Stärken zu sehen und auch zum Ausdruck zu bringen.

Als Diane zu mir kam und mir erzählte, ihr Sohn habe mit Selbstmord gedroht, war sie verängstigt und wie gelähmt. Als ich sie zwei Wochen später wieder traf, war sie eine ausgeglichene und selbstbewußte Frau.

»Seine Drohung hat mich in die Enge getrieben. Ich hatte absolut keine Zeit zu verlieren«, sagte sie. »Kurz nachdem ich mich entschlossen hatte, Sie aufzusuchen, stellte ich mich auch der Konfrontation mit meinem Sohn. Zuerst erklärte ich ihm, daß ich als seine Mutter mit derartigen Drohungen einfach nicht leben kann, dann setzte ich ihm ein Ultimatum: Entweder er reißt sich zusammen, oder er zieht aus. Er entschied sich zu bleiben, und in dieser Woche sehe ich bereits sehr bemerkenswerte Änderungen in seinem Verhalten.«

Diane und ihr Sohn brauchten nur eine einzige therapeutische Sitzung, da ihr die Grundvoraussetzung einer produktiven Therapie klar war: Jetzt ist der Zeitpunkt für Veränderungen – und niemand kann dir besser helfen als du selbst. Vielleicht sind auch Sie der Ansicht, Psychotherapie oder einen Psychiater zu konsultieren komme der Einlieferung in ein »Irrenhaus« gleich oder doch einigermaßen nahe (erinnern Sie sich an Jack Nicholson in »Einer flog über das Kuckucksnest«?), oder vielleicht sehen Sie sich schon auf immer und ewig an die berühmte Couch gefesselt (erinnern Sie sich an Woody Allen in »Der Stadtneurotiker«?). Nur allzuviele Menschen, die an psychischen Problemen leiden, teilen diese Ansicht und verschwenden deshalb keinen Gedanken an eine Behandlung.

Psychische Gesundheit zu erlangen ist viel einfacher und spannender, als Sie sich das vorgestellt haben. Die Arbeit mit psychischen Problemen (und wer leidet nicht darunter?) muß keineswegs ein schmerzlicher und lange währender Prozeß sein. Im Gegensatz zur herkömmlichen Meinung ist es nicht notwendig, Zeit und Geld im Übermaß aufzuwenden, um zu angemessener psychologischer Hilfe zu kommen. Die normalste und kostenwirksamste Form der Therapie ist die, die sich mit einer einmaligen Sitzung begnügt. Und wo dies nicht ausreicht, werden Sie instruiert, wie Sie mit Hilfe einiger zusätzlicher Sitzungen (in den meisten Fällen weniger als zehn) die Therapie erfolgreich abschließen können.

## Psychische Gesundheit – ohne Risiko und kostengünstig

Ihre psychische Gesundheit wiederherzustellen kann ein sicherer, kurzer, billiger und leicht zugänglicher Prozeß sein. Die in diesem Buch empfohlene Therapieform ist insofern sicher, als Sie sich nicht dem Risiko aussetzen, eingesperrt oder in eine Behandlung gezwungen zu werden. Sie werden nicht auf eine lange, niemals abbrechbare Reise geschickt. Sie werden nicht entwürdigt und keinen mysteriösen Geheimnissen ausgeliefert. Die Therapie ist sicher, weil Sie den Ablauf und die Ergebnisse kontrollieren.

Die Kosten werden minimal sein. Sie brauchen Ihrer seelischen Gesundheit zuliebe keine Seminare zu besuchen und keine Kräuter zu kaufen. Ich werde Ihnen zeigen, wie und wo Sie Hilfe von außen mit minimalem Aufwand an Zeit und Geld erhalten. Wahrscheinlich brauchen Sie nicht mehr als eine bis höchstens fünf Sitzungen, die Sie nicht viel kosten werden.

Angesichts der explodierenden Gesundheitskosten im allgemeinen und der psychiatrischen Behandlungskosten im besonderen haben die staatlichen Behörden, die Arbeitgeber und die Versicherungsgesellschaften die Anzahl der bezahlten Psychotherapiesitzungen in den meisten Krankenversicherungssystemen reduziert. So wurden etwa die therapeutischen Sitzungen im Rahmen der Beschäftigten-Hilfsprogramme zur Unterstützung von Arbeitnehmern mit psychischen Problemen in den Vereinigten Staaten auf drei bis fünf eingeschränkt. Gesundheitsorganisationen, die gesundheitliche Vorbeugemaßnahmen finanzieren, begrenzen ihre Therapien vielfach auf sechs Sitzungen. In Deutschland gibt es diese Begrenzung auf Kurztherapien (noch) nicht. Wenn Sie Ihren Therapeuten auf Honorarbasis bezahlen, können Sie (und der Therapeut) natürlich ad infinitum weitermachen, allerdings erstatten die Versicherungen in den Vereinigten Staaten nur die Ausgaben für die Kurztherapie.

In den letzten drei Jahren habe ich Tausende von Therapeuten aus aller Welt in der Kunst der Kurztherapie ausgebildet. Trotzdem wollen sich die meisten Therapeuten noch immer lieber mehr Zeit nehmen, um ihre Patienten und deren Probleme kennenzulernen. Jeder Therapeut hat seinen/ihren eigenen Zugang und Stil; das Gebiet der Psychotherapie ist mit vierhundert verschiedenen Therapiemethoden gesegnet. Ich will Ihnen zeigen, wie Sie die Verantwortung für die Länge der Therapie übernehmen, unabhängig von den Erwartungen und Methoden Ihres Therapeuten. Die Entscheidung, wann Sie eine Therapie beginnen und beenden wollen, liegt ganz allein bei Ihnen. Wenn Sie als aktiver und verantwortlicher Patient an die Sache herangehen, werden Sie bald lernen, sich erreichbare Ziele zu setzen, sich auf das Wesentliche zu konzentrieren und die Therapie so bald wie möglich zu beenden. Sie werden die Empfehlungen des Therapeuten im Alltagsleben umsetzen und die Hilfe von Ihnen nahestehenden Menschen in Anspruch nehmen.

Sie haben den Prozeß der Selbsterforschung bereits begonnen. Mit Hilfe dieses Buches werden Sie zu der Erkenntnis gelangen, daß viele Antworten und »Heilungen« ohne zusätzliche Therapien und Kosten möglich sind. Sie werden

Ihren gesunden Menschenverstand und Ihre Intuition benutzen, und Sie werden die Möglichkeiten Ihrer natürlichen Begabungen ausschöpfen. In den meisten größeren Städten stehen genug psychologische Experten mit Hunderten unterschiedlicher Therapien und Beratungsmethoden zur Verfügung. Sollten Sie also je in eine Situation gelangen, in der Sie Hilfe brauchen, werden Sie diese sofort erhalten, und zwar auf weit mehr als bloß eine Art. Wenn es mit einem Therapeuten nicht klappt, können Sie jederzeit einen anderen konsultieren.

Es liegt mir fern, Sie zu einer Therapie zu überreden (bzw. Ihnen davon abzuraten). Ich versuche nur aufzuzeigen, wie Sie es – mit oder ohne Therapie – am besten anstellen, also wie Sie entweder selbst Ihr bester Therapeut werden oder qualitativ hochwertige und effiziente Hilfe von einem Fachmann/einer Fachfrau erlangen können. Ich hoffe, Sie werden nach der Lektüre dieses Buches das Gefühl haben, daß Ihnen mehr Optionen und die Möglichkeit der Kontrolle bei der Lösung persönlicher Probleme offenstehen.

## Genießen Sie Ihre neu gewonnene Fähigkeit, mit Problemen umzugehen

*Schluß mit den endlosen Sitzungen* bietet einen neuen und hoffnungsvollen Ansatz zur Lösung psychischer Probleme. Ich hoffe, die in diesem Buch vorgestellten Ideen werden Ihnen zu erfrischenden neuen Einsichten verhelfen und sich überzeugend in Ihre bestehenden Kenntnisse und Überzeugungen fügen.

Das vorliegende Buch markiert einen neuen Abschnitt in der Geschichte der Psychotherapie, einen Wechsel, der vielerorts und im Bewußtsein vieler Menschen stattfindet. Der Schwerpunkt wird auf die psychische Gesundheit gesetzt. Statt auf die vorhandenen Defizite zu starren, wird der Blick auf positive Fähigkeiten gelenkt. An die Stelle hierarchischer Verhältnisse treten Partnerschaft und vernetzte Strukturen. Therapeuten und Ärzte werden von Selbsthilfegruppen abgelöst. Die Vorstellung einer absolut gültigen Expertenmeinung wird zugunsten einer Vielfalt möglicher Optionen aufgegeben. Und was den Streß betrifft, so können wir lernen, diesen als Herausforderung, als Ausgangspunkt für neue Lernprozesse zu betrachten, und nicht als Grund, sich niedergeschlagen zu fühlen oder Valium einzunehmen.

Die Grundlage dieses Buches bildet eine Reihe formeller und informeller Studien darüber, wie sich eine nur einmalige Begegnung von Therapeut und Patient auswirken kann. Vorerst wollte ich wissen, wie oft so etwas überhaupt passiert, zumal ich immer gelernt hatte, eine Therapie als langfristigen Prozeß zu sehen. Ich prüfte 100 000 psychotherapeutische Termine, die in einem großen kalifornischen Medical Center über einen Zeitraum von fünf Jahren stattgefunden hatten, und verglich die Ergebnisse mit anderen Studien und großen Untersuchungsreihen. Dann führte ich Nachbesprechungen mit 200 eigenen Patienten, die nach der ersten Sitzung (oft gegen meinen Rat) nicht mehr in meine Praxis gekommen waren. Mit zwei begabten und erfahrenen Therapeuten (Dr. Robert Rosenbaum und Michael F. Hoyt) bot ich in sechzig Versuchen eine Kurztherapie, wobei sowohl der Therapeut als auch der Patient sich die Option einer längeren Therapie offenhielten, falls eine solche angezeigt wäre.

# Wem nützt die Kurztherapie?

Zu Beginn unserer Studie dachten wir, diese Art der Therapie würde nur zwei Patiententypen mit relativ harmlosen Schwierigkeiten helfen: Den »besorgten Gesunden«, worunter wir Menschen verstehen wollen, die befürchten, psychisch krank zu sein, aber mit großer Gewißheit dahingehend beruhigt werden können, daß sie zwar möglicherweise eine schwere und angstbelastete Zeit durchmachen, aber keineswegs krank oder verrückt sind. Und zum zweiten den »seelisch Erschütterten«, also Menschen, die infolge eines kürzlich stattgefundenen traumatischen oder belastenden Ereignisses (wie eines Autounfalls oder einer Scheidung) akute Symptome (z. B. Angstzustände oder Depressionen) zeigen, aber in der Lage sind, sich in angemessener Zeit nach dem Zwischenfall wieder zu fangen. Zu unserem großen Erstaunen konnten aber mit Hilfe unserer Kurztherapie auch viele schwerwiegende und seit langem bestehende Probleme drastisch verbessert werden. Ein kokainsüchtiger Mann, eine unter physischer Gewalt leidende Familie, eine übergewichtige Frau, die jede nur denkbare Diät erfolglos ausprobiert hatte, und viele mehr sind zu nennen.

## Mythos »Therapie«

Eines der Haupthindernisse auf der Suche nach psychologischer Beratung ist das Geflecht aus Mythen und seltsamen Geschichten, das sich um die Gestalt des »Seelenklempners« rankt. Haben Sie sich schon einmal gefragt, inwieweit Ihre eigene Vorstellung von Psychotherapie der Realität entspricht?

Ich habe eine Liste weit verbreiteter Ansichten über die Psychotherapie zusammengestellt. Es ist eine Aufgabe dieses Buches, viele dieser Mythen als unzutreffend zu entlarven, oder zumindest als Elemente eines spezifischen Denkmodells, das aber weder naturgegeben noch unvermeidlich ist.

- Wer unter psychischen und geistigen Krankheiten leidet, sucht einen »Irrenarzt« auf.
- Therapien müssen lange dauern, weil seelische Probleme im Unbewußten verborgen sind und ihre Ursache in längst vergessenen, frühkindlichen Traumata haben.
- Je gravierender und länger anhaltend das Problem ist, desto zeitaufwendiger gestaltet sich die erforderliche Therapie.
- Wer seine Therapie abbricht, bevor der Therapeut dies vorschlägt, verleugnet seine wirklichen Probleme vor sich.
- Je mehr, desto besser. Eine Langzeittherapie wird bessere Ergebnisse als eine Kurztherapie bringen, weil sie tiefer geht und so zum Kern des Dilemmas vordringt.
- Damit eine Therapie überhaupt wirken kann, bedarf es tiefgreifender Charakteränderungen.
- Therapie ist langwierige und harte Arbeit. Wunder gibt es nicht, und auch keine Schnellösungen.
- Der Therapeut kann das wahre Problem sowie die angezeigte Behandlung objektiver und exakter beurteilen als der Patient/die Patientin.
- Gute Therapeuten entdecken die dunklen Geheimnisse einer menschlichen Existenz.

Diesen Vorurteilen stehen die folgenden Fakten gegenüber:
- Die Mehrzahl aller Menschen mit akuten psychischen Problemen nehmen die Hilfe therapeutischer Experten gar nicht in Anspruch.
- Von denen, die schließlich eine therapeutische Praxis aufsuchen, wollen die meisten wiederum keineswegs »analy-

siert« werden oder für eine Langzeittherapie »auf der Couch liegen«, wie dies die Therapeuten in ihrer Ausbildung machen. Die Mehrheit der Patienten will das Problem *jetzt* lösen und so schnell wie möglich ins normale Alltagsleben zurückkehren.

- Viele kommen nur einmal. Durchschnittlich halten die Patienten die Therapie drei bis sechs Sitzungen. Der Patient will in der Regel eine kürzere Therapie, als die Therapeuten dies gerne hätten.

## Erkenntnisse aus der Forschung

Der Mythos, daß eine längere Therapie bessere Resultate zeigt, läßt sich nur schwer beseitigen. Im folgenden liefere ich eine kurze Zusammenfassung von Forschungsergebnissen, die dem potentiellen Patienten nur selten zugänglich gemacht werden. (Vollständige Quellenangaben finden Sie in der Bibliographie). Die präsentierten Ergebnisse basieren auf einem umfassenden Forschungsüberblick zum Vergleich von Langzeit- und Kurzzeittherapien. Professor Bernard L. Bloom von der University of Colorado wertete 460 Publikationen zu diesem Thema aus. Daraus zitiere ich einige interessante Resultate:

- Menschen, die für eine kurze psychiatrische Behandlung (drei bis fünf Tage) stationär behandelt wurden, erzielten genauso gute Resultate wie andere, die sich unter ähnlichen Umständen einer extensiven (durchschnittlich 60 Tage) stationären Behandlung im Krankenhaus unterzogen. Viele dieser Kurzzeitpatienten erfreuten sich langfristig besserer Gesundheit, d. h. sie mußten weniger und kürzere Rückfälle hinnehmen, die erneute Aufnahmen ins Krankenhaus notwendig machten.

- Menschen mit vergleichbaren Diagnosen, die lediglich ambulant behandelt wurden (für gewöhnlich eine fünfzigminütige Sitzung pro Woche), erzielten zumindest die gleichen Erfolge, wenn nicht gar größere, wie die in ein Krankenhaus aufgenommenen (bei einem Intensivprogramm von zumindest acht Stunden/Tag therapeutischer Aktivitäten in kontrollierter Umgebung).
- Eine Sitzung pro Woche ist für den Klienten genauso nützlich wie mehrere Sitzungen (zwischen zwei und fünf Mal pro Woche).
- Kurzzeittherapie (definiert als Therapie bis zu maximal 20 Sitzungen) ist im großen und ganzen ebenso wirksam wie Langzeittherapie (ein Jahr und länger mit durchschnittlich sechsundsiebzig Sitzungen).
- Therapeuten, die eine lange und umfassendere Ausbildung hinter sich hatten (Psychiater und Psychoanalytiker), erzielten keine besseren Resultate als Therapeuten mit kürzerer Ausbildung (wie beispielsweise Sozialarbeiter). Therapeuten, die sich selber einer Therapie unterzogen haben, sind nicht erfolgreicher als diejenigen, bei denen dies nicht der Fall ist. Therapeuten, die mehr Zeit und Geld in ihre Ausbildung (einschließlich ihrer eigenen Therapie) investiert haben, verlangen in der Regel höhere Honorare, ohne aber für das Geld notwendigerweise auch Besseres zu bieten.
- Und am erstaunlichsten: In einer Studienreihe, die ich mit meinem Kollegen Michael Hoyt und Robert Rosenbaum 1987–1989 am Kaiser Permanente Medical Center durchführte, stellte sich heraus, daß Patienten, die lediglich eine einzige Sitzung absolviert hatten, genauso erfolgreich waren wie andere, die sich einer längeren Therapie unterzogen. Die Patienten von Kurztherapien waren dabei keineswegs die mit den einfacheren Problemen. Unter ihnen wa-

ren schwere Alkoholiker zu finden, Drogensüchtige und Menschen, die einschneidende und in hohem Maße belastende Erlebnisse hinter sich hatten, etwa Gewaltanwendungen in der Familie, Todesfälle und kürzlich erfolgte Scheidungen.

Diese Zusammenfassung beruht jedoch nicht auf radikalen, obskuren oder anderen außergewöhnlichen wissenschaftlichen Erkenntnissen. Die skizzierten Ergebnisse sind vielmehr charakteristisch für die normale, alltägliche Realität in den psychotherapeutischen Institutionen der Vereinigten Staaten. Führende Autoritäten auf dem Gebiet der psychotherapeutischen Forschung haben auf die zahlreichen Indizien aufmerksam gemacht, die allesamt darauf hinweisen, daß therapeutische Kurzkontakte signifikante und anhaltende Auswirkungen hervorrufen. Der naheliegendste Schluß daraus lautet: Mehr muß nicht unbedingt besser sein! Auch wenn wir die zitierten Forschungsergebnisse vorsichtiger interpretieren, können wir mit ziemlicher Sicherheit sagen, daß der Patient mit einer kürzeren Therapie ein günstigeres Preis-Leistungsverhältnis erzielt. Das Risiko hoher Ausgaben für bescheidene Ergebnisse wird so jedenfalls vermieden. Entdecken Sie Ihre eigenen Kapazitäten zur Problemlösung. Lesen Sie dieses Buch mit Genuß. Sie können es jetzt gleich oder später lesen, ausschnittsweise oder von der ersten bis zur letzten Seite, ganz wie es Ihnen beliebt. Machen Sie sich erst dann an die Lösung Ihrer Probleme, wenn Sie sich dazu bereit fühlen. Bis dahin sind die Ideen, die Ihnen in diesem Buch nützlich erscheinen, in Ihrem Gedächtnis gut aufgehoben, um jederzeit aktiviert zu werden, wenn Sie das wünschen bzw. wenn Sie sich dazu in der Lage fühlen. Die Natur ist voller Wunder, und Ihre eigene geistige Existenz ist voller Rätsel und mysteriöser Fähigkeiten. Vielleicht wird der eine oder andere Abschnitt dieses Buches da und dort für größere Klarheit sorgen. Die Ideen, Bilder und Beispiele in diesem Buch sollen Ihnen geistige Nahrung bieten. Ein Perspektivenwechsel in der Betrachtung eines Problems wird wahrscheinlich auch die zugrundeliegende Erfahrung verändern. Genießen Sie es – Ihr wertvollster Verbündeter auf dem Weg zum Erfolg sind schließlich Sie selbst!

# Kapitel 1

# Ein neuer Zugang zur Psychotherapie

Psychotherapie, die moderne und wissenschaftlich fundierte Methode zur Behandlung psychischer Probleme und geistiger Störungen, behandelt und heilt nur einen kleinen Prozentsatz derer, die es am dringendsten nötig haben. Im Februar 1993 zeigte Dr. Darrel Regier, Direktorin der Abteilung für epidemiologische Studien am National Institute of Mental Health (Institut für psychische Gesundheit), in einer landesweiten Studie, daß ca. zweiundfünfzig Millionen Amerikaner unter einem psychischen Problem leiden. Allerdings erhalten nicht mehr als 8 Prozent der Betroffenen auch tatsächlich eine Behandlung. »Es ist nicht auf die leichte Schulter zu nehmen«, kommentiert Dr. Regier diese Daten, »daß jeder fünfte Amerikaner eine diagnostizierbare seelische Störung hat und nicht dagegen behandelt wird.« Kurz gesagt heißt das, daß die meisten Menschen auf die Hilfe eines ausgebildeten Therapeuten (eines Psychiaters, eines klinischen Psychologen oder eines Sozialarbeiters mit therapeutischer Zusatzausbildung) verzichten, wenn sie mit einem seelischen Problem konfrontiert sind (ganz zu schweigen von psychiatrisch zu behandelnden Krankheiten). Diese Tatsache hat sich auch nicht geändert, seit es in den meisten Kommunen eine ausreichende Zahl zugelassener Therapeuten gibt.

Bedarf an psychologischer Hilfe gibt es überall. Zunehmender beruflicher Streß, zerrüttete Ehen, Scheidungen, Versagen in intimen Beziehungen, geringes Selbstwertgefühl und hohe Bereitschaft zu Mißbrauch (chemischer, sexueller, emotionaler oder physischer Art) – alle diese unter sogenannten *normalen* Menschen heute üblichen Phänomene führen zu einer dramatischen Zunahme psychischer Probleme.

Es betrübt mich, daß Therapeuten offenbar nicht fähig sind, die Menschen zu erreichen, die von psychologischer Hilfe profitieren könnten. In Zeiten explodierender Gesundheitskosten sind wir außerstande, den potentiell billigsten und erfolgversprechendsten Weg zur besseren Gesundheit anzubieten. Psychologische Hilfe kommt ohne Chirurgie oder teure Technologie aus. Und dennoch scheinen die Menschen eher bereit zu sein, zu Medikamenten mit starken Nebenwirkungen zu greifen oder sich kostspieligen Operationen mit allen damit verbundenen Komplikationen und Risiken zu unterziehen, als psychologische Hilfe in Anspruch zu nehmen.

In ihren Forschungen über Depressionen haben Aaron Beck und Marty Seligman von der Universität Pennsylvania Anhaltspunkte dafür gefunden, daß zwischen fünfundvierzig und neunzig Prozent der depressiven Menschen von ihren Hausärzten oder den erstbehandelnden Ärzten falsch diagnostiziert werden. Die Depression wird entweder gar nicht oder mit falschen Medikamenten behandelt. Ein Patient, der seinem Arzt gegenüber zwar keine Depressionen erwähnt, wohl aber von Schlafproblemen berichtet, bekommt möglicherweise Valium oder Halcyon verschrieben. Bei derartigen Medikamenten besteht aber nicht nur die Gefahr eines Gewöhnungseffekts, sie können auch zu einer Vertiefung der Depression führen. Eine Depression schwächt das Immunsystem und kann aus diesem Grund Anlaß zahlreicher anderer Krankheiten sein, die vermeidbar sind. Die unterschiedlichen wissenschaftlichen Nachweise, daß Depressionen die Funktionstüchtigkeit des Immunsystems beeinträchtigen können, wurden von Joseph R. Calabrese, Mitchel A. Kling und Philip W. Gold vom National Institute of Mental Health in Rockville, Maryland, zusammenfassend dargestellt (vergleiche Bibliographie). Das Traurige daran ist, daß die meisten Depressionen wirksam, sicher und rasch innerhalb einiger weniger Sitzungen in einer wissenschaftlich gut erforschten und fundierten Behandlung mit kognitiver Therapie, mit oder ohne zusätzliche Antidepressiva, behandelt werden können.

Andererseits scheint es so zu sein, daß diejenigen, die auf die Hilfe von Therapeuten vertrauen, nicht mehr von ihrer Therapie loskommen. Mein Freund Woody war als Erwachsener in Therapie, bis jetzt schon über zwanzig Jahre! Sein Therapeut ist ein hochangesehener Fachmann, der auch an der Universität lehrt und viele andere Therapeuten ausbildet bzw. berufsbegleitend unterstützt. Woody ist keineswegs hilflos. Er steht zu seinen eigenen Gefühlen und Vorstellungen. Beruflich ist er durchaus erfolgreich. Er ist kreativ und produktiv und hat zahlreiche Bücher veröffentlicht, die allesamt ausgezeichnete Kritiken erhielten.

Und trotz allem ist er ein verzweifelter und unglücklicher Mensch, der das Gefühl hat, ein sinnloses Leben zu führen. Warum? Nun, weil seine wichtigsten menschlichen Beziehungen, insbesondere zu Frauen, beständig mit Problemen behaftet sind. Seine erste Ehe endete nach qualvollen Jahren mit einer Scheidung. Kurz darauf verliebte er sich in eine andere (verheiratete) Frau. Nachdem diese sich hatte scheiden lassen, um mit ihm leben zu können, ging es auch mit dieser Beziehung rasch bergab, und jetzt machen sich die beiden das Leben mit endlosen Streitereien und gegenseitigen Enttäuschungen schwer.

In der Therapie hat Woody gelernt, sich selbst zu verstehen – nicht aber andere. Er entwickelte eine erstaunliche Fähigkeit, sich an seine Träume zu erinnern und sie zu analysieren, während er gleichzeitig immer öfter die allergrundlegendsten Bedürfnisse seiner Frau und der Kinder ignorierte. Er ist ganz einfach viel zu sehr mit sich selbst beschäftigt, auf seine eigene seelische Erlebniswelt konzentriert. Wenn wir zusammen sind, kann er stundenlang sein Privatleben analysieren, nicht selten auf Kosten seiner Fähigkeit, anderen Menschen in seiner Umgebung, einschließlich seiner Kinder, die gebührende Aufmerksamkeit zukommen zu lassen.

Es herrscht nach wie vor die Ansicht, daß dauertherapierte Menschen wie Woody die typischen Therapiepatienten sind. Und die »wirklich Verrückten« scheinen, so die gängige Vorstellung, Gefangene oder Abhängige des psychiatrischen Systems zu werden, beständig unter schwere Medikation gesetzt und Dauergäste in psychiatrischen Anstalten. Ihre Biographien sind als psychiatrische Laufbahnen zu begreifen, ohne Bezug zum normalen Leben. Kein Wunder, daß derartige Vorstellungen die Menschen verängstigen und abschrecken.

Die moderne Psychotherapie hat bei diesen Menschen in ihrer wichtigsten Aufgabe versagt: Ihnen zur Selbsthilfe zu verhelfen, ihnen zu helfen, ihr eigenes Geschick wieder in den Griff zu bekommen und neue Hoffnung zu schöpfen, ihnen unbelastet von unnötigen Abhängigkeiten den Weg zurück ins gewöhnliche Leben zu weisen, und dies womöglich nicht erst nach vielen Jahren in psychiatrischer Behandlung. Die moderne Medizin hat ihren Patienten einen schlechten Dienst erwiesen, indem sie mehr versprochen hat, als sie halten konnte, und indem sie den Menschen die Möglichkeit eines schmerz- und risikofreien Lebens vorgaukelte. Viele Therapeuten verkaufen die romantische Vorstellung eines Menschen, der seine Gefühle, Gedanken und Handlungen hundertprozentig unter Kontrolle hat, das Drehbuch seines Lebens ganz allein verfaßt und souverän seine Umwelt kontrolliert. Die Therapeuten wären gut beraten, weniger zu versprechen und mehr einzuhalten. Die Patienten wiederum sollten sich sowohl der Möglichkeiten als auch der Grenzen bewußt sein, die auch einem Arzt oder Psychiater gesetzt sind.

Als ich mich entschloß, dieses Buch zu schreiben, ging es mir hauptsächlich darum, die um die Psychotherapie sich rankenden Mythen zu erhellen und einen Beitrag zur leichteren Zugänglichkeit sowie zur größeren Attraktivität von Therapien zu leisten. Je tiefer ich mich auf dieses Thema einließ, desto klarer wurde mir, daß die Angst vor Psychiatern, Psychotherapie und psychiatrischen Etikettierungen wohl in der alltäglichen therapeutischen Praxis begründet ist (eine detaillierte Beschreibung und Diskussion dieser Zusammenhänge findet sich in: Jeffrey Mason: *Against Therapy*).

Allzuviele praktische Ärzte und Psychiater sind dazu ausgebildet, nur so lange zu helfen, als sich ihre Patienten in einem hilflosen und beschädigten Zustand befinden. Status des Therapeuten und finanzielle Anreize bilden den Angelpunkt für die Aufrechterhaltung eines ganz bestimmten Krankheitsmodells und verführen zu langwierigen, manchmal drastischen Interventionen. Je ernsthafter und komplizierter das Problem bzw. die Krankheit ist, desto höher ist wahrscheinlich der Status des behandelnden Experten und – daraus folgend – seine Autorität und sein Einfluß in der Fachwelt. Status und Gehälter sind im medizinischen Bereich bekanntlich bei den Chirurgen am höchsten. Was die Psychotherapie betrifft, sind die Psychiater in puncto Status und Einkommen am besten gestellt. In neueren Untersuchungen hat sich herausgestellt, daß die Patienten größere Mengen an Medikamenten bekommen, öfter chirurgisch behandelt und teuren, vielfach unnötigen medizinischen Prozeduren unterzogen werden, je ausgeprägter und höher der Status des behandelnden Arztes ist. Ein Beispiel: Der Patient, der sich an einen privaten Psychiater wendet, wird mit größerer Wahrscheinlichkeit medikamentös behandelt, hospitalisiert und – ob angebracht oder nicht – einschneidenderen Behandlungen ausgesetzt, als dies bei der Konsultierung eines Sozialarbeiters der psychosozialen Dienste und Beratungsstellen der Fall wäre.

## Problemgerede

Das moderne Auge ist durch Fernsehen und Film gut darauf trainiert, das Falsche, Tragische, Konfliktbeladene und Krankmachende sofort zu erkennen. Viele Leute geraten dadurch über kurz oder lang in einen Filz aus negativem Denken und Problemgerede – beides Bedingungen, die hervorragend in die medizinischen und psychiatrischen Landschaften passen. Die meisten Leute glauben, daß sie in einer Therapie nur zu erzählen brauchen, was schiefläuft, wo das Problem liegt und was ihnen zu schaffen macht. Das und nichts anderes werde von ihnen erwartet. Indem sie sich aber darauf beschränken, über ihre Sorgen und Schmerzen zu sprechen, fügen sich viele dieser Patienten in eine ausschließlich passive Rolle nach dem Muster »Ich sag' dir, was mit mir los ist, und du, lieber Doktor, wirst mir schon zu helfen wissen.«

In der westlichen Kultur scheint es so zu sein, daß es Therapeuten und Ärzten um so besser geht, je kränker und leidender die Bevölkerung ist. Nicht zu Unrecht heißt es: Chirurgen tragen ihre Fehler zu Grabe, Architekten bepflanzen ihre mit Lorbeer und Rechtsanwälte besuchen ihre Fehler im Gefängnis. Und die erfolglosen Fälle der Psychotherapeuten? Na, die kehren jede Woche aufs neue zurück, um den Therapeuten wöchentlich in Anspruch zu nehmen. Und das in vielen Fällen über Jahre hinweg. Für relativ normale Menschen kann die Therapiesitzung zu einem sozialen Ereignis werden, zu einer wöchentlichen Seelenmassage oder auch zu einer Dauerentschuldigung, um sich der vollen Verantwortung für sein Leben und seine zwischenmenschlichen Beziehungen zu entziehen. Die Therapie kann die Funktion einer Krücke erfüllen, eines geschützten Bereichs zur Diskussion von Konflikten, die besser an dem Ort besprochen würden, wo sie entstehen. Diese Sicherheit kann für eine Weile wichtig sein, nach einer Zeit aber in eine unproduktive Flucht vor Verantwortung ausarten.

Wenn eine Therapie länger als ungefähr zehn Sitzungen dauert, so ist die Wahrscheinlichkeit ziemlich hoch, daß sich das Ganze zu einer unbegrenzten, mehrere Jahre dauernden Angelegenheit auswächst.

Menschen, die sich auf einen permanenten Patientenstatus einlassen, sind für einen freischaffenden Therapeuten naturgemäß äußerst begehrenswert. Was wäre auch angenehmer, als die Unabhängigkeit des Freiberuflers in Kombination mit der Gehaltssicherheit eines angestellten Beschäftigten genießen zu können. Der Patient, der sich zu einer Dauertherapie entschließt, will damit vielleicht bloß den Schwierigkeiten und oftmals unangenehmen Realitäten des Lebens ausweichen. Menschen, die sich ihre Zeit verhältnismäßig frei einteilen können, benutzen die regelmäßigen Therapiesitzungen womöglich als Ritual, den ruhig thronenden Zeitpfeiler in ihrer Woche, um den herum sie die restlichen Aktivitäten aufbauen können. Die Rolle des Patienten wird mit der Zeit recht bequem und förderlich für das Selbstwertgefühl, zumal Verantwortung und oft auch Entscheidungsmacht sozusagen einem »Experten« übertragen werden. Neben der laufenden Hilfe liefert die zeitlich unbegrenzte Therapie noch den Nachweis – oder doch den Anschein eines solchen –, daß sich der Patient um sein Problem kümmert und daß jemand da ist, der willens und fähig ist zu helfen. Wo sonst in unserer heutigen Welt lassen sich derart ideale Bedingungen für beide Seiten noch finden?

## Mißbrauchte Therapie

Heute werden psychologischer Rat und moralisches Urteil auf unangemessene Weise miteinander verknüpft. Die Psychotherapie wird vielfach als Verfahren betrachtet, mittels dessen der Patient durch Zwang oder List zu Veränderungen bewegt werden soll. Diese irrtümlichen Auffassungen hindern viele Menschen daran, sich ihren psychischen Problemen wirklich zu stellen.

Nicht selten wird das Problem eines Mitmenschen als »psychologischer« oder »psychiatrischer« Natur bezeichnet, um den damit Belasteten als minderwertig, verrückt oder im Irrtum befindlich zu brandmarken. Kein Wunder, daß angesichts derartiger Abstempelungen viele Menschen ihre seelischen Probleme geradewegs verleugnen. Wenn aber Psychiatrie und Psychologie von einer Autoritätsperson dazu mißbraucht werden, andere abzuqualifizieren, abfällig zu beurteilen oder ihnen gar ihre persönliche Freiheit abzusprechen, dann stimmt wohl etwas ganz Gravierendes nicht. Tragisch ist in diesem Zusammenhang die Tatsache, daß psychiatrische Zwangsbehandlungen zumeist von liebevoll besorgten Eltern, Freunden und Partnern veranlaßt werden, die überzeugt sind, zum besten des Patienten zu handeln.

In den meisten Fällen schafft erzwungene psychiatrische Behandlung allerdings mehr Probleme als sie löst. Jemand, der versucht, eine andere Person mit Zwang und Druck dazu zu bringen, anders zu werden, mißbraucht ein Autoritätsverhältnis und setzt psychologische Mittel als eine Form moralischen Urteils oder emotionaler Tyrannei ein. Von einem therapeutischen, hilfreichen oder nur wirksamen Weg zur Lösung psychischer Probleme kann hier nicht die Rede sein.

Als Eltern mich baten, in meiner Eigenschaft als Therapeut ihren Sohn dazu zu bringen, abends pünktlich nach Hause zu kommen, erklärte ich, daß ich wohl Polizist geworden wäre, wenn ich es als meine Aufgabe betrachten würde, die Ausgehgewohnheiten ihres Sohnes zu überwachen. Als eine Frau mich ersuchte, ihrem Ehemann psychiatrische Probleme zu attestieren, lehnte ich dies mit der einfachen Begründung ab, daß ich, wollte ich über andere Menschen urteilen, wohl Rechtswissenschaft hätte studieren müssen. Ein Therapeut ist nicht berufen, die Handlungen anderer Menschen als moralischer Richter zu beurteilen. Seine bzw. ihre Aufgabe liegt vielmehr darin, als Katalysator die Potentiale und Fähigkeiten der Patienten zu aktivieren, so daß sie ihre Probleme selber bewältigen können.

Wer einen anderen unter Einsatz psychologischer Mittel zur Änderung von Verhaltensweisen zwingt, betreibt Mißbrauch. Außerdem schreckt er die Menschen davon ab, sich mit ihren seelischen Problemen auseinanderzusetzen. Viele Menschen ziehen deshalb keinen Gewinn aus Behandlungen, weil die Initiative nicht von ihnen ausging, sondern von anderen, womöglich unter Drohungen oder durch die Ausübung von Macht. Allen Frances und John Clarkin vom Cornell University Medical College haben ermittelt, daß nicht weniger als fünfunddreißig bis vierzig Prozent der Patienten die Behandlung fortsetzen, obwohl sie negativ oder gar nicht auf die Therapie reagieren. Am offensichtlichsten sind die Fälle der sogenannten Soziopathen oder Psychopathen – das sind jene Patienten, die asoziales oder kriminelles Verhalten an den Tag legen und von Rechts wegen einer Behandlung zugewiesen werden, nachdem sie ein Verbrechen begangen haben. Weitere Beispiele lassen sich unter jenen Menschen finden, die, als Alkoholiker oder Suchtkranke abgestempelt, eine Behandlung nur unter Scheidungsandrohungen oder aus Angst vor Verlust des Arbeitsplatzes auf sich nehmen. Fünfzig Prozent oder mehr dieser Patienten werden durch einen teuren und langwierigen Behandlungsprozeß geschleust, nur um kurz danach ihre alten Verhaltensweisen wieder aufzunehmen. Eingeprägte Gewohnheiten zu ändern ist schon schwierig genug, wenn die Bereitschaft dazu vorhanden ist. Unter Druck und Drohungen von außen ist das Bemühen darum für gewöhnlich bloß eine Verschwendung von Zeit und Geld. Und viele Patienten sind ja auch schlau genug, Fortschritte vorzutäuschen, damit sie aus der Behandlung entlassen werden.

## Die Pathologisierung der Sprache

Eine weitere Fehlleistung unserer modernen Psychiatrie ist deren Bereitschaft, ihre zur Beschreibung psychopathologischer Phänomene ausgebildete Sprache Menschen und Institutionen zur Verfügung zu stellen, denen es darum geht, Kontrolle über Randgruppen auszuüben. Durch die Verwendung psychiatrischer Etiketten und Definitionen zur Identifizierung und Aussonderung von Bevölkerungsgruppen oder

Menschen, die bestimmten Lebensformen oder politischen Überzeugungen anhängen, kann der maßgebende Teil einer Gesellschaft bequem seinen Vorstellungen von sich selbst als »normal und gesund« frönen. In vielen Staaten ist es gesetzlich erlaubt, »außer Kontrolle« geratene Mitmenschen einer psychiatrischen Zwangsbehandlung zu unterziehen, sie einzusperren und gegen ihren Willen starken Medikationen auszusetzen. Kein Wunder, daß in Privatkrankenhäusern ausgerechnet die psychiatrischen Abteilungen für Teenager am besten florieren, deren Eltern mit ihrer Erziehung nicht mehr zurechtkommen.

Auch die Verwendung des psychologischen Jargons im Alltagsleben kann zu Problemen führen. In unserer Kultur der Pathologisierung alltäglicher Probleme werden wir ununterbrochen mit neuen psychiatrischen Etikettierungen bombardiert. Psychologische Fachbegriffe wie *Depression, Streß, hysterisch* und *paranoid* werden heute auch von Laien mit Selbstverständlichkeit verwendet, um sich selbst und andere zu beschreiben. Oder nehmen wir den relativ neuen Begriff »Abhängigkeit«, der längst nicht mehr auf das Alkoholproblem beschränkt ist, sondern auf alle anderen Lebensbereiche ausgedehnt wird, etwa auf Essen, Sex, Einkaufen, Arbeiten, Sport und auf die Fürsorge unserer Liebsten. Allen Aktivitäten in den genannten Zusammenhängen werden im Falle von Über- oder Untertreibungen pathologische Ausdrücke zugeordnet. Als ich ein Kind war, legte meine Großmutter zwar gebührenden Wert darauf, daß alles »mit Maß und Ziel« getan werden solle, allein sie konnte nicht ahnen, daß die Formulierung dieses Anspruchs in unserer gemeinsamen Sprache gegen andere Menschen verwendet werden würde, um diesen das Stigma der Krankhaftigkeit zu verleihen. Wie Professor Kenneth J. Gergen vom Swarthmore College in seinem Buch *The Saturated Self* festhält, liegt eine besondere Gefahr darin, daß die Menschen »in einer unendlichen Krankhaftigkeitsspirale gefangen werden*. Wenn heute schon intensivere Einlassungen auf Sport, Religion, Essensgenuß, Arbeit und Sex fragwürdig werden oder nach fachmännischer Behandlung verlangen, was wird dann morgen noch als unverfänglich übrig bleiben?«

Der potentielle Mißbrauch psychiatrischer Etikettierungen ist sogar noch schwerwiegender, wenn er unter Berufung auf Wissenschaftlichkeit stattfindet und im Kleid objektiver Wahrheit auftritt. Die American Psychiatric Association hat großen Aufwand betrieben, abnormales Verhalten in klaren, funktionalen und objektiven Begriffen zu beschreiben. Alle paar Jahre werden die diagnostischen Kriterien für seelisch-geistige Störungen neu formuliert. Vor fünfzehn Jahren wurde der entsprechende Katalog als DSM-II bezeichnet. Im Jahr 1980 erfolgte eine umfassende Revision zu DSM-III, Mitte der achtziger Jahre wechselte man zu DSM III-R, und jetzt, zu Beginn der neunziger Jahre, stehen wir bereits bei DSM-IV. Wenn wir, die Fachleute für geistig-seelische Gesundheit, ganz ehrlich sein wollen, müssen wir uns von der Vorstellung verabschieden, daß es sich bei den Kategorien für psychische Krankheiten und Funktionsstörungen um objektive Wahrheiten handelt. Meiner Ansicht nach ist es weder richtig noch falsch zu sagen, daß andere Menschen schizophren sind, Alkoholiker oder Depressive, oder daß einige Ehepartner von einander abhängig sind. Es handelt sich doch lediglich um Denk- oder Sprechweisen, um Versuche, unsere Erfahrungen mit Sinn auszustatten oder einzuordnen.

Das Problem dessen, der Psychotherapie anbietet, ist dann noch komplizierter, wenn er oder sie – so wie dies bei mir

---

* Das Buch von Gergen erscheint 1996 in deutscher Übersetzung unter dem Titel: *Das überflutete Selbst. Identitätsprobleme im heutigen Leben.*

der Fall war – unter der Voraussetzung ausgebildet wurde, daß Psychiatrie und klinische Psychologie Fachgebiete sind, deren Schwerpunkt darin liegt, die jeweils zugrundeliegende Psychopathologie zu diagnostizieren. In medizinischen Tests mag es schon zulässig sein, den Bereich des Normalen zu quantifizieren und von abnormalen Funktionsweisen eindeutig abzugrenzen. Eine psychiatrische Diagnose hingegen steht unter dem entschiedenen Einfluß der Motive, des kulturellen Hintergrunds und der ideologischen Standpunkte des Behandelnden. Es wäre wohl keine Schwierigkeit, bei jedem Patienten, der um meine Hilfe bittet, eine psychische Störung zu finden und damit eine Behandlung zu rechtfertigen. Kurz gesagt meine ich, daß viel zu viele Therapeuten aufgrund einer entsprechenden Ausbildung der Ansicht sind, sie müßten ihre Existenz mit dem Auffinden irgendeines Makels bei ihren Patienten rechtfertigen.

## Über- und Unterbehandlung

Jede Behandlung hat ihre ganz besonderen Nebenwirkungen und Risiken. Psychotherapien bilden da keine Ausnahmen, und als deren Hauptrisiken lassen sich Über- oder Unterbehandlung des Patienten festmachen. Häufiger ist dabei die Überbehandlung, also nicht zu wissen, wann es an der Zeit ist, mit der Therapie aufzuhören. Die größte Gefahr einer Langzeittherapie liegt darin, daß sie womöglich genau das Problem erzeugt, das sie eigentlich bekämpfen wollte: Anstatt größere Unabhängigkeit und Selbständigkeit zu erwerben, gerät der Patient in Abhängigkeit vom Therapeuten, vom gesamten psychiatrischen System oder von den Eltern, die seine Behandlung bezahlen. Wenn Sie sich also bereits auf eine langfristig veranschlagte Therapie eingelassen haben, stellen Sie sich am besten nach einigen Sitzungen die Frage: »Sind irgendwelche Fortschritte festzustellen?« Nach etwa drei Monaten prüfen Sie, ob Ihnen die Therapie immer weniger gibt. Ob Sie das Gefühl haben, wenig in die Sitzung einbringen zu können, ob Ihnen die Therapie weniger wichtig erscheint als andere Dinge, die zu tun Sie eigentlich mehr Lust hätten. Bekommen Sie langsam den Eindruck, die Sitzungen werden einander immer ähnlicher oder nehmen immer mehr den Charakter einer Plauderei mit einem Freund an? Wenn dem so ist, so ist es höchste Zeit aufzuhören! Wenn Sie sich nicht entscheiden können, holen Sie den Rat eines Freundes oder eines anderen Therapeuten ein. Letzten Endes muß die Entscheidung, weiterzumachen oder nicht, jedenfalls bei Ihnen liegen und nicht bei Ihrem Therapeuten. Die meisten Therapeuten zeigen wenig Lust, ihre Patienten aufzugeben, vor allem wenn es sich um prompt zahlende, verantwortungsvolle und sprachlich ausdrucksfähige Menschen handelt. Seien Sie darauf gefaßt, daß Ihr Therapeut Ihnen einen allmählichen Ausstieg aus der Therapie empfiehlt oder daß er Ihnen mit der Theorie kommt, mit Ihrem Beendigungswunsch wollten Sie bloß ein kritisches Thema in der Behandlung vermeiden. Ein frühzeitiger Abbruch liegt selten im Interesse des Therapeuten, um so weniger, wenn ihm oder ihr die Arbeit mit Ihnen gefällt und er oder sie sich mit Leuten wie Ihnen den Lebensunterhalt verdient. Trotzdem: Nur Sie selbst können die Entscheidung treffen. Sie können am besten einschätzen, ob Sie Verbesserungen erzielt haben und bis zu welchem Grad Sie es auch allein schaffen, ohne den Beistand eines Therapeuten. Sie vermeiden unangenehme Begleitgefühle und gehen mit mehr Selbstbewußtsein an die Sache heran, wenn Sie Ihrem Therapeuten gegenüber die richtigen Worte finden, zum Beispiel: »Ich würde es jetzt mal gerne alleine versuchen, nur um zu sehen, wie es läuft.

Wenn ich es nicht schaffe, darf ich Sie wieder anrufen?« Ihren Therapeuten können Sie jederzeit aufgeben – nur sich selbst sollten Sie niemals aufgeben! Es handelt sich schließlich um eine Investition in das Wertvollste, was Sie haben: in Sie selbst und Ihre psychische Gesundheit!

Was nun die Unterbehandlung betrifft, so liegt deren Hauptgefahr darin, daß Sie und Ihr Therapeut möglicherweise niemals bis zu Grund und Ursache Ihrer Befindlichkeit vorstoßen. Da kann es schon vorkommen, daß man sich sozusagen mit einem Wundverband zufriedengibt, wo Abhilfe nur mit einer größeren Operation zu bekommen wäre. Oder daß Sie gerade dann aufhören, wenn sich ein Erfolg nur mit Weitermachen, Weiterentwickeln und dem Erlernen neuer Fertigkeiten erzielen ließe. Wenn die Beendigung einer Therapie nur eine Variante der Vernachlässigung seiner selbst und seiner Verantwortlichkeiten darstellt, dann erfolgt sie aus den falschen Gründen.

Um das Risiko einer Unterbehandlung zu vermeiden, beachten Sie die folgenden Punkte:

- Denken Sie immer daran, daß Sie die Therapie jederzeit bei Bedarf wiederaufnehmen können.

- Vereinbaren Sie mit dem Therapeuten eine kurze (auch telefonische) Nachbesprechung, oder bitten Sie den Therapeuten, Sie telefonisch oder brieflich daran zu erinnern, Ihren Fortschritt nochmals zu überprüfen und zu bewerten.

- Seien Sie realistisch. Niemand kann sich je als geheilt für das ganze Leben betrachten. Wenn also die Probleme zurückkehren oder die Besserung nur kurzlebig ist, ist es an der Zeit, seine Problemlösungsstrategien zu überdenken bzw. eine Therapie wiederaufzunehmen.

- Betrachten Sie die Angelegenheit nicht vom Entweder/Oder-Standpunkt. Sie können einen Therapeuten für

»Troubleshooting« und zur kurzfristigen Beratung verwenden, und einen zweiten für einen langfristigen therapeutischen Prozeß. Psychische Probleme lassen sich auf mehrere Arten lösen. Wenn es mit einer bestimmten Methode oder Person nicht funktioniert, versuchen Sie etwas anderes. Wenn Sie in einer Langzeittherapie stecken oder eine solche Therapie mit dem Ziel ins Auge fassen, Ihre »tiefen« seelischen Probleme zu lösen, vergessen Sie nicht, daß sich unsere tiefsitzenden Probleme in den meisten Fällen einer Lösung überhaupt entziehen – wir können nur allmählich aus ihnen herauswachsen oder lernen, mit ihnen zu leben. Einer der wichtigsten Schritte, Therapie kostengünstig zu halten, ist es, den Unterschied zwischen dem Veränderbaren und dem Unveränderbaren zu erkennen.

## Psychotherapie: Der Stand der Dinge

Die Psychotherapie ist eine heilsame Beziehung zwischen einem Patienten (Leidenden) und einem Therapeuten (Heilenden). Die Psychotherapie will zur Lösung eines psychischen Problems beitragen und den Hilfesuchenden dabei unterstützen, verkrüppelnde, zerstörerische oder schmerzliche Gefühle, Verhaltensweisen oder Beziehungen zu bewältigen. Nach einer weiter gefaßten, ehrgeizigeren Definition kann sie einem Patienten zu einem erfüllteren, befriedigenderen und sozial konstruktiven Leben verhelfen.

In religiösen Gesellschaften basiert ein derartiger Prozeß auf religionsmagischen Glaubenselementen und Heilungsritualen in Kombination mit religiösen Riten. In den modernen westlichen Gesellschaften verläßt man sich dagegen auf die systematische Anwendung wissenschaftlich fundierter Erkenntnisse über das Wesen des Menschen, wenn es um die Behandlung psychischer Probleme und der unter ihnen leidenden Menschen geht. Im besten Fall gründet das psychotherapeutische Wissen auf wissenschaftlichen Erkenntnissen, und es handelt sich beim therapeutischen Prozeß um eine in höchstem Maße individualisierte, intuitiv ausgeübte und in ihrer Einzigartigkeit unwiederholbare Kunstform.

Unterschiedliche Gebiete der Psychotherapie konzentrieren sich tendenziell auf einen von drei Aspekten der menschlichen Natur: Gefühle, Verhalten oder Denken. Die psychoanalytischen und psychodynamischen Theorien legen erhöhten Wert auf Gefühle, insbesondere auf unbewußte Gefühle. Den Behavioristen oder Verhaltensforschern geht es, wie der Name schon sagt, in erster Linie um das Verhalten, in den kognitiven Theorien liegt der Schwerpunkt auf dem Denken. Unter dem Dach jeder dieser Theorien wurden Dutzende Methoden zur Behandlung fehlgeleiteter Verhaltensweisen, Gefühle und Denkweisen entwickelt. Ausgehend von den drei Hauptrichtungen wurden zahllose ergänzende Verfahren und Methoden abgeleitet. In den letzten zwanzig Jahren haben immer mehr Menschen wegen spezifischer zwischenmenschlicher Probleme Hilfe gesucht. Viele Therapeuten haben sich demnach auf Kommunikations- und Systemtheorien spezialisiert und präsentieren sich als Ehe- und Familientherapeuten bzw. einschlägige Berater. Sie betrachten die meisten psychischen Probleme als Ergebnisse von Schwierigkeiten im Umgang der Menschen untereinander. Alle wichtigen psychotherapeutischen Schulrichtungen verfügen heute über gut entwickelte Methoden zur Veränderung menschlicher Gefühle, Handlungsweisen und Gedanken. Zwar basieren diese Methoden in ihrer überwiegenden Mehrzahl auf Gesprächen zwischen Therapeuten und Patienten, doch gibt es auch andere Ansätze, die von anderen Formen menschlichen

Ausdrucks ausgehen, etwa Musik, Tanz, Malerei und Theaterspiel. Unter Heranziehung neuer Erkenntnisse chemischer, biologischer und genetischer Forschungen machen neuere Psychotherapie-Verfahren vermehrt Gebrauch von einer Kombination aus Gesprächen und medikamentöser Behandlung.

Versuche, die unterschiedlichen Therapieschulen zu integrieren oder eine dominierende, integrierte Methode zu schaffen, waren nicht sonderlich erfolgreich. Gleichwohl haben in den letzten Jahren zwei Modelle an Einfluß gewonnen. Zum ersten die biologische Psychiatrie, die davon ausgeht, daß viele psychische Probleme im Gehirn und in genetischen Codes wurzeln und deshalb von Medizinern (Psychiatern, Neurologen) in Krankenhäusern und im entsprechenden medizinischen Umfeld behandelt werden sollten. In der Vergangenheit waren die psychotropen Medikationen den schwersten Problemen – wie der Schizophrenie – vorbehalten und standen im Rufe, ernsthafte Nebenwirkungen zu erzeugen oder die Menschen gegen deren Willen zu kontrollieren. Neuerdings hat die Entwicklung neuer Medikamente und der Glaube der Patienten, gegen jedes Übel müsse ein Heilmittel bereitstehen, den psychoaktiven Mitteln zu einem neuen Aufschwung verholfen. Valium zur Behandlung von Angstzuständen, Prozac gegen Depressionen, Xanax zur Linderung von Panikanfällen und Ritalin zur Beruhigung hyperaktiver Kinder sind heute weithin bekannte und benutzte Medikamente. Das Problem ist nur, daß die meisten psychoaktiven Drogen ein gemeinsames Schicksal erleiden: Nach einer kurzen Euphorie, während derer sie als »Wundermittel« und als *die* neue *In-Droge* im Gespräch sind, wird die anfängliche Begeisterung durch Mißbrauchs- und Nebenwirkungsprobleme einigermaßen getrübt. Trotzdem: Tausende Schizophrener können jetzt ein Leben außerhalb geschlossener Anstalten führen, und viele Menschen, die jahrelang unter entkräfteten und peinigenden Depressionen oder Panikanfällen litten, sind nunmehr zu Gefühlen der Freude, der Energie und der Entspannung fähig.

Die zweite, besonders in der jüngsten Vergangenheit erfolgreich operierende Bewegung bemüht sich um die Integration von Geist und Körper. Sie bietet einen stark interdisziplinär ausgerichteten Zugang zur Psychotherapie an. In der Medizin beinhaltet dieser Ansatz das Verständnis psychischer Probleme und geistiger Krankheiten unter Heranziehung von zumindest drei Disziplinen: der Psychiatrie, der Neurologie und der Immunologie. Dieses Modell konzentriert sich auf das Studium der natürlichen Körperkräfte, mit denen Streß und Krankheiten bekämpft werden. Außerhalb der traditionellen Schulmedizin integriert dieser ganzheitliche Ansatz alte und neue Weisheit, östliche und westliche Philosophie, verbale und nonverbale Therapien. Die Therapie wird weder als Wissenschaft noch als Religion, noch als Kunst betrachtet, sondern vielmehr als eine Kombination von Elementen unter einer betont ganzheitlichen Zugangsweise.

Die skizzierten Entwicklungen lassen den Schluß zu, daß zukünftig größere Vielseitigkeit und Flexibilität des Therapeuten in der Behandlung jedes Einzelnen gefordert wird. Die postmoderne Therapie könnte sich Methoden aus dem religiösen Umfeld (z. B. Meditation) genauso bedienen wie solcher aus der Kunst (Musik, Schauspiel, Malerei), und sie wird mentale und körperliche Aktivitäten mit Nachdruck kombinieren. Hinderlich für eine weitergehende Einbindung von Methoden, die auf die Verknüpfung mentaler und körperlicher Prozesse bauen, ist die Tatsache, daß gerade hier oft Scharlatane arbeiten, die nicht in der Lage sind, Forschungsverfahren und Erkenntnisse so zu präsentieren, daß sie von den meisten Patienten und Therapeuten angenommen werden können.

## Optimale Psychotherapie

Die verläßlichste Erkenntnis in der psychotherapeutischen Forschung scheint die Einsicht zu sein, daß die unterschiedlichen Methoden und Verfahren im allgemeinen alle gleich wirksam sind. Erfreulich für den Patienten ist, daß er oder sie sich die Mühe sparen kann, die angebotenen Methoden zu durchforsten und eingehend zu studieren, um die im Einzelfall bestgeeignete herauszufinden.

Studien zu den wissenschaftlichen Grundlagen der Psychotherapie und Untersuchungen über erfolgreiche Therapien (z. B. die von Michael J. Mahoney, Universität Texas, und Lester Luborsky, Universität Pennsylvania Medical School) haben wiederholt gezeigt, daß die Patienten den persönlichen Kontakt zum Therapeuten als wichtigsten Teil ihrer Therapie erachten. Serienweise belegen unabhängig voneinander durchgeführte Studien, daß die Persönlichkeit des behandelnden Therapeuten, beispielsweise dessen Einfühlsamkeit, mindestens acht Mal einflußreicher ist als der Einsatz spezifischer Therapietechniken oder theoretischer Präferenzen.

Der Erfolg einer Therapie hängt nur selten von den verwendeten Methoden zur Behandlung eines spezifischen Symptoms ab, als vielmehr von der Wahl des richtigen Therapeuten. Der Therapeut muß der Persönlichkeit und den Erwartungen des Patienten entsprechen. Die Wahl des richtigen Therapeuten ist der Suche nach dem richtigen Partner in einer wichtigen privaten oder beruflichen Beziehung vergleichbar. Würden Sie beispielsweise mit einem direkten und aktiven Therapeuten besser zusammenarbeiten, oder glau-

48

ben Sie, daß Ihnen ein zurückhaltender, passiver besser liegen würde? Suchen Sie einen charismatischen Führer oder eher einen unterstützenden Anhänger?

Auseinandersetzungen zwischen Therapeuten über die Frage, wer besser ist oder wer der objektiven Wahrheit folgt, sind voll und ganz irrelevant. Letzten Endes überwiegen bei weitem die von allen kompetenten Psychotherapeuten vertretenen Gemeinsamkeiten über die Unterschiede. Außerdem ist von Fall zu Fall zu entscheiden, ob die angebotene Methode nützlich ist. In vielen beliebten Selbsthilfebüchern wird dem Leser nahegelegt, die Methode des Autors sei ausschließlich und spezifisch unter ganz besonderen Bedingungen wirksam.

Der hochangesehene Arzt und Psychologe Professor Jerome D. Frank war dreißig Jahre lang Vorstand der psychotherapeutischen Forschungsgruppe an der Johns Hopkins University School of Medicine. Die Forschungsgruppe hatte es sich zur Aufgabe gemacht, die Ingredienzen zu ermitteln, die für die Wirksamkeit der unterschiedlichen Psychotherapieformen verantwortlich sind. Eine Zusammenfassung ihrer umfassenden Arbeiten ist erschienen in *Persuasion & Healing: A Comparative Study of Psychotherapy* und *Effective Ingredients of Successful Psychotherapy*. Die Studie kommt zu dem Ergebnis, daß sich die einzelnen Methoden zwar unterschiedlicher Namen und Begriffe bedienen, es aber nicht ausgeschlossen ist, daß der aktive therapeutische Inhaltsstoff in allen derselbe ist. Was heißt dies konkret? Welche sind diese gemeinsamen Ingredienzen, die die Therapie zu einem nützlichen und wirksamen Werkzeug machen?

Frank identifiziert als die drei grundlegenden R der Therapie Relationship (= Beziehung zwischen Therapeut und Patient), Revision (Überprüfung/Hinterfragung eingefahrener Haltungen) und Ritual (Aktive Beteiligung am Heilungs-Ritual).

Relationship:

- EINE ZUVERLÄSSIGE UND FÜRSORGLICHE BEZIEHUNG. Die oberste Priorität und das entscheidendste Kriterium für den Erfolg einer Therapie ist die therapeutische Beziehung, unter anderem auch bezeichnet als »therapeutisches Bündnis«, »Eros« oder als die »Chemie« zwischen Therapeut und Patient. Die therapeutische Verbindung kann sich dabei ganz problemlos gleich zu Beginn einstellen, nach dem Muster der »Liebe auf den ersten Blick« etwa; in anderen Fällen erfordert die Beziehung womöglich einen langen Prozeß, in dem es zur Bildung von Vertrauen, Intimität und gegenseitigem Verständnis kommt. Darin liegt ein Grund dafür, warum der therapeutische Einsatz zur Lösung gleichartiger Probleme einmal eine einzige Sitzung in Anspruch nimmt – und sich ein anderes Mal zu einem lebenslangen Verhältnis auswachsen kann. Letzten Endes kann nur der Patient entscheiden, was zweckmäßig und ausreichend ist.

Was die therapeutische Beziehung so wirkungsvoll macht, ist die Kombination von Vertrauen und Hoffnung zwischen Menschen. Jemand muß darauf vertrauen, daß der Therapeut kompetent ist, ihm tatsächlich an seinem/ihrem Wohlergehen etwas liegt und daß er ihm/ihr nicht weh tun wird. Die Hoffnung gründet darauf, daß das Zusammentreffen zwischen der Psyche des Patienten und der Erfahrung des Therapeuten Verbesserungen bringen und gleichzeitig das Selbstvertrauen des Patienten wiederherstellen und dessen persönliche Integrität unbeschadet lassen wird.

Revision:

- ÜBERPRÜFEN/HINTERFRAGEN EINGEFAHRENER SICHTWEISEN. Wer zum Therapeuten geht, tut dies mit einer ganz bestimmten Weltsicht und einer ebenso bestimmten Sicht auf das Problem, mit dem er oder sie in dieser Welt zu kämpfen hat. Der Therapeut bietet dem Patienten eine neue Sichtweise für das Problem, für dessen Entstehungsgeschichte und die Rolle, die der Patient darin spielt. In vielen Fällen ist nämlich gar nicht die Sache selbst das Problem, sondern vielmehr der Blickwinkel, den der oder die Betreffende einnimmt. Oft wird eine Therapie nötig, weil sich der Betroffene von seinem Problem demoralisieren läßt. Wenn sich der Therapeut die Geschichte des Patienten anhört, nimmt er dabei möglicherweise übersehene Fakten und falsche Rückschlüsse wahr. Wenn die Menschen unglücklich sind, neigen sie dazu, sich nur an das zu erinnern, was ihre Mißstimmung bestätigt. Da kann der Therapeut helfend eingreifen, indem er eine neue Perspektive vorschlägt. Er/sie klärt darüber auf, daß es in jeder Situation Ausnahmen von der Regel gibt. Vielleicht gelingt es dem Therapeuten, den Blick auf kleine, aber vielversprechende Fortschritte auf dem Weg zu einem bestimmten Ziel zu lenken. Darüber hinaus kann dem Patienten geholfen werden, sich an vergangene Zeiten zu erinnern, die auch nicht immer unbeschwert waren. Dadurch kann Hoffnung erweckt werden. Dem Patienten hilft die Einstellung: Wenn ich es schon einmal geschafft habe, mich aus einer schwierigen Situation zu lösen, warum sollte es nicht erneut gelingen? Ein Therapeut kann unter Umständen ein Problem auf eine Weise darstellen, die es weniger übermächtig erscheinen läßt. Gemeinsam können der Therapeut und der Patient kleine Schritte auf ein anvisiertes Ziel hin vereinbaren. Diese »Politik der kleinen Schritte« gibt dem Patienten das Gefühl, sich zu verbessern, und stärkt damit auch die aufkeimende Hoffnung auf einen Erfolg. Das *Feedback,* das er während oder nach Abschluß einer Sitzung bekommt, ist dann besonders nützlich, wenn es einen Beitrag zur Klärung der Natur des Problems leistet und Ausblicke auf mögliche Bewältigungsstrategien eröffnet.

Ritual:

- AKTIVE TEILNAHME AM HEILUNGSRITUAL. Der Therapeut bindet den Patienten in ein Ritual ein bzw. stellt ihm/ihr ein solches zur Verfügung. Ein solches Ritual kann die unterschiedlichsten Formen annehmen. So kann es beispielsweise dem Patienten dabei helfen, intensive Gefühle in einem sicheren Umfeld auszudrücken. Das Ritual kann ihm die Erlaubnis gewähren, Gedanken oder Gefühlen zur Geltung zu verhelfen, die lange in ihm/ihr geschlummert haben. Es kann in Form von Bekräftigungen oder Veranschaulichungen den Glauben und die Hoffnung des Patienten stärken und ihm/ihr damit den Weg aus einer »verfahrenen« Situation weisen. Ein schönes Beispiel eines Rituals bringt Michael Mahoney von der Universität Texas in seinem Buch *Human Change Processes*. Eine ältere Frau erschien bei ihm in der Praxis und beklagte sich, sie halte es nicht mehr aus, für Familie und Freunde gleichermaßen immer »die Starke« spielen zu müssen. Das Ritual zielte darauf ab, »ihr einen Teil ihrer Last abzunehmen«. Sie belud den alten Pfadfinderrucksack ihrer Tochter mit schweren Steinen. Jeder Stein stand stellvertretend für die Ansprüche und Erwartungen jedes ihrer Bekannten oder Familienmitglieder. Jeden Nachmittag schnallte sie sich den Rucksack auf den Rücken und wanderte damit über einen Kilometer weit zu einem Platz, an dem sie allein sein konnte. Tag für Tag nahm sie dort einen Stein aus dem Rucksack heraus und warf ihn weg. Dabei sagte sie laut vor sich hin, daß sie nicht mehr bereit sei, auf die Ansprüche der betreffenden Person länger einzugehen. Nachdem sie die Steine los war, füllte sie den Rucksack mit kleinen Dingen, die ihr wertvoll waren; mit Büchern etwa, oder mit kleinen Schätzen, die sie auf ihren täglichen Wanderungen fand. Eine gute Therapie sollte in der Lage sein, ein sinnvolles Ritual anzubieten, mit dem sich eine schlechte oder schmerzvolle Erfahrung in eine gute oder positive Erfahrung oder vielleicht auch in eine neue Herausforderung transformieren läßt.

Das aktive Ritual stellt die vorgeschlagene Lösung des Problems dar. Sowohl Patient wie auch Therapeut arbeiten an der Lösung. Beide glauben daran, daß sich damit Wohlbefinden und Gesundheit wiedergewinnen lassen. Manchmal sind in das Verfahren auch schwerwiegendere Ritualformen eingebaut, wie etwa Hypnose oder Medikationen. In den meisten Fällen wird dem Patienten damit aber lediglich die Erlaubnis erteilt, sich von dem Problem zu lösen oder von der Beschwerde loszusagen. Der Therapeut bzw. die Therapeutin gibt dem Patienten diese Erlaubnis kraft seiner/ihrer Autorität. Die Sitzung kann als Gelegenheit dienen, bei der sich der Patient von den Symptomen befreit, die er loswerden möchte.

Die rituelle Lösung kann eine ganz minimale sein. Sie kann auch symbolisch sein, wenn sie ein nützliches Bild bereitstellt, mit dessen Hilfe sich ein anderer Blickwinkel auf das Problem eröffnet. Sie kann den Patienten ermutigen, das für ihn/sie Beste zu tun, nachdem man einmal herausgefunden hat, was dieses Beste wohl sein könnte. Das Ritual kann auch einen Beitrag zum Aufbau einer vertrauensvollen Beziehung zum Therapeuten leisten, auf deren Basis traumatische und pathologische Beziehungen in der Vergangenheit korrigiert werden.

Mit der rituellen Methode sollen eines oder mehrere von insgesamt drei Zielen verwirklicht werden:

- Das erste Ziel ist es, Interesse und Hoffnung darauf zu stärken, daß sich der Zustand des Patienten bessert, aber auch Vertrauen darauf aufzubauen, daß das gemeinsame Unternehmen von Erfolg gekrönt sein wird. Die Erwartungen eines Patienten auf Hilfe sollen aufrechterhalten und zusätzlich genährt werden. Manchmal genügt es bereits, den Namen eines therapeutischen Mittels oder Verfahrens zu nennen, um beim Patienten die Hoffnung auf Erleichterung zu entfachen. Wenn ein Patient beispielsweise von einer bestimmten Pille Abhilfe erwartet, reicht vielleicht schon ein Placebo. Wenn der Patient seine Hoffnung auf Hypnose setzt, könnte ihm der Therapeut eine einfache Entspannungsübung empfehlen, die er nicht als solche, sondern eben als »hypnotische« Übung bezeichnet. Diese Dinge sind weniger ein Beweis für die Leistungsfähigkeit der Mittel und Methoden, als vielmehr ein Beleg für die Macht, die der Hoffnung und dem Glauben des Patienten an therapeutische Beziehungen und an mögliche Veränderungen zukommt. Die Rolle des Patienten in der Therapie ist denn auch keineswegs eine passive, wie man vielleicht vermuten mag. Als aufgeschlossene und aktive Konsumenten müssen die an therapeutischen Ritualen Beteiligten ihre Hoffnungen auf Besserung an den Heilungsprozeß knüpfen und sich aktiv auf das Ergebnis konzentrieren, das anzustreben Patient und Therapeut vereinbart haben. Und beide müssen darauf vertrauen, daß das Ritual zu dem gewünschten Resultat führen kann. Deshalb sollte sich etwa auch niemand auf Hypnose einlassen, wenn er/sie den Verdacht hegt, dieses Ritual könne einen Verlust der Selbstkontrolle bewirken oder dazu verleiten, idiotische Dinge zu tun. Wer Angst vor Nebenwirkungen oder Abhängigkeiten bei Medikamenten hat, sollte keine nehmen. Wie ein Patient dem Therapeuten vertrauen und dessen Bedeutung für den Erfolg der Therapie verstehen muß, so muß auch der Therapeut über den Patienten Bescheid wissen, damit er Zuversicht und Vertrauen in dessen Fähigkeit setzen kann, das therapeutische Verfahren gut für sich zu nützen.

- Das zweite Ziel in der Anwendung von Ritualen ist, neue Lernerfahrung zu erzielen. Therapeutisches Lernen kann mehr sein als bloß kognitiv-verstandesmäßiges Lernen. Es beruht in emotionalen wie in praktischen Fragen auf Erfahrungen. Wenn ein Mensch mit intensiven Gefühlen reagiert, sobald er sich mit dem Problem konfrontiert sieht oder neue Formen der Umgangsweise damit probiert, lernt er daraus nicht nur, daß er intensive Gefühle überstehen kann. Eine derartige Erfahrung macht Änderungen wirklicher und glaubwürdiger. Indem über ein Problem nicht nur gesprochen, sondern dieses einen Schritt weiter – auf die rituelle Ebene – getragen wird, füllt der Patient es gewissermaßen mit Leben und erkennt dadurch besser seine Gefühle. Wenn ein Patient sich seiner Gefühle nicht ganz gewiß ist, kann ihm die sichere Atmosphäre in der Sitzung eine Chance zum Experimentieren und Ausprobieren bieten. Ein Patient könnte beispielsweise im Rahmen eines Rollenspiels eine Bitte um Gehaltserhöhung durchspielen oder eine schwierige, aber unvermeidliche Konfrontation mit einem Elternteil.

- Als drittes Ziel hat die rituelle Lösung die Aufgabe, Gelegenheit und Anreize zu schaffen, über das aktuelle Problem und eine zeitweilige, kurzfristige Lösung hinauszugehen. Dies läßt sich möglicherweise einfach dadurch erreichen, daß ein Erfolg den Keim des nächsten in sich birgt. Eine effektive Lösung läßt sich am besten dann finden, wenn die Vorgabe des Therapeuten gleichzeitig den Kern der Geschichte seines Patienten trifft und er sich auf diese Weise wirksamer in dessen restliches Leben vorarbeiten kann.

## Die Rolle der Hoffnung im Heilungsprozeß

Günstige Erwartungen erzeugen Optimismus, Energie und Wohlbefinden. Sie sind deshalb der Heilung förderlich. Vertrauen in den Therapeuten kann schon an sich heilsam wirken. In ihrer grundlegendsten Form ist die Therapie ein Austausch zwischen Patient und Therapeut. Ein Patient kommt ohne Hoffnung und voller Zweifel über seine Kompetenz, Probleme zu lösen, in die Therapie. Er setzt seine Hoffnung auf den Therapeuten, und der Therapeut nährt diese Hoffnung. Hoffnung läßt sich als empfundene Möglichkeit definieren, ein Ziel zu erreichen. Dem Therapeuten stehen einige ganz einfache Möglichkeiten zur Verfügung, Hoffnung zu entfachen oder zumindest auf das berühmte Licht am Ende des Tunnels hinzuweisen.

Ein Therapeut kann eine Vorgangsweise beschreiben oder Medikamente verschreiben oder eine Aufgabe stellen, die im Bewußtsein des Patienten das Problem bewältigen hilft. Das Entscheidende im Zusammenhang mit der Hoffnung ist deren enge Verknüpfung mit Erwartungen. Erwartungen können negativ oder unrealistisch hoch sein, und sie können negative Ergebnisse oder hohe Risiken mit sich bringen. Wenn der Therapeut die Erwartungen des Patienten zu enttäuschen scheint, wird dieser über den Therapeuten verärgert sein. Anläßlich einer von Normen Cousins 1991 veröffentlichten Studie über negative Erwartungen wurde einer Gruppe von Patienten, die Medikamente fürchtete und Ärzten mißtraute, eine pharmazeutisch unwirksame Substanz (d. h. ein Placebo) verschreiben, und dennoch kam es zu schwerwiegenden Reaktionen wie Übelkeit, Durchfall und Hautausschlägen.

Infolge schwerwiegender therapeutischer Interventionen können auch sehr hochfliegende Hoffnungen ausgelöst werden. Ein verzweifelter Patient wird bereit sein, alles auf sich zu nehmen, und seine bzw. ihre Hoffnungen möglicherweise in eine einzige Handlung setzen. Ziehen wir ein Beispiel aus der Chirurgie heran. In einem Artikel in Lancet, einer britischen Zeitschrift für Medizin, wurde über ein Experiment berichtet, in dem an jedem zweiten Patienten einer Gruppe eine Operation mit dem Ziel einer verbesserten Blutversorgung des Herzens vorgenommen wurde. Die Vergleichsgruppe wurde einer Scheinoperation unterzogen. Die Chirurgen setzten die scheinoperierten Patienten ebenfalls unter Narkose und schnitten in ihre Brust, ohne allerdings die Arterie zu berühren. Das Ergebnis: Die Scheinoperation erwies sich als genauso erfolgreich wie die erste!

Je gravierender das Problem ist, desto stärker der Druck auf den Therapeuten, schwerwiegende Maßnahmen zu ergreifen, die aber natürlich oft Risiken mit sich bringen. Ein kompetenter Therapeut wird Hoffnungen anregen und fördern und seinen Patienten gleichzeitig klarmachen, daß fundierte Erwartungen und realistische Zielsetzungen die erfolgversprechendsten Ausgangspunkte dafür sind, die selbstgesteckten Ziele auch tatsächlich zu erreichen.

## Placebo-Therapie

Eine weitere Therapieform ist die Placebo-Therapie. Der therapeutische Wert des Placebos hängt an der symbolischen Botschaft und nicht an den verwendeten Mitteln oder Substanzen. Die symbolische Hoffnungsanregung via Placebo kann sehr wirksam zur Behandlung medizinischer wie psychischer Probleme eingesetzt werden. Die Reaktion der Patienten auf Placebos fällt positiver aus, wenn die Störung eine emotionale Komponente hat, wie übersteigerte Ängstlichkeit oder Brustschmerzen. Vorteilhaft lassen sich Placebos auch dann verwenden, wenn ein Patient die Tendenz hat, sich gegenüber anderen in Abhängigkeit zu begeben bzw. die Autorität anderer Menschen relativ bereitwillig zu akzeptieren. Angst und Depression sind die in Krisensituationen häufigsten Gefühle, und dies sind auch die Gefühlslagen, die der Placebobehandlung am zugänglichsten sind.

Wie stark die Hoffnung einen Patienten beeinflußt, ist nicht allein von ihm abhängig. Die Erwartungen, Zuwendungen und Hoffnungen des Therapeuten und anderer haben bedeutende Auswirkungen auf seine Reaktionen. Am besten dokumentiert sich dies in einer Bemerkung eines meiner Patienten: »Sie waren so überzeugt davon, daß es funktioniert, daß ich Sie einfach nicht enttäuschen konnte.«

Wenn ein Patient den Therapeuten als fürsorglich, unterstützend und kompetent erlebt, ist die Wahrscheinlichkeit größer, daß er/sie auf den Placeboeffekt in der Therapie anspricht. Der finnische Physiologe I. Kojo verlangt einen gezielten Einsatz der Placebomethode, insbesondere in Zusammenhang mit Behandlungen und Medikamenten, die unmittelbare physiologische und pharmazeutische Wirkungen zeigen. Seiner Ansicht nach kann der Placebo-Effekt umfassender sein und länger anhalten als die von spezifischen Mitteln erzielten Wirkungen.

Es muß hier aber auch festgehalten werden, daß die Placebomethode erhebliche Gefahren birgt, wenn sie als Täuschungsmanöver eingesetzt wird. In diesem Fall kann sie das wichtigste Fundament einer Therapie untergraben: das

Vertrauen in die Beziehung Patient-Therapeut. Zum zweiten gilt, daß Hoffnung zwar zu einer Milderung von Sorgen und Schmerzen beitragen, nicht aber die Beschäftigung mit dem ursächlichen Problem ersparen kann.

Die Erleichterung, die Ihnen als Patienten mit der gewonnenen Hoffnung geschenkt wurde, verschafft ausreichende moralische Unterstützung, an alle Probleme einigermaßen tapfer heranzugehen. Kurz gesagt, Sie benötigen wahrscheinlich das berühmte »Anfängerglück«, um überhaupt weiterzumachen. In der Folge erledigen Sie den Rest schon mit wesentlich gesteigertem Selbstbewußtsein.

Ich widme mich der Rolle der Hoffnung in der Therapie deshalb so ausführlich, weil ich immer wieder feststellen konnte – in der wissenschaftlichen Literatur oder aber aus eigener Erfahrung –, wie von Hoffnung und Vertrauen geprägte Erwartungen zu einer enorm wichtigen therapeutischen Macht werden. Dies trifft besonders auf die Kurztherapie zu und auf Menschen, die aufgrund einer Krise oder als allerletzte Zuflucht Hilfe von außen suchen. Da diese Patienten sich gewissermaßen auf einer Schwelle befinden, stehen sie den Vorschlägen des Therapeuten ausgesprochen aufgeschlossen und willig gegenüber.

Als Patient müssen Sie Ihren Hoffnungen und Erwartungen größte Beachtung schenken und sich vergewissern, daß es diesbezüglich keine Unvereinbarkeiten mit dem Therapeuten Ihrer Wahl gibt. Wenn Sie jetzt sofort Hilfe wollen und hoffen, daß eine oder einige wenige Sitzungen ausreichen, suchen Sie sich einen Therapeuten, der diese Ansicht teilt!

## Sozialer Status und Ausstrahlung des Therapeuten

Der Ort, an dem ein Patient auf den Therapeuten trifft, sollte ein besonderes Flair haben, in dem Heilung stattfindet. Religiöse Heilsriten finden in Tempeln oder an geheiligten Orten statt. Weltliche Therapien in einer Praxis, einer Klinik oder einem Krankenhaus. Die Umgebung muß vor allem eines bieten: Sicherheit! Innerhalb der geschützten Mauern kann sich der Patient ungezwungen ausdrücken. Er oder sie kann es wagen, Aspekte seiner selbst zu äußern, die man oft vor anderen verborgen hält. Die Patienten müssen wissen, daß ihnen während der Sitzung nichts Böses geschehen kann und daß alles Vorgefallene streng vertraulich bleibt, nachdem sie die Sitzung verlassen haben. In der Außenwelt werden die in der Sitzung gesagten oder ausgeführten Dinge keinerlei negative Konsequenzen haben; dessen muß sich der Patient oder die Patientin hundertprozentig gewiß sein. Die Umgebung sollte die Erwartung des Patienten verstärken, daß es sich bei dem Therapeuten um einen gutausgebildeten und kompetenten Fachmann auf seinem Gebiet handelt. Das kann durch Diplome, Bilder, Bücherregale, beeindruckende Schreibtische, aber auch durch die Art der Präsenz und des Verhaltens der Therapeuten zum Ausdruck kommen. Es ließen sich noch eine ganze Reihe von Elementen anführen, die die Erwartungshaltung der Patienten positiv oder negativ beeinflussen können. Dazu gehören unter anderen der Warteraum, Bilder an der Wand und die Kleidung bzw. das allgemeine Auftreten des Therapeuten.

Die Ausstrahlung des Therapeuten ist für den Patienten von großer Bedeutung. Als wir Nachbesprechungstelefonate mit Patienten durchführten, die im »Kaiser Permanente Medical-Center« in Hayward, Kalifornien, in Kurztherapien (1 Sitzung) behandelt worden sind, waren wir überrascht, wie viele Patienten sich über diese kurzen Telefonkontakte freuten, ja sogar ausdrücklich davon profitierten: »Ich weiß, wie beschäftigt Sie sind. Es bedeutet mir sehr viel, daß ein Doktor wie Sie immerhin so interessiert an mir ist, mich nach so langer Zeit anzurufen, um mich nach meinem Befinden zu fragen.«

Positive Veränderungen führten die meisten darauf zurück, daß sie Gelegenheit hatten, mit jemandem offen über die Probleme zu sprechen, und dabei auf Anteilnahme und Interesse stießen.

Ein Medizinstudent von der Johns Hopkins Universität, der kaum Kenntnisse in Psychotherapie hatte, half einmal in einer Einzelsitzung einer Frau, die sich einbildete, ihre Nase werde immer länger und würde wohl bald über ihren Mund hinauswachsen. Die Frau wollte keine Psychotherapie und bat auch nicht darum. Sie wollte einen chirurgischen Eingriff und suchte deshalb einen plastischen Chirurgen auf, der sie allerdings an eine psychiatrische Klinik verwies. Dort wurde ihr der Medizinstudent zugeteilt, der gerade seinen Ausbildungsabschnitt in Psychiatrie absolvierte. Er hörte ihren Klagen etwa eineinhalb Stunden lang zu. Schließlich verließ sie die Sitzung unbekehrt, noch immer auf einer Nasenoperation bestehend.

Eine Woche später allerdings rief sie den Medizinstudenten an, um ihm mitzuteilen, sie fühle sich viel besser und habe damit begonnen, Aktivitäten außer Haus zu unternehmen. Sie hatte lange Zeit ihre Wohnung nicht verlassen, weil sie sich wegen ihrer stetig wachsenden Nase nicht lächerlich machen wollte. »Die Nase«, sagte sie, »war ganz klein«. Bei einem Nachbesprechungsanruf acht Monate später stellte sich heraus, daß sich ihre Situation noch weiter gebessert hatte. Was hatte ihr so geholfen?

»Der Doktor hatte ein Gefühl für mich. Ich wollte mich aussprechen, und er ließ es ganz einfach zu.«

Es ist durchaus möglich, daß der Frau zum ersten Mal in ihrem Leben so viel Aufmerksamkeit von einer Person mit hohem sozialen Status zuteil wurde. Dieser Student war fähig zuzuhören, ohne ihr andererseits zuzustimmen, wenn sie behauptete, eine plastische Operation zu brauchen. Und er überrumpelte sie nicht mit einer Psychosendiagnose – immerhin litt die Frau unter einer Wahnvorstellung –, stellte sie also nicht sogleich als psychiatrischen Fall dar. Stattdessen bot er ihr therapeutische und hilfreiche Aufmerksamkeit mittels seiner Fähigkeit, sich aufs Zuhören zu beschränken. Hätte der Student sich mit der Frau auf eine Meinungsverschiedenheit hinsichtlich der Operation eingelassen oder sie zu einem stationären Aufenthalt in einer psychiatrischen Abteilung zu bewegen versucht, so hätte die Episode nur allzu leicht in einem Fiasko enden können, und die ganze Sache hätte womöglich zu einer Beibehaltung und Intensivierung der Symptome beigetragen. Kurz, therapeutisches Zuhören besteht sehr oft aus der Weisheit des Schweigens und der Zurückhaltung von seiten des Therapeuten.

Probleme, die in einer Therapie zur Sprache kommen, sind das Ergebnis von Unstimmigkeiten oder Unausgeglichenheiten in der Persönlichkeit eines einzelnen oder aber zwischen den Menschen. Eine gute Therapie kann einem Menschen helfen:
- Sorgen/Verzweiflung zu mildern oder zu überwinden
- persönliche und berufliche Beziehungen zu verbessern
- das Selbstwertgefühl und das Gefühl der Kontrolle über sich selbst und die Umgebung zu festigen.

Handlungen und Gespräche des Therapeuten in der Therapie zielen darauf ab, den Lebensmut des Patienten zu stärken, indem schädliche Verhaltensmuster bekämpft werden; selbstzerstörerische Haltungen sollen zugunsten erfolgversprechender aufgegeben werden. Nach einer erfolgreichen Therapie sind Sie als Patient nicht nur fähig, Ihre Probleme zu lösen, Sie werden daneben auch ein verstärktes Empfinden innerer Freiheit, Tüchtigkeit und Zufriedenheit erleben. Wenn Sie bereit sind, die Sache jetzt anzugehen, wird Ihnen die Therapie auch sofort helfen. Eine Therapie benötigt normalerweise die ihr zugeteilte Zeitmenge, unabhängig von der Schwere des Problems.

Ungeachtet der positiven Potentiale einer Therapie, werden die Menschen den Motiven der Therapeuten mit Mißtrauen und Unverständnis gegenüberstehen, solange Psychiater und Psychologen noch nach wie vor Menschen gegen deren Willen in geschlossenen psychiatrischen Anstalten behandeln, solange sie vor Gericht Urteile über die Verhandlungsfähigkeit von Menschen oder über die Fähigkeit zur Kindererziehung abgeben und solange sie ausschließlich für zeitlich offene Langzeitbehandlungen optieren. Als Folge daraus sind viele Menschen bereit, allen anderen die Behandlung beim »Irrenarzt« zu empfehlen – nur sich selbst nicht. Im nächsten Kapitel geht es um Wege, der beschriebenen Tendenz anhand persönlicher Fragen zum Thema *psychologische Hilfe von außen* entgegenzutreten: Warum sollte ich gehen? Wann sollte ich gehen? Zu wem sollte ich gehen?

# Kapitel 2

# Einstellung, Zeitplanung und Abstimmung

Rick und Sally sind seit drei Jahren verheiratet. Sie haben einen einjährigen, lebhaften und gesunden Jungen namens Sam, den sie beide von ganzem Herzen lieben. Sie geben das schöne Bild einer normalen, jungen Familie ab, wie man es sich vorstellt.

Beide Elternteile haben anspruchsvolle Berufe. Am Abend sind sie beide müde. Gerade da versucht Sam, der seine Eltern den ganzen Tag über nicht gesehen hat, ihnen möglichst viel Aufmerksamkeit abzuringen. Er klammert sich an Sally und hindert seine Eltern regelrecht daran, miteinander zu sprechen oder sich irgendwie anders zu beschäftigen. Wenn er nach 9 Uhr dann endlich einschläft, sind Rick und Sally erschöpft und nervlich angespannt. Sie brauchen jetzt Entspannung und Erholung. Suchend wenden sie sich an den Partner, doch statt zu der erwarteten Hilfe kommt es zu winzigen Meinungsverschiedenheiten, die sich zu lautstarken und gehässigen Auseinandersetzungen auswachsen. Rick macht Sally Vorwürfe, und Sally fühlt sich von Rick mißverstanden. Die beiden sehen kaum einen Ausweg aus dieser Situation. Es kommt ihnen so vor, als wären alle Liebe, aller

Zusammenhalt und alles gegenseitige Verständnis verlorengegangen.

Nach zahlreichen derartigen Streitereien macht Sally, in Tränen aufgelöst, den folgenden Vorschlag: »Wir müssen Hilfe in Anspruch nehmen. So kann das nicht weitergehen.«

»Was meinst du mit ›Hilfe in Anspruch nehmen?‹«, erwidert Rick gereizt und ausweichend. »Ich bin nicht verrückt und brauche keinen Seelenschuster. Wenn du ein Problem hast, kannst du ja allein zum Psychiater gehen. Außerdem möchte ich wissen, was unser Privatleben irgend jemanden angehen soll!«

Warum empfindet Rick den Vorschlag als bedrohlich, einen Psychotherapeuten aufzusuchen? Sally traut sich nicht, im Klartext zu sprechen, sondern drückt sich mit der Formulierung »fremde Hilfe« um den Begriff »Psychologe« bzw. »Psychiater« o. ä. herum! Rick verwendet dann in seiner Antwort zu allem Überfluß noch die abwertende Bezeichnung »Seelenschuster«.

Warum ist es so viel einfacher, zu einem Arzt zu gehen, wenn wir ein körperliches Problem haben, oder einen Rechtsanwalt um Rat zu fragen, wenn wir in einer rechtlichen Angelegenheit mit unserem Latein am Ende sind? Jeder von uns hat wahrscheinlich etwas andere Gründe, die Psychotherapie für sich abzulehnen. In Ricks Fall sind mehrere Ursachen auszumachen:

- Wenn er zu einem Therapeuten geht, bedeutet dies, daß er verrückt ist.
- Die Hilfe eines Therapeuten in Anspruch zu nehmen wäre gleichbedeutend mit dem Eingeständnis eines Unvermögens, einer moralischen Schwäche oder eines Fehlers.
- Privatangelegenheiten dürfen nicht nach außen dringen. Einem Fremden private Dinge zu erzählen und mit

Außenstehenden intime »Geheimnisse« zu diskutieren ist in einigen Kulturen tabuisiert oder ganz einfach sehr schwierig für jemanden, der das noch nie getan hat.

Vergleichen wir im folgenden einige der Vorstellungen, die sich Rick von einer Therapie macht, mit der Realität in einer psychotherapeutischen Praxis.

## »Nur Verrückte gehen zum Irrenarzt«

Eine der Haupterklärungen dafür, daß so wenige Menschen psychotherapeutische Hilfe in Anspruch nehmen, ist in dem Mythos zu suchen, daß man in irgendeiner Weise wirr im Kopf oder tatsächlich verrückt sein müsse, um sich mit gutem Recht an einen Therapeuten zu wenden. Beschwerden (oder psychologische Probleme) seien in der Regel eingebildet und ohne echte Grundlage. »Eingebildet« will besagen, daß ein Mensch seine Schwierigkeiten, Unlustgefühle usw. sicherlich bewältigen könnte, wenn er sich nur ordentlich bemühen und all seine Willenskraft dafür aufwenden würde. Oder man denkt an einen Arzt, der für einen Leidenszustand keine körperlichen Erklärungen gefunden hat und einen Psychiater sozusagen als letzte Zuflucht empfiehlt: »Das Ganze spielt sich nur in Ihrem Kopf ab!«
In Wahrheit ist die Mehrzahl der Menschen, die sich in eine Therapie begeben, weder krank noch verrückt. Sehr oft handelt es sich bei diesen um die engagierteren, stärkeren und besser funktionierenden Mitglieder ihrer Familien. Vielfach kommen sie in die Therapie, weil sie mehr Mut haben, sich einem Problem zu stellen, über einen besseren Realitätssinn verfügen (sie erkennen das Problem und entschließen sich zu Gegenstrategien) und insgesamt die verantwortlicheren

67

und hingebungsvolleren Menschen sind (sie möchten einem anderen, in Schwierigkeiten verstrickten Familienmitglied helfen). Man kann es als therapeutisches Paradoxon bezeichnen, daß die schiere Tatsache, daß ein Mensch ein Problem erkennt und es durch Konsultation eines Therapeuten bekämpfen will, schon ein klarer Hinweis auf seine Normalität ist. Das Alltagsleben der meisten Menschen ist doch dadurch gekennzeichnet, daß sie ständig mit Belastungen und Problemen konfrontiert sind. Wenn sie diese nicht selber lösen können, holen sie sich Hilfe von außen. Wer Probleme zu lange Zeit ignoriert oder so tut, als stelle ein bestimmter Sachverhalt schlichtweg kein Problem dar, oder wer sich damit behilft, ernsthafte Schwierigkeiten durch Erfinden und Überstülpen einer neuen Realität aus der Welt schaffen zu wollen, ist in Wahrheit auf dem besten Weg zu einem Zustand der Verrücktheit. Kurz, sich zur Lösung eines Problems der Dienste eines Therapeuten zu bedienen, ist nicht nur etwas ganz Normales – es kann auch eine ausgesprochen weise, produktive und hilfreiche Entscheidung sein!

## »Wie kann mir jemand anderer helfen, wenn ich mir nicht einmal selber helfen kann?«

Das ist eine entscheidende Frage, die ich oft zu hören bekomme, und zwar in erster Linie von männlichen Patienten. Denken Sie einmal an das Studium des menschlichen Gehirns. Wir wissen so wenig über die Mysterien des menschlichen Gehirns, trotz aller Mühen und allem finanziellen Aufwand, die in die Gehirnforschung fließen. Es besteht Grund zur Annahme, daß das menschliche Gehirn über sich selbst nur in beschränktem Ausmaß lernen kann. Und ähnlich wenig können wir in bezug auf unser eigenes Leben erkennen und unternehmen, besonders wenn es um intime und persönliche Dinge geht. Je näher uns ein persönliches Problem geht, desto eher verlieren wir die Perspektive aus den Augen, die zu einer objektiven Einschätzung erforderlich ist. Ich mache zum Beispiel des öfteren Fehler in der Erziehung meiner eigenen Kinder, während es mir leichtfällt, anderen Eltern bei der Bewältigung derselben Probleme beizustehen.

Jeder wird bisweilen von Mutlosigkeit und Sorge befallen. Wenn sich diese Zustände aber zum dominierenden emotionalen Gerüst eines Menschen auswachsen, ist es wahrscheinlich an der Zeit, eine Behandlung zu erwägen. Niemand kann alles allein lösen. Manchmal enden unsere Versuche, eines Problems Herr zu werden, mit einer Verschlechterung unserer Gefühlssituation. Wir stehen nicht nur mit dem Problem allein, sondern fühlen uns auch demoralisiert und hilflos.

»Kann ich dieselbe Hilfe nicht auch von einem klugen Freund, Großelternteil oder Geliebten bekommen?«

Im allgemeinen bekommen wir von Familienmitgliedern, Freunden und Geliebten viel Hilfe, Unterstützung und Zuspruch. Wer religiös ist oder sich starker und gesunder Familienbeziehungen erfreut, wird weniger Bedürfnis nach einer Therapie haben. Menschen, die in ein gefestigtes soziales System integriert sind und sich an eindeutigen Werten orientieren, werden ebenfalls einen geringen Therapiebedarf haben.

Das postmoderne Leben ist durch seine Wechselhaftigkeit gekennzeichnet. Ob das gut ist oder nicht, die postmoderne, westliche Welt ist durch Mobilität und Vielfältigkeit, eine Flut verschiedener Reize, schwächere Familienbande und das Fehlen eines stabilen sozialen Beziehungsnetzes gekennzeichnet. Diese Faktoren stiften in vielen Fällen ziemliche Verwirrung, führen zu Einsamkeit, Isolation und Vereinzelung. Nicht selten verläßt ein junger Erwachsener das elterliche Haus, um sich dann großen Schwierigkeiten beim Aufbau neuer, stabiler Beziehungen oder einer beruflichen Karriere gegenüberzusehen. Später im Leben wird der oder die Betreffende dann möglicherweise durch den Verlust einer geliebten Person infolge Tod oder Scheidung wieder in Einsamkeit und Depression gestoßen. Nachdem dies überstanden und ein neuer Partner gefunden ist, steht man vor dem alles andere als einfachen Problem, zwei Leben oder sogar zwei Familien zusammenfügen zu müssen.

## »Warum soll ich in die Therapie? Ist ja schließlich dein Problem, nicht meines.«

Dies ist eine Antwort, wie sie Eltern von ihren Kindern und Frauen von ihren Männern nur allzuoft erhalten. Viele Männer können sich offenbar mit der Vorstellung, eine Therapie zu beginnen, ganz und gar nicht anfreunden. Die Therapie erscheint ihnen als Bedrohung oder Zeitverschwendung. In den ersten zehn Jahren meiner Praxis als Psychotherapeut war die überwältigende Mehrheit meiner Patienten Frauen. Manche Männer haben auch Angst, die Kontrolle über sich zu verlieren, und gehen davon aus, dies werde bei einer Therapie geschehen. Andere wiederum ertragen den Gedanken nicht, daß sie mit einem psychiatrischen Begriff etikettiert werden könnten. Eine typisch männliche Reaktion ist es auch, die Psychotherapie als »Frauensache« von sich wegzuschieben (da geht's um Gefühle, Klatsch, die häusliche Privatsphäre usw.), die mit der handfesten Realität wenig zu tun habe. Die meisten Männer, denen ich in der Therapie begegne, verleugnen die Existenz eines Problems und kommen auf Bitten von jemand anderem.

Therapeuten schätzen das Gespräch, Zuhören, Verständnis, Gefühle und Zuwendung, also durchweg Dinge, für die sich im allgemeinen besonders Frauen begeistern können oder die zumindest der herkömmlichen Vorstellung von »Weiblichkeit« entgegenkommen. Das therapeutische Gespräch bedient sich meistens einer »Frauensprache«, was viele Männer mit Problemen von einer Therapie abhält und sogar zu einer feindseligen Haltung gegenüber Therapeuten veranlaßt. Doch die Schwierigkeiten der Frauen ereignen sich ja nicht in einem Vakuum oder aufgrund völlig isolierter Sorgen, noch sind sie in irgendeiner Weise auf das weibliche Geschlecht beschränkt. Meistens kommen Frauen in die Therapie, wenn sie Schwierigkeiten als Mütter, Töchter oder Ehefrauen, als Arbeitnehmerinnen und Staatsbürgerinnen haben (im Verhältnis zu den mit Autorität ausgestatteten Männern).

Als Therapeut kann ich keinen Sinn darin erblicken, einem Mann mitzuteilen, er habe ein Problem, wenn er selber keines sehen will. Was ist also zu tun?

»Ich kann meinen Mann und meine Kinder zu keiner Therapie überreden, obwohl wir unzweifelhaft unter Ehe- und Familienproblemen leiden. Wie kann ich sie dazu bewegen, zu kommen?«

Ich habe mit vielen Frauen gesprochen, die selbst in Therapie waren, sich aber außerstande sahen, ihre Ehepartner zum Mitmachen zu bewegen. Eine meinte, es brauche »ganz einfach zwei für eine funktionierende Ehe. Ohne seine Hilfe kann ich jahrelang in Therapie bleiben, ohne daß sich in seiner Einstellung das geringste ändert. Die Situation verschlimmert sich wegen meiner Therapie vielleicht sogar, weil wir uns auseinanderentwickeln.« Ein ähnliches Dilemma besteht, wenn sich ein problembeladener Teenager durch den Vorschlag seiner Eltern, er möge es doch mit einer Therapie versuchen, beleidigt fühlt und dadurch eine nur noch ablehnendere Haltung einnimmt.

Ich starte meine Versuche, Ehegatten und Kinder in eine Therapie einzubeziehen, zumeist damit, daß ich die Notwendigkeit ihres Kommens damit begründe, daß sie mir helfen könnten, die Situation besser zu verstehen. Ich sage, ich sei nicht daran interessiert, wer das Problem habe. Mir gehe es darum, wer die Lösungen habe. Im Therapiezimmer suche ich Vermittler für Veränderungen, und nicht Schuldzuweisungen. Dazu verspreche ich den Angehörigen, daß sie es wahrscheinlich bei einem einzigen Besuch bewenden lassen könnten.

Wenn die Männer und die Jungen einmal verstanden haben, daß es in einer Therapie keineswegs darum geht, ihnen die Schuld zuzuschieben, sondern daß es sich vielmehr um eine praktische und nützliche Methode handelt, Probleme zu lösen, schließen sie sich mit großer Wahrscheinlichkeit der Therapie an. Wenn ich das Gefühl habe, das zu mir in die Therapie gekommene Familienmitglied ist auf ein Kind oder den Ehegatten zornig oder von ihm enttäuscht, nehme ich die Einladung zur Erweiterung der Therapie auf die betroffenen Angehörigen selbst vor. Wenn Sie sich beispielsweise Sorgen machen, Ihr Mann oder Ihre Kinder könnten den Therapievorschlag in die falsche Kehle bekommen, werden sie entweder auf die oben beschriebene Art und Weise vorgehen oder den Therapeuten bitten, die Angehörigen anzurufen. Ein Therapeut muß wissen, wie er seine Dienste am besten an den Mann oder an die Frau bringt.

Seit meine Arbeiten mit Kurztherapie-Patienten bekannt wurden, erhalte ich viel mehr Anfragen von Männern, die jetzt den Eindruck haben, daß eine Therapie kurz, praktisch ausgerichtet und effektiv sein kann. Eine stärker handlungsorientierte und weniger auf Zuhören und Gefühlen basierende Therapie kommt vielleicht den herkömmlicherweise als männlich empfundenen Gewohnheiten eher entgegen.

Frauen, die sich die Teilnahme ihrer Männer an Familien- oder Partnertherapien wünschen, haben vielleicht mehr Glück, wenn sie eine Einzelsitzung vorschlagen.

Die Art und Weise, wie ich meinen Patienten eine Therapie schmackhaft mache, hat dazu geführt, daß ich nun viele Leute zu sehen bekomme, die sich vorher stets geweigert haben, zu einem Therapeuten zu gehen. Sie haben mich gelehrt, daß der menschliche Kampf um Unabhängigkeit und Erhaltung der Integrität und seines Selbstwertgefühls keineswegs bloße »Verleugnung« oder »Selbsttäuschung« ist. In den meisten Fällen steckt eine mächtige und kreative Kraft dahinter, die unablässig nach besseren Lösungen und Änderungsmöglichkeiten sucht. Aber auch Illusionen und Selbstverleugnungen sind oft notwendig, um mit den komplexen und vielschichtigen Realitäten des postmodernen Lebens zurechtzukommen. Die Menschen trachten vorerst danach, sich ohne unangebrachte Einflußnahme von außen zu behelfen. Diese Vorgehensweise ist wesentlich gesünder und angemessener, als ich aus der beschränkten Perspektive eines Therapeuten hätte begreifen können, der sich ausschließlich mit Leuten konfrontiert sieht, die einer Langzeittherapie von vorne herein nicht abgeneigt sind. Es ist wichtig, die Entscheidungen der von uns geliebten Menschen zu respektieren. Sie haben möglicherweise ebenfalls den Wunsch, das Problem zu lösen, aber eben nicht auf die gleiche Weise wie der/die andere, der/die den Weg zum Therapeuten gesucht hat.

Vom Standpunkt des Patienten sind drei grundlegende Elemente für die Wirksamkeit einer Therapie entscheidend: persönliche Einstellung, der Zeitpunkt der Therapie und die Übereinstimmung zwischen Therapeuten und Patienten. Werfen wir nun einen näheren Blick auf diese drei Elemente.

## Eine Frage der Einstellung

Die Einstellung, mit der man in die erste Sitzung geht, ist mehr als bloß die Grundlage für eine Erfolgsprognose. Sie ist maßgeblich für das Selbstvertrauen des Patienten sowie für sein Vertrauen in zukünftige Hilfe, wenn er wieder einmal welche benötigen sollte. Die in die Therapie eingebrachten persönlichen Eigenschaften und Haltungen haben größeren Einfluß auf den Erfolg der Therapie als die vom Therapeuten verwendeten Techniken.

Nehmen wir an, Sie sind in die Therapie gekommen, um damit Ihrem Ehepartner, Ihren Eltern oder Ihrem Arbeitgeber einen Gefallen zu tun, oder weil Sie deren ständigem Drängen ein Ende bereiten wollten. Bei einer derart veranlaßten Therapie kommt naturgemäß selten etwas Gutes heraus. Ich habe einmal den Besuch eines fünfundfünfzigjährigen Mannes empfangen, dessen Frau ihn für spielsüchtig hielt und drohte, sie werde sich scheiden lassen, falls er die Therapie verweigere. Als praktizierender Katholik wollte er eine Scheidung unter allen Umständen vermeiden, also willigte er ein, mich um Hilfe zu bitten. Er erzählte mir, daß Pferdewetten viele Jahre lang sein liebstes Hobby gewesen wären, er sei aber bestimmt nicht süchtig danach. Er habe nur einmal die Woche um geringe Beträge gespielt, außerdem habe er alles in allem gerechnet in etwa so viel verloren wie gewonnen. Er konnte darin einfach kein Problem erblicken, sondern betrachtete das Spielen als vergnüglichen Zeitvertreib. Ich sagte zu ihm: »Sie sind gekommen, damit sich Ihre Frau nicht scheiden läßt. Ich schlage vor, wir suchen gemeinsam nach Wegen zur Verbesserung Ihrer Ehesituation, damit Ihr Hobby keine Bedrohung mehr für Ihre Ehe sein kann.« Er erwiderte, mit seiner Ehe sei alles in Ordnung. Ich versuchte, in mehreren gemeinsamen und getrennten Sitzungen ein von den Beteiligten als solches erkanntes Problem zu isolieren, an dessen Lösung man in der Folge würde arbeiten können. Die Frau sah nur einen Änderungsbedarf für ihren Mann, und der Mann seinerseits nur bei seiner Frau. Zweifellos eine schlechte Grundlage und ein ungünstiger Zeitpunkt für eine Therapie. Einige Jahre später wurde der Sohn der Familie wegen versuchten Raubes festgenommen. Ab diesem Zeitpunkt konnte sich das Ehepaar auf ein gemeinsames Problem einigen: das Verbrechen ihres Sohnes. Sie sahen die Behandlungsnotwendigkeit ein, und nunmehr hatte die Therapie einen beiderseits anerkannten Brennpunkt und Zweck.

Die zweckmäßigste Grundhaltung speist sich aus dem Wissen, daß es in einer Therapie nie darum geht, wer im Recht und wer im Unrecht ist, sondern um den persönlichen Wunsch, einem Problem entgegenzutreten und bei dem Versuch, es zu lösen, erfolgreich zu sein. Oft versteifen sich Menschen auf eine bestimmte – und nur diese eine – Lösung. Sie versuchen dieselben Strategien immer wieder aufs neue. Sie setzen alles daran, eine Lösung zu finden, nur um feststellen zu müssen, daß sich alles zum Schlechteren entwickelt. Eine Kurztherapie kann nützlich sein, wenn es darum geht, die richtige Lösung zu finden oder die richtige Entscheidung zu treffen. Sie kann aber auch sehr wertvolle Dienste dergestalt leisten, daß sie jemanden von etwas abbringt, das ganz einfach nicht funktioniert.

Eine Therapie läßt sich auch als sicherer Ort betrachten, an

dem man sich öffnet und neue Lebensmöglichkeiten ins Auge faßt. An diesem geschützten Ort kann man sich erlauben, verbotene Gedanken auszudrücken, unterdrückte Gefühle freizusetzen und mit neuen Verhaltens- und Beziehungsmustern zu experimentieren, ohne sich vor einem Versagen oder vor den Konsequenzen zu fürchten. Doch Vorsicht ist geboten: Manche Menschen benutzen die Sicherheit der therapeutischen Situation, um sich über Mitmenschen oder über das Leben im allgemeinen zu beklagen. Solche Beschwerdetypen verschwenden in einer Therapie nur Geld und Zeit. Es kann ihre Situation sogar verschlechtern, wenn sich der Therapeut verständnisvoll, geduldig und mitfühlend erweist. Diese Menschen benutzen die Zuwendung und das Mitgefühl des Therapeuten als Ersatz für echte Problemlösungsarbeit. Der Patient empfindet den Zuspruch des Therapeuten als Bestätigung dafür, daß er im Recht ist und es daher keinen Änderungsbedarf gibt. Die Zeiten, zu denen jemand gerade besonders dazu aufgelegt ist, sich über den Partner, den Chef, den Bundeskanzler oder sonst jemanden zu beklagen, sind einer Therapie, die auf die Lösung von Problemen ausgerichtet ist, nicht gerade günstig. Die Therapie könnte eine bloße Ventil- oder Beschwerdefunktion einnehmen.
Wer Dampf ablassen oder sich beklagen will, tut besser daran, sich mit wohlmeinenden Freunden zu treffen. Wer der Meinung ist, er sollte für einen wohlgesonnenen Zuhörer bezahlen, der kann seine Gesprächspartner auf einen Kaffee oder ein Abendessen einladen oder einen Kurzurlaub finanzieren, den man für ausgiebige therapeutische Unterhaltungen in einer sicheren Umgebung nutzt.

Thomas A. Edison verlor sein Labor durch einen Brand, der Jahre harter Arbeit im Wert von Millionen Dollar vernichtete, und keine Versicherung kam für den Schaden auf.

»Was in aller Welt wirst du jetzt machen?« wurde er gefragt. »Wir werden morgen früh mit dem Wiederaufbau beginnen«, antwortete der Forscher.

Der Verlust seines Labors hat Edison weder zerstört noch deprimiert. Edison war ein glücklicher Mensch, der Probleme dazu nutzte, nach besseren Lösungen zu forschen. Er wandte sich seinem Problem zweck- und zielorientiert zu. Nichts lag ihm ferner, als darauf zu warten, daß man einen Verantwortlichen für sein Mißgeschick ausfindig macht. Er beschuldigte weder sich selbst noch irgend jemand anderen. Es war ihm nur daran gelegen, an der Lösung mitzuwirken: am Wiederaufbau! Die Handlungsweise Edisons birgt sämtliche Elemente einer wirksamen und gesunden Reaktion auf ein belastendes Problem:

1. Das Problem als Herausforderung zu betrachten.
2. Es ohne Umwege anzugehen.
3. Sich auf mögliche Lösungen konzentrieren.
4. Nicht wegschieben. Sich hier und jetzt an der Lösung beteiligen.

Wenn Sie sich psychischen Sorgen oder Problemen mit dem Anliegen stellen, Teil der Lösung zu sein, werden Sie darin keine Bedrohung Ihrer Gesundheit oder Ihres guten Rufes erblicken, sondern eine interessante und sogar aufbauende Herausforderung.


## Zeitpunkt

Der Erfolg einer jeden Therapie ist letzten Endes immer daran zu messen, ob der Patient die erreichten Änderungen sinnvoll nützen bzw. beibehalten kann. Eine Therapie beginnen Sie am besten dann, wenn Sie wirklich bereit sind, in Ihrem Leben etwas zu ändern, nötigenfalls auch auf eigene

Faust. Der Schlüssel für den therapeutischen Erfolg liegt im richtigen *Timing*. Die Frage lautet also: Sind Sie genau jetzt zu Änderungen bereit?

Fragen Sie sich selbst: Warum gerade jetzt? Wahrscheinlich werden Sie eine ganz bestimmte Belastung oder ein Ereignis der jüngeren Vergangenheit als Auslöser für den Entschluß zu einer Therapie ausfindig machen. Die Mehrzahl der seelischen Belastungen, in deren Folge die Menschen bei einer Therapie Hilfe suchen, haben zwischenmenschliche Probleme im familiären oder beruflichen Umfeld als Ursache. Die Therapie wird Ihnen mehr nützen, wenn Sie eine Verbindung zwischen dem Problem und einer zwischenmenschlichen Beziehung und/oder einer aktuellen Belastung ausmachen können. Das ist beispielsweise dann der Fall, wenn Sie herausfinden, daß Ihre Schlaflosigkeit und Ihre Angstgefühle kurz nach dem Verlust Ihres Arbeitsplatzes angefangen haben. Wenn Ihr Problem sich hingegen losgelöst von Ereignissen oder Beziehungen darstellt, wird Ihr Therapeut es mit großer Wahrscheinlichkeit als Charakterschwäche oder schwer veränderlichen Persönlichkeitszug verstehen. In so einem Fall findet der Therapeut mehr Gründe für eine Langzeittherapie und wird weniger optimistisch hinsichtlich einer raschen Besserung sein. Schließlich ist die Veränderung Ihrer grundlegenden Persönlichkeit ein kompliziertes und schwieriges Unterfangen und längerer Behandlung bedürftig. In Wahrheit haben alle Probleme persönliche und zwischenmenschlich bedingte Komponenten sowie länger zurückliegende und aktuellere Ursachen. Je besser Sie über den aktuellen Streßauslöser und die zwischenmenschlichen Elemente Bescheid wissen, desto kürzer kann die Therapie sein. Informieren Sie den Therapeuten über das Umfeld Ihres Problems. Wenn Sie beispielsweise in die Therapie kommen, weil Sie sich unsicher fühlen, lassen Sie den Therapeuten ganz genau wissen, wo, wann und mit wem Sie sich sicher gefühlt haben. Unterscheiden Sie zwischen den Kontexten, in denen das Problem akut wurde, und den Zeitpunkten, Orten und Personen, bei denen dies nicht geschah. Seien Sie konkret, und bringen Sie Beispiele. Sie und Ihr Therapeut kommen vielleicht zu dem Schluß, daß Sie nicht nur über ein einziges Selbst und über eine einzige Selbstvertrauensebene verfügen. So fühle ich mich beispielsweise sehr sicher, wenn ich mit meinen Patienten arbeite, aber immens unsicher, wenn ich mein Auto oder ein elektrisches Haushaltsgerät reparieren muß.

Sie können Ihre Therapiebereitschaft testen, indem Sie sich die folgenden Fragen stellen:

- Sind Sie sich der Rolle bewußt, die Sie selbst im Problemzusammenhang spielen?
- Wie sehr geht Ihnen das aktuelle Problem bereits auf die Nerven?
- Sind Sie bereit, die erforderlichen Maßnahmen zu treffen, oder wollen Sie vorerst nur darüber nachdenken und sprechen?
- Sind Sie bereit, die persönliche Verantwortung für Ihren Anteil an dem Problem zu übernehmen?
- Sind Sie bereit, gerade jetzt Schuldzuweisungs- und Selbstmitleidshaltungen aufzugeben?

Der beste Zeitpunkt ist gegeben, wenn Ihnen Ihr Problem richtig weh tut. Mit unseren gescheiterten Versuchen konfrontiert zu werden hat etwas entschieden Demütigendes und Menschliches an sich. Genau dann, wenn wir »es einfach nicht mehr aushalten«, kann sich eine wahrhaft einschneidende und erneuernde Änderung ereignen. Vergleichbar ist das zum Beispiel mit den bekannten Situationen, in denen jemand dem Tod oder einem Totalzusammenbruch knapp entronnen ist und daraus die Grundlage für einen Neuanfang oder eine gänzlich neue Erfahrung bezieht. Dieser entscheidende Wendepunkt wurde von Julie, einer jungen Frau, die infolge eines Diabetes erblindete, ganz wunderbar beschrieben: »Die Blindheit hat mich das Sehen gelehrt, und der Tod das Leben« (mitgeteilt von dem Arzt Bernie Siegel in *Love, Medicine & Miracles*). Der Realität ins Auge zu sehen, ist eine wichtige Kraftquelle, wenn es gilt, einen derartigen Wendepunkt zu schaffen. Unsere schmerzhaftesten Gefühle haben einen Zweck. Ich wohnte den Geburten meiner Kinder bei, was ich als die tiefsten Erlebnisse meines Lebens bezeichnen möchte. Nachdem meine Frau geschrien hatte, sie würde die Schmerzen nicht mehr ertragen, stand die Geburt jeweils kurz bevor. Meine Frau erzählte mir später: »Wenn du diese entsetzlichen Schmerzen spürst und dir denkst: wozu sollen diese verdammten Schmerzen gut sein?, mußt du dich jedesmal erinnern, daß es dein Baby ist, das versucht, auf die Welt zu kommen.«

Der Augenblick dieses »Schmerzes kurz vor der Geburt« ist genau der richtige Zeitpunkt, eine Therapie zu beginnen. Der Therapeut ist zur Stelle, um einen vollkommen normalen Vorgang zu unterstützen, zu betreuen und zu erleichtern. Die Schmerzen und die Angst können Menschen daran hindern zu erkennen, daß es sich um Leid handelt, das richtungsweisend und zweckmäßig sein kann.

Nachdem meinem Vater diagnostiziert wurde, er habe Leukämie, eine Form des Blutkrebses, bezeichneten weder er noch irgend jemand in der Familie die Krankheit jemals als Krebs oder Leukämie. Die Bezeichnung der Krankheit als Krebs war für uns gleichbedeutend mit einem Todesurteil, das wir partout nicht akzeptieren wollten. Mein Vater war damals erst achtundfünfzig, und niemand war auf seinen Tod vorbereitet. Bis zu dem Tag, an dem er starb, gestanden wir uns niemals offen ein, daß er an Krebs litt. Er war krank und mußte im Bett oder im Krankenhaus bleiben. Nur so weit waren wir bereit, das Problem an uns heranzulassen.

Ein Jahr nach seinem Tod erkrankte meine Mutter an Brustkrebs. Jetzt waren wir bereit für eine andere Sicht auf das Problem. Der Schmerz und die Angst vor dem Krebs sowie der Verlust unseres Vaters hatten uns die Augen geöffnet. Meine Mutter war eine Kämpfernatur und unser einziger lebender Elternteil. Wir drei Kinder waren junge Erwachsene und lebten nicht mehr zu Hause bei Mutter. Irgendwie hatten wir die Lehren aus Vaters Krebstod gezogen. Wir bezeichneten die Krankheit unserer Mutter ungeschminkt als Krebs und sahen in ihr eine große Herausforderung für uns alle. Mutter änderte ihre Essensgewohnheiten und ihren Lebensstil und nahm insgesamt einen erfüllteren und gesünderen Lebenswandel auf. Sie wurde Vegetarierin, lernte Schwimmen, eignete sich neue, befriedigende Hobbys an, etwa die Aufzucht von Zimmerpflanzen, Reisen in Gegenden mit eindrucksvollen Naturschauspielen und Musikhören. Wir öffneten uns ihr gegenüber und kamen uns allesamt um vieles näher. In den letzten Jahren ihres Lebens sprachen und unternahmen wir mehr zusammen als je zuvor. Wir leugneten nicht die Diagnose, stellten uns aber entschieden gegen das damit offenbar verbundene Urteil: Krebs = Tod. Die entscheidende Frage war nicht, wie lange sie leben würde, sondern was jeder von uns aus jedem einzelnen Tag machte, den sie noch unter uns weilte. Wir alle waren durch den Krebs zu einem besseren und erfüllteren Leben bekehrt. Sie starb im Alter von achtundsiebzig Jahren, siebzehn Jahre nach der Krebsdiagnose. Sie starb zu Hause und war bis zu ihren letzten Tagen unabhängig und bei klarem Verstand.

An welchem Punkt bei Ihren Versuchen zur Lösung eines psychischen Problems würden Sie sich entscheiden, einen Therapeuten zu konsultieren? Jeder Patient hat seine Schwelle, bei deren Überschreiten Hilfe von außen notwendig wird. Ich frage meine Patienten daher auch immer »warum jetzt?«, und erhalte darauf am häufigsten die folgenden typischen Antworten:

»Weil ich schon alles versucht habe –
und nichts funktioniert.«

Was haben Sie versucht? Im folgenden liste ich auf, was üblicherweise unternommen wird, bevor man sich an einen Therapeuten wendet:

- Man versucht, das Problem selbst zu lösen.
- Man sucht Rat bei einem Freund.
- Man spricht mit dem Pfarrer/Seelsorger.
- Man liest Zeitschriftenartikel oder Selbsthilfebücher.
- Man versucht, das Problem zu ignorieren oder zu vergessen.
- Man versucht, die Verantwortung oder die Schuld anderen zuzuschieben.
- Man konsultiert einen Internisten oder den Hausarzt wegen einer körperlichen Ausdrucksform des Problems.

Zwischendurch kann sich eine vorübergehende Erleichterung einstellen. Manchmal wird Ihnen wohl auch zuteil, was Sie sich von den oben aufgeführten Versuchen erwarten. Das ist auch ganz in Ordnung. Nur nicht herumdoktern, wenn es ohnedies funktioniert. Erst wenn Sie alles versucht haben und keine dauerhaften Erfolge im Kampfe gegen das Problem erzielen konnten, landen Sie in der Praxis eines Therapeuten. Viele gehen auch erst dann zur Therapie, wenn sie von mehreren Freunden den Rat bekommen haben, »sich mal checken zu lassen«.

## »Weil ich es nicht mehr ausgehalten habe.«

Viele Menschen wenden sich an einen Therapeuten, wenn sie in eine akute Krisensituation geraten sind. Daran kann der Tod eines geliebten Menschen, eine Scheidung oder etwa ein Selbstmordversuch schuld sein. Derartige Ereignisse können uns so erschüttern, daß wir Schrecksymptome entwickeln, wie akute Angstzustände oder Depressionen. Ein andermal werden wir von einer inneren Krise heimgesucht. Plötzlich fühlen Sie sich, als würden Sie jeden Augenblick explodieren oder Opfer eines Nervenzusammenbruchs. Oder Sie werden von angsteinflößenden Gedanken über Selbstmord oder die Tötung eines anderen Menschen heimgesucht.

Wenn Sie sich mitten in einer Krise befinden und noch nie bei einem Therapeuten waren, werden Sie vielleicht denken, Sie hätten das Problem nicht so lange vor sich her schieben sollen. Möglicherweise gelangen Sie auch zu der Überzeugung, daß man nun nichts mehr machen kann, außer Sie zu einem hoffnungs- und rettungslos verlorenen Fall zu erklären. Dies ist aber nicht wahr! Eine Krise bringt Furcht, Schmerz und Risiken mit sich, aber auch Chancen! Wer erkannt hat, daß er eine Situation nicht mehr ertragen kann, wird sich mit großer Wahrscheinlichkeit von Grund auf ändern.

Neben den akuten Krisensituationen gibt es natürlich noch andere gute Gründe, einen Therapeuten für eine oder ein paar Sitzungen zu konsultieren:

**SICH AN EINEM SICHEREN ORT ÖFFNEN:** Manchmal können Sie ein Problem mit keiner nahestehenden Person besprechen. Sie haben das Gefühl, wenn Sie einem Familienmitglied oder einem Freund die Wahrheit sagen, bekommen Sie Schwierigkeiten. Vielleicht haben Sie Scham- oder Schuldgefühle in einer ganz bestimmten Angelegenheit. Sie wenden sich an einen Therapeuten, um Ihr Problem vertraulich besprechen zu können, oder Sie haben das Bedürfnis, eine unvoreingenommene und neuartige Sichtweise eines Unbeteiligten kennenzulernen. In einer oder einigen wenigen Sitzungen bekommen Sie schließlich das Gefühl, in einer offenen und geschützten Umgebung alles aussprechen zu können. Ein kluger Therapeut wird Ihnen als einfühlsamer und aufmerksamer Zuhörer zur Verfügung stehen und in der Lage sein, Gefühle und Gedanken zu bestätigen, die schon lange in Ihnen gekocht haben. Doch achten Sie darauf, daß die Therapie nicht der einzige Ort ist, an dem Sie fähig sind, sich zu öffnen.

**ZWEITE MEINUNG:** Sie stehen vor einer wichtigen Entscheidung. Sie überlegen sich Ihre Optionen. Vielleicht überlegen Sie, eine bedeutende Beziehung zu beenden oder einen neuen Berufsweg einzuschlagen, zu heiraten oder Ihr Kind in eine ganz bestimmte Schule zu schicken. Jedenfalls haben Sie gemischte Gefühle. Das postmoderne Leben stellt uns ja nicht selten in solch schwierige Wahlsituationen. Die meisten wichtigen Entscheidungen im Leben werden erst nach zögerlichem Abwägen unterschiedlicher in Frage kommender Möglichkeiten getroffen.

Zu welcher psychologischen Angelegenheit auch immer Sie eine Expertenmeinung einholen wollen, bedenken Sie stets, daß Sie zwar einen klugen Rat bekommen können, aber nicht unbedingt einen objektiven und wissenschaftlich fundierten. Manche Psychotherapeuten behaupten, ihre Urteile seien objektiv. Sie irren sich. Alle Therapeuten sind von ihren Standpunkten und persönlichen Erfahrungen beeinflußt. Eine brauchbare Expertenmeinung zeichnet sich dadurch aus, daß sie dem Patienten hilft, die für ihn beste Entscheidung zu treffen, die auf dessen individueller Situation, Persönlichkeit und Konstitution gründet.

## Therapie aus den falschen Gründen

Wenden wir uns nun einigen der irrtümlichen, aber weitverbreiteten Veranlassungen zur Aufnahme einer Therapie zu. Im folgenden gebe ich ein paar Hinweise auf Umstände, die *keinen* Grund für eine Therapie abgeben. Diese Gründe werden zwar vielfach nicht explizit genannt, wirken aber trotzdem als eigentliche Antriebskräfte:

### »Ich möchte das Verhalten eines anderen Menschen ändern.«

Nur allzu oft versuchen Menschen, ihre Kinder, ihren Ehepartner oder einen Mitarbeiter zu ändern. Wenn sie scheitern, wenden sie sich an einen Therapeuten, in der Hoffnung, dieser kann bewirken, was ihnen selbst versagt blieb. Diese Herangehensweise ist aber von vornherein zum Scheitern verurteilt und verschlimmert die Sache in vielen Fällen. Zum ersten kann ein Therapeut niemanden ändern, der sich nicht selbst ändern will. Zum zweiten, wenn jemand bemerkt, daß ein anderer ihn ändern oder ihm helfen will, wird dies womöglich als Beherrschungsversuch oder Schachzug in einem Machtspiel aufgefaßt. Das wird aber wahrscheinlich die Beziehung schädigen oder Kränkungen zur Folge haben. Drittens werden alle Versuche, eine Änderung herbei zu zwingen, die Chancen reduzieren, daß sich die betreffende Person aus eigenem Antrieb in Therapie begibt, und die Gefahr heraufbeschwören, das Selbstwertgefühl des oder der Betroffenen zu beeinträchtigen. Der Versuch, jemand anderen zu ändern, ist selten hilfreich, er kann aber sehr leicht bei anderen die Überzeugung hervorrufen, eine Therapie sei nichts als Zeit- und Geldverschwendung. Ich rate jedenfalls davon ab, eine Therapie zu initiieren, um jemand anderen damit zu ändern. Wenn Sie Schwierigkeiten mit dem Verhalten eines Mitmenschen haben, ist eine Therapie nur sinnvoll mit der Absicht, Ihre eigenen Reaktionen, Gefühle oder Denkweisen gegenüber dem Verhalten des anderen zu verändern. Sie können bestenfalls Ihr eigenes Verhalten ändern und hoffen, daß andere Ihrem Beispiel folgen.

## »Ich will wissen, wer hier eigentlich verrückt ist.«

Wenn Sie zu Hause, am Arbeitsplatz, in der Schule oder in einer wichtigen Beziehung in einer konfliktreichen Situation stecken, haben Sie möglicherweise das Bedürfnis, einen Therapeuten als Schiedsrichter heranzuziehen, der darüber befindet, wer sich im Recht befindet und wer nicht, wer schuldig ist und wer unschuldig. Es ist aber eine der schädlichsten Arten, einen Therapeuten in Anspruch zu nehmen, wenn man von ihm verlangt, moralische Urteile über andere Menschen abzugeben.

# Übereinstimmung
## zwischen Therapeut und Patient

Ein junger und ein alter Therapeut treffen einander am Ende eines langen Tages in einem Lift. Der junge sieht heruntergekommen, zerzaust und erschöpft aus. Der ältere richtet den Knoten seiner Krawatte auf seinem untadeligen Hemd zurecht. Er macht einen gutaufgelegten und energiegeladenen Eindruck, bereit für einen vergnüglichen Abend. Der jüngere fragt ihn: »Wissen Sie, was ich nicht verstehe? Sie sind 30 Jahre älter als ich. Wie schaffen Sie es, sich den ganzen Tag Geschichten von Leid und Schmerzen anzuhören und am Abend eine so glänzende Figur zu machen?« Der ältere Psychiater lächelt und fragt zurück: »Wer sagt denn, daß ich zuhöre?«

Als Patient wollen wir natürlich weder den mitgenommenen noch den desinteressierten Therapeuten. Ein Therapeut sollte sich mit Ihnen nur dann beschäftigen, wenn das von Ihnen vorgelegte Problem in seinen Kompetenzbereich fällt. Er/sie sollte Ihren Fall als echte Herausforderung betrachten und Hoffnung auf eine Veränderung zum Besseren hegen. Der Therapeut muß in der Lage sein, sich voll auf den Patienten einzulassen, ohne seine wissenschaftliche Haltung aufzugeben.

Therapeutische Sitzungen können vollkommen nutzlos sein oder sogar schädlich, wenn sie vom falschen Therapeuten zum falschen Zeitpunkt abgehalten werden. Harmonie zwischen Therapeut und Patient bedeutet nicht, daß Sie sich in Ihren Therapeuten bzw. Ihre Therapeutin verlieben müßten oder daß diese(r) allem zustimmt, was Sie sagen. Ihr Therapeut braucht nicht zu Ihrem Mentor zu werden. Wer jemand anderen verehrt, setzt sich selbst herab. Die Therapie soll letzten Endes *Sie* selbst zum bestmöglichen Arzt und Problemlöser in eigener Sache machen. Es geht um die Wiederherstellung Ihrer Selbstachtung, Ihres Selbstwertgefühls und Ihrer Selbstkontrolle. Der kluge Therapeut wird eine Atmosphäre schaffen, in der Sie Ihre eigene Identität ausleben, sich öffnen und Ihre Geschichte genau und aufschlußreich erzählen können. Sie und der Therapeut können sozusagen auf derselben Wellenlänge miteinander kommunizieren. Der Therapeut muß fähig sein, Ihren Standpunkt zu verstehen und Ihre Gefühle nachzuvollziehen. Daraus erfolgt seine Fähigkeit, Ihre Haltung in produktiver und positiver Weise zu ändern.

Strenge, distanzierte und rechthaberische Therapeuten sind zu meiden. Solche Therapeuten werden Ihnen stets mit einem Gestus der Überlegenheit begegnen. Sie legen großen Wert auf ihre Expertenautorität und den unpersönlich-fachmännischen Blick auf den Patienten und dessen Problem. Sie geben Ihnen zu verstehen, daß ihr Wissen unbestritten, allgemeingültig und objektiv ist. Ein Dialog über unterschiedliche Standpunkte wird dadurch erschwert oder gar verhindert. Indem sie beanspruchen, die objektive Wahrheit zu vertreten, stellen solche Therapeuten ihre eigene ethische und moralische Beeinflussung in Abrede. Der Therapeut, der Ihnen das Gefühl gibt, dumm, verrückt oder schwach zu sein, ist nicht der richtige für Sie.

Gute Therapeuten stehen Ihnen als fachlich ausgebildete Partner gegenüber. Sie lernen von Ihnen. Sie ermutigen Sie, ihnen bei ihrer Suche nach Problemverständnis zu helfen. Sie schätzen Ihre Kenntnisse und suchen Ihr Feedback. Sie fragen nach, welche der in der Therapie diskutierten Ideen und Entwicklungen Ihnen am besten entsprechen. Sie freuen sich über Fragen hinsichtlich der aktuellen Sitzung oder des Therapieverlaufs im gesamten, wodurch sich ein Klima der Offenheit und Partnerschaft ergibt.

# Weitere Betrachtungen

Es gibt keine eindeutigen, objektiven oder wissenschaftlichen Kriterien dafür, worauf Sie bei der Auswahl Ihres Therapeuten achten sollten. Im folgenden habe ich für Sie eine Liste möglicher Überlegungen zusammengestellt, die Ihnen bei der Suche nach dem für Sie besten Therapeuten helfen können:

- EINE EMPFEHLUNG: Jemand, dem Sie vertrauen, ein Freund, der in Therapie war, ein Familienmitglied oder Ihr Hausarzt können zuverlässige Quellen für Empfehlungen sein. Beachten Sie in diesem Zusammenhang aber, daß der Empfehlungsgeber natürlich eine ganz andere Persönlichkeit ist als Sie und unterschiedliche Problemstrukturen haben kann.

- HONORARE: Sie können sich einen Therapeuten bzw. eine Therapeutin aussuchen, deren Behandlung Sie nichts kostet (etwa weil sie von einer Versicherung gedeckt ist oder von gemeinnützigen Einrichtungen bezahlt wird). Die Konsultation eines Privattherapeuten ist nicht billig, und finanzielle Erwägungen spielen bei der Auswahl eines Therapeuten eine legitime Rolle. Andererseits kann ein saftiges Honorar auch beeindruckend wirken. Wer mehr bezahlt, erhofft sich auch mehr für sein Geld.

- MEDIZIN: Manche vertrauen vor allem auf Medikamente und »echte Doktoren«. Wenn das auf Sie zutrifft, wenden Sie sich an Ihren Hausarzt, der wahrscheinlich über die in Ihrem Ort praktizierenden Psychiater Bescheid weiß.

- BELIEBTHEIT: Die hohe Auslastung eines Therapeuten kann ebenfalls sehr beeindruckend sein. Wenn er/sie in den nächsten Monaten keinen Termin frei hat und die Leute vor seiner Türe Schlange stehen, kann er/sie so schlecht nicht sein. Auch der Ruf, ein Therapeut sei »der beste weit und breit«, kann beeindruckend wirken.

- ALTER: Manche haben mehr Vertrauen zu älteren Therapeuten, ihrer Weisheit und langjährigen Erfahrung, andere setzen auf jüngere, die wissenschaftlich auf dem letzten Stand sind und durch neue Ideen bestechen.
- GESCHLECHT: Es kann sein, daß Sie sich bei einem gleichgeschlechtlichen Therapeuten sicherer oder geborgener fühlen. Andere wiederum fühlen sich stärker zu einem Therapeuten des anderen Geschlechts hingezogen.
- AMBIENTE: Der Ort, an dem eine Therapie stattfindet, kann ebenfalls von Bedeutung sein. Manche lassen sich zum Beispiel vom Ambiente einer Klinik in einer angesehenen Universität beeindrucken.
- SPEZIALISIERUNG: Möglicherweise benötigen Sie einen auf Ihr besonderes Problem spezialisierten Experten, insbesondere wenn Sie eine ganz spezifische Diagnose oder Fachbezeichnung für Ihr Problem haben. Mit einem Familienproblem wenden Sie sich wahrscheinlich eher an einen Familientherapeuten, mit einer sexuellen Störung an einen Sexualtherapeuten und so weiter.

Einige der hier aufgeführten Überlegungen sind wahrscheinlich wichtig für Sie, andere weniger. Was den einen anspricht, stößt andere ab. Während der eine vom Status eines Psychiaters beeindruckt sein mag, ist dieser für jemand anderen, der sich eher zu einem Sozialarbeiter hingezogen fühlt, womöglich ein Anlaß für Mißtrauen.

Es hat jedenfalls wenig Sinn, sich mit seinen eigenen Voreingenommenheiten herumzuschlagen. Nutzen Sie diese vielmehr zu Ihrem Vorteil, und betrachten Sie sie als das, was sie sind: ein Teil Ihres Überzeugungssystems. Wenn Sie sich bei einer Frau wohler fühlen (oder wenn es irgendein anderes besonderes Merkmal gibt, das sich vertrauensstärkend auswirkt), dann ziehen Sie größtmöglichen Nutzen aus dieser Vorliebe. Wenn Sie sich nicht sicher sind, stellen Sie ruhig alle möglichen Fragen oder lassen Sie sich mehr Zeit mit der Wahl Ihres Therapeuten. Es handelt sich um eine sehr persönliche und wichtige Entscheidung, die auf Ihrem eigenen Urteilsvermögen und Ihren persönlichen Vorlieben basieren sollte, nicht auf meinen oder denen von irgend jemand anderem. Schließlich werden auch andere, praktische Gründe eine Rolle spielen, etwa Ihre finanzielle Situation, Ihre persönliche Zeiteinteilung oder der Ort der Praxis.

Gehen Sie keine Kompromisse ein. Sie haben lange genug gewartet. Jetzt verdienen Sie das Beste. Und das für Sie Beste ist ein Therapeut, der Ihre Hoffnungen belebt, Ihre positiven Erwartungen und Ihr Lebensvertrauen stärkt, und dies an einem Ort und unter Umständen, die Ihnen ganz persönlich entsprechen. Wenn Sie nach der ersten Sitzung nicht das Gefühl haben, daß eine Verbindung hergestellt wurde, bzw. wenn Sie nach der dritten Sitzung noch immer keine Fortschritte verspüren, sind Sie aller Wahrscheinlichkeit nach entweder beim falschen Therapeuten, oder der Zeitpunkt ist falsch gewählt.

Es kann sinnvoll sein, bei der ersten telefonischen Kontaktaufnahme ein paar Fragen zu stellen, zum Beispiel:

- Welche Erfahrungen haben Sie mit Problemen von der Art, wie ich sie geschildert habe? Konnten Sie Menschen in meiner Situation helfen?
- Welche Chancen rechnen Sie sich aus, ein Problem wie das meinige zu lösen? Haben Sie dazu eine einschlägige Erfolgsstatistik?
- Ich weiß, daß jeder Fall ein Einzelfall ist. Könnten Sie trotzdem abschätzen, mit welcher Zeitdauer zu rechnen ist? Wie oft werde ich wohl ungefähr kommen müssen?

- Hängen Sie einer oder mehreren therapeutischen Methoden an? Könnten Sie mir kurz Auskunft über Ihre bevorzugte Methode in Zusammenhang mit meinem Problem geben?
- Wie hoch ist Ihr Honorar, wann haben Sie Sprechstunde und wann können Sie mir Termine geben? Besteht ein Spielraum?
- Bevorzugen Sie zeitlich offene oder begrenzte Therapie?

Versäumen Sie nicht, Ihre Schmerzgrenzen oder Präferenzen hinsichtlich Zeitplanung und Honorar bekanntzugeben. Wenn Sie an einer möglichst kurzen Therapie interessiert sind, machen Sie das von Anfang an klar. Wenn der von Ihnen kontaktierte Therapeut sich der zeitlich unbegrenzten Therapieform verschrieben hat, sollten Sie darüber vor der ersten Sitzung Bescheid wissen. Viele Therapeuten arbeiten mit Staffeltarifen. Sie können also Ihrem Therapeuten sagen, wieviel Sie auszugeben bereit sind, und er wird Ihnen sagen, ob er auf dieser Basis mit Ihnen arbeiten kann.
Der Schlüssel für den therapeutischen Erfolg liegt in der spezifischen Konstellation, in der sich zwei Menschen begegnen. Es ist vielleicht auch sinnvoll, sich einige der oben angeführten Fragen für das erste Zusammentreffen mit dem Therapeuten aufzubewahren. Sie können sogar eine kostenlose oder zumindest verbilligte Probesitzung verlangen, in der Sie im unmittelbaren Kontakt zusätzliche Informationen erfragen. Eine ehemalige und sehr dankbare Patientin hat mich kürzlich ihrer besten Freundin empfohlen. Sie kannte mich gut, da ich ihr und ihrer Familie über schwere Zeiten hinweggeholfen hatte, unter anderem über den Tod beider Eltern. Die Freundin entstammte einer ähnlichen sozioökonomischen Gruppe, und auch die vorgetragenen Probleme waren ähnlich – und dennoch: Wir kamen mit der Therapie

nicht vom Fleck. Unsere Konstellation stimmte einfach nicht.

Die besten Sitzungen sind die, in denen Ihnen ein Therapeut hilft zu erkennen, was Sie tief drinnen über Ihre Möglichkeiten und Potentiale bereits wissen. Am Ende einer solchen Sitzung könnten Sie dem Therapeuten bestätigen, »Sie verstärken eine Intuition, die ich selbst gespürt habe« oder »Irgendwo wußte ich, daß ich genau das tun muß. Mit Ihrer Bestätigung spüre ich jetzt viel deutlicher, daß ich das nicht nur tun sollte, sondern auch tun will und kann.« Mit anderen Worten, der weise Therapeut übersetzt Ihr inneres Wissen oder Fühlen in eine Sprache von Handlungsmöglichkeiten. Es ist gut möglich, daß Sie etwas wissen, aber unfähig sind, nach Ihrem Wissen zu handeln. Oder Sie denken etwas, haben aber kein Gefühl dafür (oder umgekehrt).

## Die Bewertung von Therapeuten

Wie stellen Sie es an, einen kompetenten, vertrauenswürdigen und hilfreichen Therapeuten zu finden? Am besten bewerten Sie ihn oder sie sowie Ihre eigenen Gefühle nach dem ersten telefonischen oder persönlichen Kontakt. Die Wahl des richtigen Therapeuten ist keine Wissenschaft. Letzten Endes werden Sie sich an Ihr Gefühl »aus dem Bauch heraus«, an Ihre Intuition halten müssen. Erste Eindrücke sind tiefgehend und wichtig, und vieles von dem, was noch nachkommt, läßt sich aus ihnen ableiten. Wenn ich mir das Tonband einer ersten Sitzung mit einem Patienten anhöre, wundere ich mich oft darüber, wieviel von der gesamten Therapie bereits in dieser ersten Begegnung ausgelöst wurde.

Im großen und ganzen kommt es auf zwei Aspekte an:

1. Fragen Sie sich, wenn Sie aus der ersten Sitzung herauskommen, und in den folgenden Tagen, ob sich Ihre Moral und Ihre Hoffnungen infolge der Sitzung verstärkt haben. Welche weiteren Verbesserungen haben Sie seit der ersten Sitzung festgestellt?
2. Überlegen Sie sich, inwieweit die Reaktion des Therapeuten, seine Lösungsvorschläge oder sein Behandlungsplan Ihnen sinnvoll erschienen bzw. zumindest so verlockend und herausfordernd waren, daß es sich darüber nachzudenken lohnt.

## Ihr erster Eindruck vom Therapeuten

Stellen Sie sich die folgenden Fragen, um Ihre ersten Eindrücke besser einschätzen zu können:

Meinem ersten Eindruck zufolge ist der Therapeut/die Therapeutin:

|  | Ja | Nein |
|---|---|---|
| 1. Verständnisvoll (einfühlsam) | —— | —— |
| 2. Vertrauenerweckend | —— | —— |
| 3. Ehrlich (unverfälscht) | —— | —— |
| 4. Verständlich im Ausdruck | —— | —— |
| 5. An mir und meinen Ansichten aufrichtig interessiert | —— | —— |
| 6. Kompetent | —— | —— |
| 7. Fürsorglich und warmherzig | —— | —— |
| 8. Ein guter Zuhörer | —— | —— |
| 9. Ein(e) Fachmann/frau auf seinem/ihrem Gebiet | —— | —— |
| 10. Freundlich und mir offenbar mit Sympathie gegenüberstehend | —— | —— |

| | Ja | Nein |
|---|---|---|
| 11. Meinen Bedürfnissen gegenüber aufgeschlossen | ___ | ___ |
| 12. Sanft und gütig | ___ | ___ |
| 13. Mein Tempo respektierend, geduldig mit mir | ___ | ___ |
| 14. Klug, intelligent | ___ | ___ |

Ergebnisse: Es kann sein, daß Sie Ihren Therapeuten nach einem einzigen oder einigen wenigen Kriterien auswählen, die für Sie entscheidend sind. Wenn das der Fall ist – in Ordnung. Andernfalls können Sie Ihren Therapeuten auch nach den folgenden Kriterien auswählen: Wenn Sie 10mal oder öfter mit Ja geantwortet haben, haben Sie eine ausgezeichnete Wahl getroffen. Sieben oder mehr positive Antworten weisen auf einen guten Therapeuten hin, fünf oder mehr auf eine immer noch solide Wahl. Wenn Sie 10mal oder öfter Nein geantwortet haben, wird es Zeit, sich einen neuen Therapeuten zu suchen oder seine Erwartungen zu überprüfen.

## Selbstbewertung

Das wichtigste Kriterium für die Wahl eines guten Therapeuten ist nicht, wie Sie ihn empfinden, sondern vielmehr, wie das Treffen mit ihm/ihr Ihre Gefühle sich selbst und dem Problem gegenüber beeinflußt hat. Dabei handelt es sich um eine relative, und nicht um eine absolute Bewertung. Vergleichen Sie Ihre Gefühle vor und nach der ersten Begegnung mit ihm/ihr. Es ist vielleicht besser, die Bewertung erst einige Tage oder eine Woche nach der ersten Sitzung vorzunehmen, damit Sie besser einschätzen können, was tatsächlich tiefer eingedrungen und hängengeblieben ist. Suchen Sie aber nicht nach radikalen Umbrüchen. Es gibt eine ganze Reihe möglicher kleiner, aber sehr wohl feststellbarer Veränderungen:

Wenn ich meine Situation heute mit dem Zeitpunkt vergleiche, als ich mich für die Therapie entschieden habe, bin ich jetzt bzw. fühle ich mich jetzt:

|  | Ja | Nein |
|---|---|---|
| 1. Selbstbewußter | ___ | ___ |
| 2. Klarsichtiger | ___ | ___ |
| 3. Hoffnungsvoller | ___ | ___ |
| 4. Sicherer | ___ | ___ |
| 5. Zuversichtlicher | ___ | ___ |
| 6. Bestätigt und besser verstanden | ___ | ___ |
| 7. Gefaßter, gefestigter | ___ | ___ |
| 8. Verändert (meine Sicht auf das Problem bzw. meine Haltung dem Problem gegenüber) | ___ | ___ |
| 9. Mir selbst freundlicher und toleranter gesinnt | ___ | ___ |

Ergebnisse: Wenn Sie sieben oder mehr Punkte mit Ja beantworten können, haben Sie nicht nur Glück gehabt, sondern können sich als sehr hoffnungsvollen Patienten betrachten, der den richtigen Therapeuten zum richtigen Zeitpunkt gewählt hat. Wenn Sie vier bis sieben Punkte mit Ja beantwortet haben, können Sie mit den bislang erzielten Fortschritten zufrieden sein. Haben Sie mehr als fünf Punkte mit Nein beantwortet, insbesondere die Punkte 3, 6 und 8, müssen Sie Ihre Beziehung zum Therapeuten überdenken. Wenn Sie optimistisch sind und dem Therapeuten grundsätzlich vertrauen, erzählen Sie ihm/ihr von Ihren Gefühlen. Im anderen Fall denken Sie an das Bild mit der »Konstellation«, wo auch manchmal mehrere Versuche erforderlich sind, bis man die richtige Einstellung gefunden hat. Je kürzer die Therapie, desto stärker werden Sie sich auf das Erreichen Ihres Zieles und weniger auf die Persönlichkeit des Therapeuten konzentrieren.

## Das Beste aus jeder Sitzung herausholen

Eine laufende Therapie kann sich rasch zu einer wöchentlichen Routineaktivität entwickeln. Manchen wird sie zur Gewohnheit oder sogar zu einer alltäglichen Lebensnotwendigkeit wie Essen und Schlafen. Wer sich auf eine klassische Psychoanalyse einläßt, hat mit seinem Analytiker bis zu fünf Begegnungen pro Woche. Ich kann mich gut daran erinnern, daß meine Freunde und ich unsere Aussagen oft mit den Worten »Mein Therapeut hat gesagt ...« einleiteten, und auch die Bemerkung »Das muß ich unbedingt in meiner nächsten Sitzung zur Sprache bringen« konnte man ziemlich oft hören. Wir haben uns wie eine Gruppe Therapiesüchtiger benommen. Einer von uns Freunden hatte uns ein wenig damit genervt, daß er uns durch seine chronische Unentschlossenheit immer aufhielt, wenn es darum ging, sich für ein Kino oder ein Restaurant zu entscheiden. Ein Standardwitz darauf war, daß er zuerst seinen Therapeuten fragen solle, und der Therapeut würde ihn dann, wie es nun mal so die Art der Therapeuten ist, zurück fragen: »Was denkst *du* darüber, Mark?«
Ein anderer Freund besuchte täglich eine klassische Analyse als Teil seiner Analytikerausbildung. Ich erinnere mich, wie er mich des öfteren ganz aufgeregt anrief und mich fragte,

ob ich ihm »einen Traum leihen« könne. Der arme Kerl war unfähig, sich jeden Morgen an einen neuen Traum zu erinnern, aber als Analyseschüler wollte er seinen Therapeuten in jeder Sitzung mit einem frischen Traum beglücken.

Therapeuten vergessen oft, daß jede einzelne Sitzung zählt, weil sie selbst ja nicht dafür bezahlen und sich außerdem auch um viele andere Patienten kümmern müssen. Es ist Ihre Aufgabe, sich darum zu kümmern, daß Sie die volle Gegenleistung für Ihr Geld bekommen und sich den Therapeuten so bald wie möglich ersparen können. Viele Therapeuten werden sich allerdings gegen eine Beendigung der Therapie wehren, besonders dann, wenn Sie ein angenehmer, pünktlich zahlender Patient sind.

Im folgenden gebe ich einige Tips, wie Sie aus jeder einzelnen Sitzung das Maximum herausholen, egal, ob Sie sich in Langzeit- oder in Kurztherapie befinden:

• UNTERSCHÄTZEN SIE NIEMALS IHRE KAPAZITÄT IN BEZUG AUF GESUNDHEIT, WOHLERGEHEN UND WIDERSTANDSFÄHIGKEIT. Wir neigen oft dazu, zu jedem beliebigen Zeitpunkt vor allem die schlechten und aufwühlenden Neuigkeiten der Woche wahrzunehmen und die gewöhnlichen, optimistischen »Good News« zu ignorieren. Denken sie stets daran, daß Sie lebendig sind und sich ständig entwickeln und verändern. Wenn Sie denken, »Ich bin nicht gut genug«, erinnern Sie sich daran, daß dies schließlich nur ein Gedanke ist, der jeden Augenblick geändert werden kann. Und der beste Zeitpunkt für Veränderungen ist in der Regel *jetzt*! Nachdem Sie Ihrem Therapeuten erzählt haben, wie schwierig Ihr Leben ist, kehren Sie wieder bei sich selbst ein und übernehmen die Verantwortung.

• VERMEIDEN SIE BEURTEILUNGEN, ZENSUR ODER BLOCKADEN IHRER INTUITIVEN GE-

FÜHLE. Die Therapie ist einer der besten Orte, um den verantwortlichen Ausdruck aller Gefühle zu erleben. Gefühle sind eine Form des Wissens. Unser Verstand ist vielleicht ausgeklügelter und korrekter als unsere Gefühle, wer aber seine Gefühle ignoriert, läuft große Gefahr, alles immer gleich zu Beginn zu zerstören.

- GEHEN SIE SCHRITTWEISE VOR. Sie könnten entmutigt werden, weil immer wieder alte Gewohnheiten und Gefühle auftauchen und sich dem »neuen Selbst« in den Weg stellen. Das trifft aber nicht zu! In Wahrheit wird damit nur der Veränderungsprozeß abgesichert, damit Ihre Entwicklung eine echte und dauerhafte ist. Wenn Sie mit einer Therapie die Hoffnung verbinden, daß Sie nun »auf ewig glücklich« oder in jedem Augenblick mit sich zufrieden sein werden, kann ich Ihnen garantieren, daß Sie ein Leben lang in Therapie bleiben, um am Ende einzusehen, daß auch die Therapie nicht imstande war, Sie vor allen schlechten Gefühlen und Ereignissen zu bewahren.

- ENTSCHEIDUNGEN, VERÄNDERUNGEN UND HANDLUNGEN IM RAHMEN IHRER THERAPIE LIEGEN IN ERSTER LINIE IN IHRER EIGENEN HAND. Die Therapie funktioniert aufgrund Ihrer eigenen Entscheidungen und Handlungen. Der Therapeut (wenn er/sie denn ein(e) gute(r) ist) wird die meiste Zeit nur anwesend sein und versuchen, Ihnen nicht im Wege zu stehen. Der verstorbene Psychiater Eric Berne, Erfinder der Transaktionsanalyse, hat dies klar erkannt: »Ein Patient hat einen innewohnenden Antrieb zur Gesundung, sowohl in geistiger wie in körperlicher Hinsicht. Seine oder ihre geistige und emotionale Entwicklung wurden behindert. Dem Therapeuten kommt lediglich die Aufgabe zu, die Behinderungen für den Patienten zu beseitigen, damit dieser auf natürliche Weise in seiner eigenen Richtung wachsen kann. Der Therapeut ist nicht da, um jemanden zu heilen. Er behandelt seine Klienten lediglich so gut er kann, sorgsam darauf bedacht, niemanden zu verletzen und der Natur ihren heilsamen Lauf lassend.«

- MITGEFÜHL, NACHSICHT UND LIEBE SIND IHRE BESTEN VERBÜNDETEN IN DER THERAPIE UND IM LEBEN. Sie können diese Tugenden jederzeit sich selbst oder anderen angedeihen lassen. Wenn Sie unter einem Problem leiden, müssen Sie wahrscheinlich eines oder alle drei dieser natürlichen therapeutischen Elemente reaktivieren.

- DIE SORGE UM SICH SELBST SCHLIESST DIE SORGE UM ANDERE NICHT AUS. Es kommt darauf an, sich gegenseitig zu unterstützen. Wenn Sie in Therapie sind, sollten Sie das nicht als Beurlaubung von Ihren sozialen Verantwortlichkeiten betrachten. Jenen zu helfen, die dies brauchen und zu schätzen wissen, gehört zu den lohnendsten Tätigkeiten überhaupt. Ihre Fähigkeit, Hilfe zu leisten und Hilfe zu empfangen, konstituiert eines der wichtigsten Gleichgewichte des Lebens.

- WISSEN, WANN ES ZEIT IST AUFZUHÖREN. Wenn Sie das Gefühl haben, es genügt mit der Therapie, hören Sie besser auf, solange Sie sich dieses Überblicks erfreuen. Jegliches Ende stellt immer auch einen neuen Anfang dar, und Sie können ja eines Tages zurückkommen. Lassen Sie sich eine Tür offen. Betrachten Sie Ihre Gewinne oder Erkenntnisse aus der Therapie nicht als endgültig oder permanent. Glück und ein sinnvolles Leben sind nicht bequem aus einem wissenschaftlichen Modell, einer Schrift oder einer psychologischen Theorie zu beziehen. Diese Gemütszustände muß man sich in seinen lebenslangen Mühen und Triumphen immer wieder aufs neue erwerben.

- WENN'S FUNKTIONIERT – WARUM ÄNDERN?
  Nicht immer liegt eine Veränderung schon von vornherein
  in Ihrem Interesse. Stabilität und Kontinuität sind nützliche und notwendige Elemente, die einen Zusammenhang
  in unsere ansonsten chaotischen Lebensläufe bringen. Versuchen Sie nicht, alles und jeden in Ihrer Umgebung zu
  analysieren und zu »therapieren«. Wer einmal mit Therapie zu tun hatte, ist versucht, diesen Fehler zu begehen,
  aber geben Sie acht: Daraus können sich zwei Probleme
  ergeben. Erstens kann es Ihnen passieren, daß Sie am
  Ende über das Leben nur mehr reden, anstatt es einfach
  zu leben, und zweitens könnten Sie die Therapie als Mittel
  betrachten, die Dinge klarer und erkenntnisreicher zu sehen als Ihre Freunde und Bekannten, die sich aber früher
  oder später dagegen zur Wehr setzen werden.

Zusammenfassend gesagt, wird der richtige Therapeut zum
richtigen Zeitpunkt eine Atmosphäre zu schaffen wissen, in
der Sie angeregt werden, Sie selbst zu sein, sich zu öffnen
und in eine der Problemlösung günstige, hoffnungsfrohe
Stimmung zu gelangen. Sie sind nicht allein. Änderung findet statt. Sie und der Therapeut können auf derselben Wel-
lenl änge kommunizieren. Er oder sie versteht, was Sie meinen, und kann Ihre Gefühle nachvollziehen. Der kluge Therapeut wird Ihnen zuerst dabei helfen, zwischen erreichbaren
und unerreichbaren Zielen zu unterscheiden, zwischen lösbaren und unlösbaren Problemen. Wenn Sie sich einmal auf
ein Problem konzentriert haben, werden Sie gemeinsam die
Lösungen auswählen, die Ihren Fähigkeiten und Ihrer Bereitschaft am besten entsprechen.

Kapitel 3

# Therapie auf neuen Säulen: Psychische Gesundheit, Lösungsorientierung und Partnerschaft

Dieses Kapitel versucht eine Kurzbeschreibung der drei wichtigsten Säulen, auf denen das neue Denken über die Psychotherapie ruht: psychische Gesundheit, Lösungen und Partnerschaft. Diese Konzepte stellen eine Alternative zum traditionellen Modell in Psychiatrie und Psychotherapie dar: Die Hervorhebung der gesunden Psyche tritt an die Stelle der Betonung der Psychopathologie, der Blick auf die Lösungen ersetzt den auf die Probleme und der Partnerschaftsgedanke setzt sich gegenüber gönnerhafter Bevormundung und hierarchischen Verhältnissen durch. Der letztlich entscheidende Maßstab jeder Therapie ist, ob sich die therapeutische Erfahrung ins Alltagsleben und auf die im Leben des Patienten bedeutungsvollen Beziehungen übertragen läßt. Ich glaube, daß dies rascher geschieht, wenn der Schwerpunkt auf Stärken und Lösungen liegt.

Den Wandel meiner Einstellung bezüglich psychologischer Hilfe verdanke ich meinen Patienten. Sie haben mir gezeigt, daß sie sich zu Zeiten, da ich zu versagen glaubte und sie für »schlechte Patienten« hielt, in Wahrheit verbesserten, daß sie die Verantwortung übernahmen und ihre Probleme am wirksamsten lösten – und zwar in der Therapiesituation wie auch auf sich allein gestellt. Nachdem ich als Therapeut meine Grundeinstellung geändert hatte, erschien mir die Sicht auf die Therapie in einem vollkommen neuen Licht, wandelte sich meine Arbeitshaltung. Sobald ich imstande war, Änderungen zu erwarten, stellten sich diese auch rasch bei meinen Patienten ein. Ich ging jetzt davon aus, Begegnungen mit *Menschen* zu haben, nicht mit *psychiatrischen Fällen*. Ich forschte nach stärkenden Ressourcen in den Menschen, nicht nach deren Defiziten. Anstatt ihnen die Diagnose in Form eines Urteils mitzuteilen, machte ich mich daran, mit meinen Patienten gemeinsam Ziele festzulegen. Wenn ich vorher Vorträge hielt, hörte ich jetzt zu – und wenn ich vorher lehrte, bemühte ich mich jetzt darum, zu lernen.

## Schwerpunkte Ressourcen und Hoffnung

Ich wurde oft gefragt, wie es mir gelang, mir den ganzen Tag lang Geschichten über Sorgen, Schmerzen und Mißerfolge anzuhören. Im Rückblick erkenne ich auch, wie schwer es tatsächlich war. Es war schwierig, die Menschen über ihre Schmerzen, ihre Unglücksfälle und ihr sorgenbeladenes Leben erzählen zu hören, solange dies eine Möglichkeit zur Erhaltung ihres Selbstmitleids darstellte und der Selbstempfindung als Opfer und Patienten Vorschub leistete. Meine Arbeit als Zuhörer und Therapeut wurde aber um so spannender, je mehr ich erkannte, daß die Patienten bereits nach wenigen Wochen oder sogar während der ersten Stunde zu Wachstum und Veränderung imstande waren.

Wenn von psychischer Gesundheit gesprochen wird, konzentrieren sich Therapeut und Patient wieder stärker auf die menschlichen Ressourcen und auf die ungeheuren Lern- und Änderungsmöglichkeiten jedes Einzelnen. Das Konzept psychischer Gesundheit erforscht die gegenwärtig vorhandenen Fähigkeiten und Stärken und die Bereitschaft, zu lernen und sich zu ändern. Es gehört zu dem umfassenden Versuch, das Leben kompetenter und zufriedener zu bewältigen. Therapeuten, die den Gedanken seelischer Gesundheit in den Mittelpunkt stellen, beweisen damit Respekt vor dem Leben an sich und vor der dem Menschen innewohnenden Fähigkeit, sich selbst zu heilen und seine eigenen Probleme zu lösen. Sie handeln mitfühlend und sensibel.

Die Menschen gehen zu Ärzten und Therapeuten aus einer Mischung aus Hoffnung und Angst, etwas ganz Bestimmtes und Diagnostizierbares sei nicht in Ordnung. Außerdem hoffen sie, das Unzulängliche könne repariert werden. Was der Therapeut – im Unterschied zu den meisten westlichen Ärzten – bieten kann, ist Zeit zum Reden und Zuhören. Während der praktische Arzt für seine Patienten gerade einmal fünf bis fünfzehn Minuten erübrigen kann, wird der durchschnittliche Therapeut schon fünfzig bis sechzig Minuten pro Sitzung veranschlagen. Der gute Therapeut weiß sehr wohl, daß schon das Sprechen über ihr Leben und ihre Probleme die Leiden der Patienten lindern kann. Um die Entwicklung psychischer Gesundheit zu fördern, respektiert der Therapeut den Wunsch und die Fähigkeit der Patienten, sich selbst ihrer Ängste und Selbstzweifel zu entledigen. Im ersten Teil der Sitzung fördert der Therapeut mit seinem aufmerksamen und anteilnehmenden Zuhören die Erkenntnis, daß sein Ziel ist, Probleme zu lösen und zu lindern. Der Therapeut hilft dem Patienten, seine Möglichkeiten sowie die schmerz- oder konfliktverursachenden Hindernisse wahrzunehmen. – Als nächstes macht sich der am Gesundheitsdenken orientierte Therapeut gemeinsam mit dem Patienten an die Erforschung der Bereiche, die dessen körperliches und geistiges Immunsystem stärken können, also das natürliche System, das uns vor Krankheiten bewahrt.

Der verstorbene Norman Cousins stellte in seinem letzten Buch *Head First: The Biology of Hope* fest, daß das Immunsystem, wie auch die Therapie, »ein Spiegel des Lebens (sei), der auf Freud und Pein reagiert, auf Ausgelassenheit und Langeweile, das Lachen und die Tränen, Hochgefühle und Depressionen, Probleme und Lichtblicke. Beinahe alles, was wir verstandesmäßig aufnehmen, wirkt sich auch auf die Funktionsabläufe in unserem Körper aus. Die enge Verbindung zwischen dem, was wir denken, und dem, wie wir uns fühlen, ist vielleicht der eindrücklichste Beleg für die Tatsache, daß Geist und Körper keine getrennten Einheiten, sondern Teil eines voll integrierten Systems sind.«

Das Therapiekonzept psychischer Gesundheit sieht den Menschen als zusammenhängendes, voll integriertes System. Wenn sich gesundheitsorientierte Therapeuten auf die Hoffnung und Zuversicht ihrer Patienten stützen, und nicht auf deren Schmerz und Verzweiflung, so zählen sie auf die ungeheuren Ressourcen von Körper und Geist als integriertes System. Diese Hoffnung ist gesund und begründet. Ich zitiere in diesem Zusammenhang oft Franz Ingelfinger, den ehemaligen Herausgeber des *New England Journal of Medicine*. In seinem Abschiedsartikel machte er das ärztliche Publikum darauf aufmerksam, daß körpereigene Heilsysteme 85 Prozent der menschlichen Krankheiten erreichen und deshalb keiner Medikamente oder anderer medizinischer Eingriffe bedürfen. Alle Therapeuten und Patienten müssen beständig daran erinnert werden, daß die Mehrzahl der Menschen, die unter seelischen Problemen und Persönlichkeitsstörungen leiden, diese vermöge ihrer eigenen Lösungsmechanismen und Heilsysteme sowie mit menschlicher Unterstützung lösen können. Therapie und Institutionen des öffentlichen Gesundheitswesens müssen den Patienten die Möglichkeit bieten, sich dieser Elemente zu bedienen.

Die Mobilisierung des seelischen und körperlichen Immunsystems hilft dem Körper genauso wie dem Geist. Theodore Melnechuk von der University of California Medical School in San Diego hat umfassende wissenschaftliche Nachweise (einschließlich 530 Referenzen) hinsichtlich des Einflusses der Psyche, der Nerven und des endokrinen Systems auf körperliche Reparatursysteme untersucht. Einer der Schlüsse aus diesen Studien ist, daß zwischen positiven Gefühlen und einer erfolgreichen Wundheilung offenbar ein Zusammenhang besteht. Melnechuk ist ferner der Ansicht, daß diese Emotionen die Produktion von Hormonen, Neurotransmittern und Opiaten ändern, die die einzelnen Schritte im Heilungsprozeß beeinflussen. Andererseits hat sich gezeigt, daß sich seelische Belastungen schädigend auf die (genetische) DNS-Reparatur auswirken. (Die Untersuchung wurde in *Emotions and Psychopathology* [Gefühle und Psychopathologie], hrsg. v. M. Clynes und J. Panksepp, 1988, veröffentlicht.)

## Die Heilkraft von Angst und Hoffnung

Nehmen wir an, Sie wenden sich an den Therapeuten, weil etwas geschieht, mit dem Sie nicht umgehen können. Der kluge Therapeut wird Ihnen Hoffnung und Zuspruch bieten. Auf diese Art setzt er den menschlichen Geist in Gang:
Der Therapeut hilft Ihnen, eine neue Herausforderung anzunehmen und sich auf Ihre Stärken und Ressourcen zu besinnen.

Gute Therapeuten werden niemals die Ernsthaftigkeit Ihrer Probleme in Frage stellen. Sie werden diese vielmehr als Herausforderung präsentieren, die das Beste verlangt, was der Therapeut und der Patient aufzubieten haben. Der am Konzept psychischer Gesundheit orientierte Therapeut ist in ähnlicher Funktion tätig wie eine Hebamme bei der Geburt eines Kindes: als Katalysator, der Ihnen hilft, Ihre Potentiale optimal zu nutzen. Der Therapeut weiß, daß die Befreiung von Depression und akuten Belastungen sowie der starke Wille, die Geschicke des eigenen Lebens wieder selbst in die Hand zu nehmen, unverzichtbare Faktoren bei der Bewältigung von ernsten Schwierigkeiten sind. Einige Probleme können zwar nicht gelöst, aber immerhin überlebt oder ausgestanden werden. Ich habe aus meiner Berufserfahrung gelernt, daß die Fähigkeit des Menschen, mit Belastungen fertig zu werden, nahezu grenzenlos ist. Die meisten meiner Patienten sind täglichen Belastungen und Widrigkeiten ausgesetzt, von denen ich mir nicht einmal vorstellen könnte, sie einen einzigen Tag lang auszuhalten. Wer überhaupt keine Wahl mehr hat, der findet immer noch eine in sich selber. Viktor Frankl, Gründer der Logotherapie und Autor des Buches *Man's Search for Meaning*, beschrieb, wie er das Konzentrationslager der Nazis überlebte, und äußerte in diesem Zusammenhang die Überzeugung, daß man einem Menschen alles nehmen könne, mit einer einzigen Ausnahme: der letzten menschlichen Freiheit – unter allen denkbaren Umständen seine eigene Haltung einzunehmen, für sich eine eigenständige Entscheidung zu treffen.*

* In deutscher Sprache ist das Buch unter dem Titel: *Der Mensch auf der Suche nach Sinn* erschienen (1959 Stuttgart, Hippokrates; 1972 Freiburg, Herder).

Wenn Sie zu einem Therapeuten gehen, stellen Sie sich darauf ein, Ihre positiven Gefühle zu erforschen – Freude, Lachen, Ausgelassenheit, Hoffnung –, nicht nur Ihre negativen Emotionen, wie Depressionen, Ängste und Hilflosigkeiten. Seien Sie bereit, über Ihre Fähigkeiten zu sprechen, nicht nur über Ihre Unzulänglichkeiten, über Ihre Stärken statt über Ihre Schwächen.

Sie werden sich fragen, wie Sie dazu imstande sein sollen, wenn Sie sich in einer bedrückenden Lage befinden und ernsthaft leiden.

Nehmen Sie als Beispiel die Aids-Patienten. Dr. George Solomon von der Ucla School of Medicine machte Untersuchungen mit einer Gruppe von Aids-Patienten. Er fand heraus, daß immer dann, wenn die Bedürfnisse der Patienten berücksichtigt wurden und wenn sie ihre Gesundheit aktiv beeinflussen konnten, ihre positiven Einstellungen und ihre emotionale Kraft bewahrt wurden. Diese Faktoren wiesen einen Zusammenhang mit relativ guten Immunwerten und ausgleichenden Steigerungen in einigen Immunzellenkategorien auf. Diese Aids-Patienten erfreuten sich während ihrer Krankheit einer relativ besseren Lebensqualität und lebten wesentlich länger als prognostiziert.

Der Therapeut ist meiner Ansicht nach als vertrauenswürdiger Partner oder als Experte für psychische Gesundheit zu sehen. Eine solche Sicht ist auch die beste Voraussetzung für etwas, das allen kompetenten Therapeuten und Heilern ein selbstverständliches Anliegen sein muß: Hoffnung, Moral und Selbstvertrauen des Patienten zu stärken. Dies ist beileibe kein neues Modell. Es handelt sich vielmehr um eine alte Wahrheit, die in der postmodernen Zeit wieder auflebt. Der Schweizer Arzt Paracelsus schrieb vor über vierhundert Jahren:

»Vertrauen in Gottes Kräfte zum einen, Vertrauen in kleine

Pillen zum anderen, hypnotische Eingebungen ein Drittes, Vertrauen in einen einfachen Allgemeinarzt ein Viertes ... Vertrauen in uns selber, Vertrauen in unsere Medizin und Methoden, darin liegt das größte Kapital unseres Berufes.« Stellen Sie sich vor, wie Sie sich fühlen würden, wenn Ihnen Ihr Arzt nach einer Untersuchung folgendes mitteilen würde: »Ein gutes, kräftiges Herz haben wir hier. Ihre Nieren sind ja ganz außerordentlich tüchtige Burschen, und wenn ich mir Ihre Testergebnisse so ansehe, kann ich die Möglichkeit irgendwelcher ernster krankhaften Entwicklungen guten Gewissens ausschließen.« Diese Vorgehensweise hat Dr. Gilbert Day in einem in dem britischen Medizinjournal *Lancet* veröffentlichten Artikel als die therapeutische Körperuntersuchung bezeichnet. Und so eine Reaktion von Ihrem Arzt setzt nicht einmal unbedingt voraus, daß Sie sich absolut perfekter Gesundheit erfreuen.

Dr. Oliver Sacks, ein Neurologe, berichtet von einer extensiven Untersuchung eines seiner gehirngeschädigten Patienten. Der Mann litt an einer seltenen Form eines Hirnschadens; seine Abstraktionsfähigkeit war zwar intakt, aber seine Fähigkeit, konkrete Gegenstände zu erkennen, war schwer beeinträchtigt. Dies hatte teilweise recht witzige Fehlhandlungen zur Folge, etwa dergestalt, daß er zärtlich eine Parkuhr tätschelte, weil er sie mit dem Kopf eines seiner Kinder verwechselte. Seine komischen Fehler beeinträchtigten aber nicht seine Karriere als ausgezeichneter Musiker, die er mit großem Erfolg und Vergnügen durchlief. Nach Abschluß von zwei Tage währenden, sehr umfangreichen Untersuchungen wandte der Patient sich mit folgender Frage an Dr. Sacks: »Sie halten mich wohl für einen interessanten Fall, Dr. Sacks, wenn ich das richtig sehe. Können Sie mir sagen, was mit mir nicht stimmt?«

Darauf Sacks: »Ich kann Ihnen nicht sagen, was mit Ihnen

110

nicht stimmt, aber ich werde Ihnen sagen, was richtig ist mit Ihnen. Sie sind ein wunderbarer Musiker, und die Musik ist Ihr Leben. Was ich in einem Fall wie dem Ihren verschreiben würde, ist ganz einfach ein Leben, das ausschließlich aus Musik besteht. Musik ist immer der Mittelpunkt Ihres Lebens gewesen, machen Sie nun aus Ihrem ganzen Leben Musik.« Dr. Sacks diagnostizierte Fähigkeiten und Ressourcen, nicht Krankheitszustände. Er legte den Schwerpunkt darauf, was der Patient zu seiner Verfügung hat und woran dieser sich erfreuen kann, anstatt ihm dessen Unvermögen und Unzulänglichkeiten vorzuhalten.

## Gefühle anders betrachtet

Den Übergang von der krankheits- zur gesundheitsbezogenen Sprache illustrieren wir anhand des Themas der Gefühle in der Psychotherapie. Gefühle gelten als das heikelste Thema überhaupt in der Psychotherapie, und die emotionalen Probleme sind die Eckpfeiler jeder Langzeittherapie. Laut herkömmlicher Meinung sind die Emotionen oft in unserem Unbewußten verborgen und aufgrund von Abwehrmechanismen wie Verdrängung und Intellektualisierung nicht zugänglich. Um die Gefühle ans Tageslicht zu bringen, bedarf es deshalb auch eines schwierigen und langwierigen Verfahrens. Stellen wir uns dazu einmal kurz die Frage, wie es mit unserer Fähigkeit zu fühlen eigentlich aussieht. Ich liebe nur, was ich bewußt liebe. Was ich nicht bewußt liebe, kann ich nicht lieben. Wenn ich meine Fähigkeit dazu verbessere, werde ich anfangen, Freude und Liebe zu erleben. Es ist allerdings ein gewisses kognitives Training nötig, bevor wir anfangen können, uns dieser emotionalen Qualitäten zu erfreuen.

Vielleicht gehen Sie zur Therapie, um immer wieder darüber zu sprechen, welche Gefühle Sie Ereignissen in Ihrer Vergangenheit entgegenbringen. Wahrscheinlich konzentrieren Sie sich dabei auf Ihre schlechten Gefühle in bezug auf Gebiete, in denen Sie inkompetent sind. Der gesundheitsorientierte Therapeut wird Sie demgegenüber auf einen anderen Weg führen, indem er Sie anleitet, Ihre positiven Ressourcen zu erkennen, zu verbessern und in den Mittelpunkt der Betrachtungen zu stellen, damit Ihnen ein wirksamer und rascher emotionaler Wandel gelingt. Eine Richtungsänderung in Ihren Gefühlen kann sich in einer (oder einigen wenigen) Sitzung(en) ereignen, sobald Sie sich auf Ihre positiven Gefühle (Lachen, Hoffnung, Liebe) konzentrieren und diese Konzentration – beispielsweise durch Selbstbestätigungen – üben, oder indem Sie Ihre Freude und Ihren Optimismus regelrecht zelebrieren. Wenn Sie und Ihr Therapeut daran interessiert sind, Ihre Hilflosigkeit, Paranoia oder Angstgefühle zu erforschen, so werden eben diese in den Mittelpunkt der Therapie rücken. Je mehr Sie über Ihre schlechten Gefühle sprechen, desto realer und zentraler werden diese für Ihr Leben.

Gefühle sind nicht in Ihrem Inneren begraben. Jeder hat Gedanken und Emotionen, schon infolge der Anteilnahme an anderen Menschen und der Interaktion mit ihnen. Bestimmte Menschen, Ereignisse und Tätigkeiten können dazu führen, daß Sie sich lebendig, geistreich und auf einmal ziemlich glücklich fühlen. Bei anderen wiederum fühlen Sie sich möglicherweise stumpf, dumm und hilflos. Die Bedeutung, die Sie Ihren Gefühlen beimessen, resultiert aus der Art und Weise, wie Ihre Begegnungen mit und Ihre Beziehungen zu anderen Menschen verlaufen. Helfen Sie Ihrem Therapeuten, indem Sie über Themen wie Optimismus, Humor, Motivation und Lebenslust diskutieren, und Sie werden sehen, wie Gefühle sich ziemlich rasch allein dadurch ändern können, daß man ihnen Beachtung schenkt und sie praktiziert. Wenn sich die Therapie so ausgiebig auf das Erlernen und Praktizieren dieser Gefühle konzentrieren würde, wie das im Augenblick mit Zorn, Enttäuschung, Angst und Depression geschieht, hätten wir viel mehr kurze Therapien, in denen unsere Fähigkeit, positiven Gefühlen Beachtung zu schenken, sie auszudrücken und mit ihnen richtig umzugehen, entwickelt wird. Es ist wirklich nicht nötig, unsere ganze Traurigkeit auf den Tisch zu legen, um zu unseren Glücksgefühlen vorzudringen; es ist nicht nötig, unsere Haßgefühle zu diskutieren, um Liebesgefühle aufzubauen. Um tragfähige Lösungen zu finden, ist keineswegs unbedingt ein Gespräch über unsere Probleme angesagt. Es ist weit besser, uns mehr auf das zu konzentrieren, was wir erreichen wollen.

## Über Lösungen sprechen anstatt über Probleme

Eine der Hauptaufgaben eines nützlichen Therapeuten besteht darin, den Patienten vom Problematisieren weg- und zum Anvisieren von Lösungen hinzubringen; dabei sollen tragfähige, dem Patienten zugängliche Lösungen erkannt und in einer Form dargestellt werden, die ihre Verwirklichung möglich erscheinen läßt. Die Konzentration auf Lösungen ist ein natürliches Element des gesundheitsorientierten Ansatzes, und dazu eines, das bei immer mehr Therapeuten Anklang findet. Ich erlaube mir dazu, die einschlägigen Forschungsarbeiten von Steve de Shazer, Insoo Berg und Scott Miller vom Brief Therapy Center in Milwaukee, Wisconsin, von William O'Hanlon vom The Hudson Center in Omaha, Nebraska, sowie von Michele Weiner-Davis aus Woodstock, Illinois, kurz zusammenzufassen.

Die Grundüberzeugungen der Lösungstherapeuten sind die folgenden:

1. Die Patienten bringen alles, was zur Lösung ihrer Beschwerden erforderlich ist, in die Therapie mit. Die Therapie hilft ihnen, die Lösungsansätze in sich selbst zu entdecken.
2. Persönliche Veränderungen gehen ununterbrochen vor sich, mit oder ohne Therapie.
3. Es ist die Aufgabe des Therapeuten, positive und nützliche Veränderungen und Lösungen zu erkennen und zu verstärken.
4. Ein Patient kann ein Problem lösen, ohne dessen Ursachen oder die Funktionsweise von dessen Symptomen zu kennen.
5. Kleine Änderungen können ausreichend sein. Große oder komplexe Probleme brauchen nicht unbedingt große Lösungen. Lösungsansätze liegen im gesamten System und in der gesamten Persönlichkeit, wodurch sie Veränderungen in vielen anderen Funktionsbereichen bewirken können.

Im folgenden finden Sie eine Auflistung der Hauptunterschiede zwischen konventioneller und lösungsorientierter Therapie.

| *Konventionelle Therapie* | *Lösungsorientierte Therapie* |
| --- | --- |
| *Theorie:* | |
| Vergangenheitsorientiert | Gegenwarts- und zukunfts-orientiert |
| *Dauer:* | |
| Langfristig | Kurzfristig |

*Ziel:*

| | |
|---|---|
| Betonung der Tiefe, Erkenntnisse gewinnen; Pathologische Zustände erkennen und korrigieren | Priorität von Effektivität und Praktikabilität, Änderungsmöglichkeiten erkennen und erweitern |

*Patienten:*

| | |
|---|---|
| Widerstände gegen Wandel vorhanden | Wollen Hilfsmittel erschließen, die zur Problemlösung nötig sind |

*Einstellung:*

| | |
|---|---|
| Ambivalent bezüglich Änderungen; Echte Änderungen brauchen Zeit | Persönliche Veränderungen finden – mit oder ohne Therapie – permanent statt |

*Ursachen/Diagnose:*

| | |
|---|---|
| Tiefliegende Ursachen der Symptome; Symptome erfüllen eine Funktion; Eine korrekte Diagnose ist erforderlich, um die richtige Behandlungsweise wählen zu können | Die erfolgreiche Behandlung von Symptomen erfordert nicht unbedingt ein Wissen um ihre Ursachen oder Funktionen; es gibt keine alleingültige Diagnose |

Die lösungsorientierte Therapie konzentriert sich von Beginn an auf das, was der Patient bereits erfolgreich selbst unternommen hat. Die Annahme ist, daß jede Beschwerde und jedes Problem auch Ausnahmen, problemfreie Bereiche kennt, die der Patient entweder übersehen oder unterschätzt

hat. Er ist davon ausgegangen, daß das Problem ununterbrochen existiert, während es in Wahrheit sehr wohl in Augenblicken oder über längere Zeiträume hinweg nicht auftaucht.

Zur Intervention der lösungsorientierten Therapie gehört
auch die Aufforderung an den Patienten, diese Unterbrechungen des Problemzustands nach Möglichkeit zu wiederholen (vielleicht sogar etwas öfter als zuvor). Auf diese Weise
wird ein vorher unerkannter Akt psychischer Gesundheit erkennbar und wirksam. Mit anderen Worten, der Therapeut
hilft dem Patienten, ein von ihm bereits praktiziertes Handeln zu einer konsistenten, erkennbaren Norm umzufunktio-
nieren, anstatt es nur als vernachlässigbare Ausnahme zu
sehen.

## Die Ausnahme zur Regel machen

Pat kam in die Therapie, um abzunehmen. »Seien wir ehrlich«, sagte sie, »schlank ist nun mal in. Ich hab's so schon
schwer genug als arbeitende Frau; da kann ich mir einfach
nicht leisten, auch noch fett zu sein.« Der Therapeut, dem es
darum ging, die Ausnahme vom Zustand des »Fettseins« auf-
zuspüren, fragte sie, ob sie es schon einmal geschafft hätte,
so viel abzunehmen, daß sie ihr Gewicht nicht mehr als Problem betrachten mußte.
»Ich hab' jede Diät auf dieser Welt probiert«, erwiderte sie.
»Radikale Diäten mit Injektionen und drastischen Fastenku-
ren brachten mich auf mein erwünschtes Gewicht, aber ich
war dann sehr bald wieder droben.«
»Sie wissen also, wie man abnimmt. Sie wollen aber fähig
sein, auf dem geringeren Gewicht auch zu bleiben – sehe ich
das richtig?«

»Stimmt haargenau!«

»Können Sie sich daran erinnern, irgendwann in Ihrem Leben über einen längeren Zeitraum hinweg das Gewicht gehabt zu haben, das Sie sich wünschen?«

»Ja, schon, als ich im College war. Damals war ich viel aktiver und überhaupt besser in Form.«

Als Pat den Therapeuten aufsuchte, war sie 28 und lebte noch immer bei ihren Eltern. Ihre Mutter machte ihr ständig Vorwürfe wegen ihres Übergewichts. Pat war eine ehrgeizige Frau, vermißte in ihrem aktuellen Job aber die Herausforderung und die Entwicklungsmöglichkeiten. Der Therapeut arbeitete mit Pat verschiedene Möglichkeiten einer anderen beruflichen Laufbahn durch, die eine vorübergehende Rückkehr zur Schule erforderten. Der Therapeut wollte die »Ausnahme« (schlanke Figur während ihrer Abwesenheit von zu Hause, Leben im College) zur »Regel« umfunktionieren. Die Ausnahme wurde in diesem Fall mit einem Thema verknüpft, das Pat dazu motivierte, ihre Berufskarriere voranzutreiben. Der Therapeut machte ihr also den Vorschlag, im geeigneten Augenblick einen Fortbildungskurs am College zu belegen, der ihr ein Leben am Campus ermöglichte. Ferner empfahl er ihr, sobald sie auf den Campus umgezogen sei, mit einem Tanzkurs zu beginnen und auch wieder Gesangsstunden zu nehmen (beides hatte sie in ihrer Collegezeit mit Vergnügen getan). Spezifische Diät wurde keine verschrieben, zumal Diäten in der Vergangenheit ja keine anhaltenden Erfolge gezeigt hatten. Ein Jahr später meldete sich Pat wieder. Sie sei derart beschäftigt mit ihrer Ausbildung, daß sie keine Zeit hätte, sich mit Essen und Diätkram herumzuschlagen. »Ich habe abgenommen und mein Gewicht jetzt schon sechs Monate lang gehalten. Um die Wahrheit zu sagen: Ich habe überhaupt nichts Besonderes dafür getan. Das ging alles ganz natürlich.«

Manche Patienten brauchen die Therapie einfach dazu, um an die positiven Dinge erinnert zu werden, die sie schon einmal getan haben. Sie müssen lernen, dieses wertvolle Verhalten richtig zu schätzen. Unterschiede und Änderungen sind allgegenwärtig, aber wenn sie nicht erkannt werden, haben sie keine Langzeitwirkung. Nachdem ein Therapeut einem Patienten dabei geholfen hat, so einen nützlichen Unterschied zu realisieren, kann der Patient sich diesen dienstbar machen. Der Prozeß, das Ziel zu erreichen, kann länger dauern als die eigentliche Therapie. Im Falle Pats wurde mittels Kurztherapie die adäquate Lösung gefunden und ein Prozeß in Gang gesetzt, den Pat dann selbst fortsetzte. (Dieser Fall basiert auf zwei ähnlichen Fällen, deren einer von Dr. Robert Rosenbaum am Kaiser Medical Center in Hayward, Californien, und deren anderer von Moshe Talmon in Israel behandelt wurde.)

## Der partnerschaftliche Therapeut

Wir alle sind Teil einer menschlichen Gesellschaft. Keiner ist ganz allein. Familie, Freunde und organisierte Gruppen können dazu beitragen, Einsamkeit und Hilflosigkeit zu bekämpfen. Die kräftige Unterstützung von Familie und Freunden kann helfen, das emotionale Gleichgewicht wiederherzustellen. Diese Leute fungieren dann gleichsam als »Co-Therapeuten«. Ich betrachte sowohl formale Therapie als auch informelle therapeutische Erfahrungen als Form der Partnerschaft.

Im folgenden habe ich eine Liste mit Unterschieden zwischen dem herkömmlichen hierarchischen Modell und dem Partnerschaftsmodell zusammengestellt:

| *Hierarchisch* | *Partnerschaftlich* |
|---|---|
| Therapeut dominiert | Patient und Therapeut sind Partner |
| Sie vertrauen dem Therapeuten und folgen seinen Anweisungen | Sie folgen der Weisheit Ihrer Seele und Intuition |
| Macht *über* den Patienten | Macht **mit** dem Patienten |
| Indoktrinierung Kontrolle | Persönliche Weiterbildung Unterstützung |
| Rangordnung | Gleichwertige Verbindung |
| Gönnerhaft, von oben herab | Austausch gemeinsamer Erfahrungen |

Die Therapie ist eine auf gegenseitigem Respekt aufbauende Form der Kommunikation. Die Kraft der therapeutischen Beziehung liegt in dem Bündnis zweier Partner: Patient und Therapeut. Die Beziehung schöpft ihre Kraft nicht aus der Kontrolle und Dominanz über andere, sondern aus dem Vermögen, für sich selbst und andere eine bessere Existenzform und fruchtbarere Beziehungen zur Umwelt zu schaffen. Die Therapie des Partnerschaftsmodells ist darauf angelegt, diese Kraft zu gewinnen und sich damit einer Gemeinschaft ganz besonderer Menschen anzuschließen.

Im Partnerschaftsmodell gibt der Therapeut keine Anweisungen, sondern viel eher Anregungen. Er aktiviert das Beste im Patienten/in der Patientin, anstatt ihn/sie in eine Position der Unterwürfigkeit zu bringen. Kreativität und Vertrauen werden abgerufen, nicht Folgsamkeit und Angst. Es ist die erste und vornehmste Aufgabe des Therapeuten, dem Patienten zuzuhören. Der Therapeut braucht nicht mit allem übereinzustimmen, was Sie als Patient zu sagen haben. Allerdings ist der Therapeut sehr wohl aufgerufen, von Ihrer Kenntnis über sich selbst, Ihrem Leben und Ihrer Weltsicht zu lernen.

Mit Hilfe einer partnerschaftlichen Therapie kann auf Angst beruhendes Verhalten in vertrauensbegründetes umgewandelt werden, indem ein therapeutisches, humanes Bündnis geschaffen wird. Wenn Sie beispielsweise unter körperlichen Schmerzen leiden, werden Sie nicht ausschließlich bei medizinischem Rat von außen Zuflucht suchen. Ihr erster Schritt wird es vielmehr sein, das Wissen und die heilende Kraft zu entdecken, die sich zwischen Ihrem Geist und Ihrem Körper entfaltet. Anstatt die Schmerzen zu ignorieren oder sich von ihnen aus der Ruhe bringen zu lassen, können Sie Ihr Augenmerk auf die sich ereignenden Veränderungen legen und Ihre Handlungen auf der Grundlage dieser Veränderungen modifizieren. Vielleicht ändern Sie Ihre Eß- oder Schlafgewohnheiten oder gönnen sich Zeit für Ruhe und Entspannung.

Dasselbe kann auch für seelische Schmerzen gelten. Nehmen wir zum Beispiel an, Ihr Problem läge darin, daß Sie weitgehend jede erzieherische Kontrolle über Ihre Kinder verloren haben. Sie haben endlose Versuche unternommen, das Problem zu lösen und die Kinder dabei erfolglos herumkommandiert. Die Lösung des Problems auf partnerschaftliche Art bestünde darin, sich mehr Zeit für die Familie zu nehmen und beispielsweise die Einteilung von Aufgaben im Familienleben gemeinsam zu erarbeiten, ohne irgend etwas von oben her gewissermaßen zu dekretieren. Sie erklären den

Kindern, worauf es Ihnen ankommt, und versichern sich deren Kooperation – nicht deren Gehorsams.

Zusammenfassend kann also gesagt werden, daß das Partnerschaftsmodell für die Beziehung Therapeut/Patient genauso funktioniert wie in Freundschaften, Selbsthilfegruppen und überhaupt in der Bewältigung laufender Lebensprobleme. Ein gutes Beispiel sind berufsbezogene Probleme. Ron verlor seinen Arbeitsplatz im Zuge eines massiven Personalabbaus in der Firma, in der er seit zwanzig Jahren beschäftigt gewesen war. Zum ersten Mal in seinem Leben hatte er keinen Job. Seine Chancen, einen neuen Arbeitsplatz zu finden, schienen nicht gerade rosig. Er versank in Angst und tiefe Depression. Anfangs fand er nur Trost beim Bier mit anderen Arbeitslosen in der Kneipe. In unserer ersten (und einzigen) Sitzung erklärte sich Ron einverstanden, sich einer Gruppe ehemaliger Arbeitskollegen anzuschließen, die ihn zu Unterstützungs- und Brainstorming-Treffen für Arbeitssuchende eingeladen hatten. Außerdem brachte Rons Frau ihn dazu, endlich die seit langem aufgeschobenen Umbauarbeiten am Haus in Angriff zu nehmen. Dazu bemühte sie sich erfolgreich, öfter mal Treffen mit dem erweiterten Familienkreis zu organisieren. All dies hielt Ron ziemlich auf Trab, er fühlte sich stärker und schöpfte wieder neue Hoffnung. Ich rief ihn nach unserer Sitzung noch zweimal an, um zu erfahren, daß keine Notwendigkeit für eine weiterführende Therapie bestand.

John begann die Aussicht auf größere Rationalisierungen in seiner Firma zunehmend zu beunruhigen. Er wandte sich als erstes an einen ihm nahestehenden Kollegen, der eingestand, daß er ähnlich fühlte. Ihr Gespräch verschaffte ihm ein unmittelbares Gefühl der Erleichterung: »Er versteht mich, weil er ähnliche Erfahrungen gemacht hat.« Nach ihrem Gespräch waren sie schon wieder zu Späßen à la »Ein Unglück kommt selten allein« aufgelegt und versicherten einander, wie sinnlos es sei, sich über die Zukunft ihres Unternehmens und der amerikanischen Wirtschaft im allgemeinen den Kopf zu zerbrechen. John nahm sich vor, endlich einmal das Selbsthypnosetonband auszuprobieren, das er sich vor längerer Zeit gekauft, aber nie benutzt hatte. Sein Freund entschied sich für einen Berufsfortbildungskurs, um für eine mögliche Versetzung gerüstet zu sein. Beide Lösungen waren geeignet, die Angst abzubauen und das Gefühl zu stärken, sich selbst im Griff zu haben.

Um eine Krise in eine Chance umzupolen oder sich in einem ausweglos erscheinenden Konflikt den Blick für Alternativen und Wahlmöglichkeiten zu bewahren, kann ein Therapeut dazu beitragen, den Blickwinkel eines Patienten von einer kampfbetonten Haltung zwischen Angriff und Verteidigung in den ruhigeren Zustand eines Teilnehmers/Beobachters zu wandeln, der den Zugang zu neuen Gebieten, neuen Standpunkten und Erfahrungen sucht.

Daniel, um ein weiteres Beispiel zu bringen, fühlte sich in seiner Ehe nicht wohl und gab ihr wenig Chancen für die Zukunft. Er dachte immer öfter an Scheidung. Er hat drei kleine Kinder, die er aufs allerzärtlichste liebte, und die Vorstellung, die drei Kleinen nicht mehr jeden Tag zu sehen, machte ihm schwer zu schaffen. Die wirtschaftliche Rezession und die finanzielle Situation seiner Familie ließen die allfällige Erhaltung zweier getrennter Haushalte als beinahe unbewältigbar erscheinen. Als Daniel mich besuchte, wußte er nicht mehr weiter.

Ich verhalf ihm zu der Einsicht, daß seine Wahlmöglichkeiten nicht darauf beschränkt waren, verheiratet zu bleiben oder sich scheiden zu lassen. Beides waren keine besonders aufmunternden Perspektiven. Ich schlug ihm statt dessen vor, sich darüber Gedanken zu machen, wie er seine Kinder erziehen und ihnen ein stolzer Vater sein wollte. Ich machte ihm klar, daß dies ein Ziel sei, das er erreichen wollte und auch konnte, ob verheiratet oder geschieden.

»Wenn ich Sie richtig verstanden habe«, sagte ich zu ihm, »haben Sie nicht die Absicht, sich von Ihren Kindern zu trennen oder die Tatsache zu ignorieren, daß sie einen Vater und eine Mutter brauchen, unabhängig davon, ob diese verheiratet sind oder nicht.« Das sah er sofort ein. Ich bat ihn, sich darauf zu konzentrieren, was er für durchführbar hielt, ungeachtet seiner endgültigen Entscheidung. Schließlich war er imstande, von einem Niederlagendilemma zwischen schlechter Ehe und traumatischer Scheidung zu einer Siegeralternative umzusteigen, indem er sich als sein Ziel vornahm, ein verantwortungsvoller und warmherziger Vater zu sein, ganz egal ob mit oder ohne Scheidung.

## Therapie und Therapeuten der Zukunft

Das Partnerschaftsmodell ist nicht auf die Therapie mit Einzelpersonen, Paaren oder Familien beschränkt. Es bewährt sich ebenso in Gruppentherapien und in diversen Selbsthilfeprogrammen. Die Grundannahme solcher Programme ist die, daß die Menschen – durch die Mitteilung von Gefühlen, Vorstellungen, gegenseitiger Anerkennung und vor allem Bestätigung – sich selbst heilen können. Partnerschaft ist ein laufender, offener Prozeß. Schüler können in der Schule aktive Partnerschaften aufbauen, Arbeitnehmer an ihrem Arbeitsplatz, Bürger in ihren Kommunen und Patienten im Verlauf ihres Heilungsprozesses.

Einen Therapeuten einmal oder öfter zu konsultieren, ist nicht als eine einmalige und für alle Zeit erledigte Angelegenheit zu betrachten. Der Therapeut ist schließlich immer präsent, ist Teil der städtischen oder dörflichen Gemeinschaft und kann bei Bedarf immer wieder zu Rate gezogen werden. Die Entscheidung für eine Therapie muß keineswegs eine Entweder/Oder-Entscheidung sein. Die Dienste eines Therapeuten können ohne weiteres auch zwischenzeitlich und mit Unterbrechungen sinnvoll in Anspruch genommen werden.

Kurz, das alternative Modell ist auf Lösungen, Kompetenz und positive Ressourcen konzentriert, und nicht auf die traditionellen Parameter: Erklärungen, Probleme und Krankheitsbilder. Herkömmliche Psychiatrie sowie herkömmliche klinische Psychologie und Psychotherapie folgen einem defizit-orientierten Modell. Dabei geht es zuerst darum, einen psychopathologischen Zustand oder eine Persönlichkeitsstörung zu diagnostizieren, also herauszufinden, woran es fehlt und warum. Demgegenüber lautet meine Empfehlung, der Therapeut möge sich in erster Linie darum kümmern, das psychisch Gesunde an seinem Patienten zu erkennen und in den Mittelpunkt der Betrachtungen zu stellen. Der Patient muß es als Herausforderung sehen, das Gute und Positive in ihm zur Lösung seiner Konflikte einzusetzen. Die an der seelischen Gesundheit orientierte Methode erforscht die internen und externen Mechanismen zur Abwehr körperlicher Krankheiten und seelischer Störungen oder zur Bewältigung derselben für den Fall, daß sie wiederauftreten. Man lernt, wie Hoffnung, Lachen und menschliche Partnerschaft das körperliche und seelische Immunsystem stärken. Den Menschen wird nahegelegt, die Anzeichen von Problemen und Leiden als Aufruf zu Veränderungen zu interpretieren anstatt als Hinweise auf eine Krankheit oder Störung.

# Vom Dilemma zur Chance:
# Protokoll einer Sitzung

Emma, eine 58jährige Frau, kam zu mir in die Praxis, weil sie von einem Gefühl der Zerrissenheit überwältigt war. Sie stand vor einem Dilemma, das sie in Streß, Verwirrung und Hilflosigkeit versetzte. Teile der einmaligen Sitzung mit ihr werden hier wortwörtlich wiedergegeben, um zu illustrieren, wie der neue Zugang zur Therapie funktioniert, der die Stärken, Lösungen und den Partnerschaftsgedanken in den Vordergrund stellt. Das folgende Gespräch fand im Rahmen unseres ersten und einzigen Treffens statt.

*Moshe:* Was haben Sie sich vom heutigen Tag erwartet?

*Emma:* Am liebsten wäre es mir, wenn ich Ihnen meine Probleme berichten könnte und Sie mir dann sagen würden: Tun Sie dies oder jenes, und alles wird wieder in Ordnung sein (sie lächelt, da ihr das nicht ganz Ernstgemeinte in ihren Worten bewußt wird).

*Moshe:* Sie wollen also, daß ich für Sie entscheide und Ihnen sage, was Sie tun sollen?

*Emma:* Nicht wirklich. Ich glaube, ich will ein paar Dinge klarstellen, eine breitere Perspektive gewinnen und ein klareres Bild davon bekommen, was eigentlich mit mir vorgeht.

*Moshe:* O.K. Sagen Sie mir erst mal in Ihren eigenen Worten, was mit Ihnen vorgeht?

*Emma:* Ich bin verheiratet, und unsere Ehe stand 37 Jahre lang auf sehr solider Basis. Wir haben unsere Kinder großgezogen, von denen zwei inzwischen selber verheiratet sind. Mein jüngerer Sohn und eine Tochter sind im College. Ich war Krankenschwester und unterrichtete nebenbei in einer Krankenschwesterschule – eine Arbeit, die mir viel Freude bereitete. Wir haben unser ganzes Leben lang an der Ostküste gewohnt.

Vor zwei Jahren begann mein Mann, sich die Idee in den Kopf zu setzen, für ein Forschungs- und Weiterbildungsjahr nach Europa zu gehen. Er steigerte sich so in diesen Gedanken hinein, daß er alle Vorkehrungen traf, in einem deutschen Krankenhaus zu arbeiten – und eines Tages stand er des Morgens auf, packte seine Sachen und reiste ab! Wir telefonierten viel, und er setzte mich sehr unter Druck, hier alles liegen- und stehenzulassen und ihm nach Deutschland zu folgen.

Wir haben immer sehr enge Familienbande gehabt. Mein Sohn kam an den Wochenenden noch immer nach Hause, und meine Tochter war damals gerade dabei, ihren High-School-Abschluß zu machen; etwa zwei Jahre ist das jetzt her. Ich sagte zu meinem Mann, ich sei jetzt einfach nicht bereit, alles hinzuwerfen und einfach abzureisen. Da begann er, wirklich Druck auf mich auszuüben. »Es wird eine wunderschöne Zeit hier«, sagte er immer wieder, aber ich wollte einfach meine Arbeit und meine Kinder nicht verlassen.

Nachdem meine Tochter dann ihren Abschluß hatte, ging ich für zwei Monate nach Deutschland, und seither hat er mich mehr oder weniger gezwungen, bei ihm zu bleiben.

*Moshe:* Was meinen Sie mit »gezwungen«?

*Emma:* Ich hätte nun mal einen Ehemann, dem gegenüber ich auch Verpflichtungen hätte; ich könne nicht ausschließlich für das Wohl meiner Kinder da sein etc. Ich ließ mich also ein Jahr lang beurlauben. Das Leben in Deutschland war nicht einfach für mich. Ich konnte die Sprache nicht und vermißte meine Kinder und Enkelkinder. Richtig einsam war ich. Ich flog dann oft hin und her; verbrachte drei Monate in den Staaten und dann wieder drei Monate in Deutschland. Das geht jetzt schon das zweite Jahr so, daß ich hin- und

herfliege. Und immer noch fühle ich mich total zerrissen. Ich hab' meine Arbeit aufgegeben, meine Familie verlassen, meine Kinder, sämtliche Freunde. Natürlich hab' ich meinen Mann, den ich liebe und mit dem ich glücklich bin. Wir sind sehr glücklich zusammen und haben ein tolles Sexualleben. Aber ich bin das alles nicht gewöhnt. Wissen Sie, ich bin eine einfache Frau. Ich war zufrieden, so wie es war. Jetzt steh' ich morgens auf und sag' zu mir selber: »Morgen pack' ich die Koffer und flieg' nach Hause«. Am nächsten Tag ist wieder alles anders: »Ich kann doch meinen Mann nicht verlassen«, denk' ich mir dann, »bei all dem beruflichen Streß, dem er ausgesetzt ist!« – Und auch er ermuntert mich ständig, doch bei ihm zu bleiben.
Ich ändere täglich meine Meinung und fühle mich ganz und gar nicht wohl dabei.

Wenn ein konventioneller Therapeut eine solche Geschichte hört, wird er die Geschichte des Problems erforschen und nach dessen Wurzeln suchen. Ist Emma eine überbehütende Mutter, oder ist etwa die Abhängigkeit von ihrem Mann zu groß? – Und so weiter. Ich habe mich demgegenüber dafür entschieden, mich auf ihre Stärken zu konzentrieren: sich einer schwierigen Situation zu stellen und diese durchzustehen!

*Moshe:* Ein echtes Dilemma haben wir da! Wie haben Sie das nur geschafft? Worauf führen Sie es überhaupt zurück, daß Sie ein derartiges Alltagsleben bewältigt haben?
*Emma:* Ich bin eine starke Frau.
*Moshe:* Ich merke, daß Sie eine starke Frau sind. Haben Sie diese Stärke von Geburt an mitbekommen oder selbst erworben? (Lächeln) Haben Sie irgendein Geheimnis?

*Emma:* (Lächelt, als würde sie mir ein Geheimnis verraten.) Ich spreche mir ständig selber Mut zu. Ich sage mir: »Nun da du schon mal hier bist, genieß es, mach's dir so angenehm wie möglich«. Gleichzeitig freue ich mich auf den nächsten Heimflug. Und wenn ich wieder zu Hause bin, fühl' ich mich wahnsinnig wohl mit der ganzen Familie! Sonntags, wenn wir alle zum Brunch zusammen sitzen, sag' ich immer: »Mein armer Mann ist jetzt ganz alleine; ich bin quietschvergnügt mit meinen Kindern und Enkeln, und er ist sicher ganz einsam und verlassen da drüben.« In Deutschland hab' ich ja nur ihn. Meine Arbeit hab' ich aufgegeben. Mein Chef hat gesagt, länger als zwei Jahre hält er mir den Posten nicht frei. Meine Arbeit fehlt mir sehr. In Deutschland hab' ich keine ernsthafte Beschäftigung. Gut und schön, ich hab' eine vergnügliche Zeit, aber das reicht mir ganz einfach nicht …

*Moshe:* Mit all dem Hin- und Herfliegen versuchen Sie also, einerseits Ihre Ehe aufrechtzuhalten und Ihrem Mann eine loyale Partnerin zu sein, und andererseits, Ihren Kindern zu Hause eine gute Mutter zu sein.

*Emma:* Genau!


Die Natur des Dilemmas war damit geklärt. Emma stand zwischen der Loyalität zu ihrem Mann und ihrer Hingezogenheit zu den Kindern und Enkelkindern, wobei zu letzterem noch die Sehnsucht nach einem Zuhause und dem erfüllteren Leben kam, das sie in den USA führen konnte.
Wenn jemand wie Emma unter der Last und den Streßfolgen einander widerstreitender Verantwortlichkeiten leidet, frage ich mich, wie sie ihr Hilfssystem erweitern kann. Wäre es möglich, anderen einen Teil der Verantwortung abzutreten? Schließlich kann sie keine Superfrau in allen Lebenslagen sein. Ich glaubte zu spüren, daß sie mit dem Herzen ihren

128

jüngeren Kindern am nächsten war. Ich versuchte also herauszufinden, wie es den beiden ging, und ob Emma imstande war, sie bereits als junge Erwachsene zu sehen.

Dabei stellte sich heraus, daß die jüngste Tochter (um die sie sich am meisten sorgte) der Familie sehr nahestand und im Verwandtenkreis gut aufgehoben war. Wie ich Emmas Berichten entnahm, weiß der Sohn um die Konfliktsituation, in der sich seine Mutter befindet; er akzeptiert die Situation und führt im übrigen sein eigenes Leben.

Ich begann nach Wegen zu suchen, wie ich die Situation auf eine Art neu darstellen konnte, die es Emma ermöglichte, bei geringerer Streßbelastung damit zu leben. Könnte sie sich auch dann als gute Mutter betrachten, wenn sie ihren Kindern nur einen Teil ihrer Zeit widmete?

*Emma:* Wenn ich bei meinen Kindern bin, geb' ich immer mein Bestes. Seit ich nicht mehr arbeite, habe ich mehr Zeit für sie; wir unternehmen viel gemeinsam, einfach um zusammen zu sein und Spaß zu haben.

*Moshe:* Wenn Sie sich nun Ihre Möglichkeiten ansehen, können Sie mir dann sagen, welche die schlechteste und welche die beste für Sie ist? Erzählen Sie mir ein wenig von den Wahlmöglichkeiten, die Sie jetzt haben.

*Emma:* Ich dachte, ich würde nach Ablauf dieser zwei Jahre an meinen Arbeitsplatz zurückkehren und zu meinem Mann sagen: Hör mal zu, ich habe jetzt zwei Jahre mit dir verbracht, jetzt will ich wieder nach Hause. Aber eine Stimme in meinem Hinterkopf flüstert mir dann jedesmal zu, ich müsse weiter bei meinem Mann bleiben. Er sei sonst einsam und ganz ohne Familie. Er kommt immerhin schon um halb fünf Uhr nachmittags von der Arbeit nach Hause und wäre den ganzen Abend alleine.

*Moshe:* Sie sind eine ausgesprochen verantwortungsvolle

und belastbare Ehefrau und Mutter. Haben Sie sich auch andere Optionen überlegt?

*Emma:* Die andere Möglichkeit wäre es, weiter hin- und herzufliegen.

*Moshe:* In einem gewissen Sinne bilden Sie mit Ihrem Körper die Brücke über den Atlantik zwischen zwei Teilen Ihrer Familie.

Wenn jemand wie Emma derart zwischen zwei Mühlsteinen steckt, kommt es besonders darauf an, daß sie die Stärken und Fähigkeiten erkennt, die ihr geholfen haben, bislang mit der Situation fertig zu werden. Gleichzeitig spielte ich auf ihre Rolle als die Opferbereite an, um herauszufinden, ob sie bereit wäre, den Ball an ihren Mann weiterzuspielen.

*Moshe:* Sie sind zu dieser Sitzung aus eigenem Entschluß gekommen. Liegt das daran, daß Sie das Gefühl haben, die Entscheidung liegt in Ihren Händen und muß von Ihnen alleine getroffen werden?

*Emma:* Sein Standpunkt ist ja eindeutig: »Tu, was du willst, aber bleib bei mir.« Er ist an einer Änderung der Situation nicht interessiert. Er hat die Entscheidung mir überlassen, und ich bin mir bewußt, daß ich alleine dafür verantwortlich bin; das weiß ich ganz bestimmt.

*Moshe:* Sie sind ohne Zweifel eine hingebungsvolle Frau und eine ebenso hingebungsvolle Mutter. Das Dilemma ergibt sich aus der Tatsache, daß diese beiden Rollen zur Zeit nicht vollkommen vereinbar sind. Dazu kommt, daß Sie seit 37 Jahren verheiratet sind und – wenn ich Sie richtig verstehe – auch verheiratet bleiben wollen.

*Emma:* Ja.

*Moshe:* Sie haben mir auch zu verstehen gegeben, daß diese Geschichte Ihnen ziemlich viel abverlangt. Finden Sie eigentlich, daß Sie diejenige sind, die sich opfern muß? Haben Sie das Gefühl, Sie wurden für diese Rolle irgendwie bestimmt? Schließlich war es Ihr Mann, der sich zu einem Wechsel nach Deutschland entschlossen hat! Stellen wir uns einen Moment lang vor, Sie würden laut und bestimmt das folgende zu ihm sagen: »Mir geht's am besten, wenn ich einen Beruf habe und in der Nähe meiner Kinder sein kann. Ich habe zwei Jahre auf all das verzichtet. Aber jetzt reicht's! Jetzt bist mal du dran. Jetzt entscheidest du, was für dich am besten ist. O.K.?« – Wie geht es Ihnen bei dem Gedanken, so eine Haltung einzunehmen?

*Emma:* Ich hätte das Gefühl …, so als ob ich meinen Mann im Stich lassen würde. Ich glaube, daß ich in allem perfekt sein muß: eine gute Mutter, gut im Beruf und gut als Ehefrau. Und dabei *weiß* ich ja, daß sich das nicht machen läßt.

*Moshe:* Es läßt sich in der Tat nicht machen. Niemand ist perfekt!

*Emma:* Ich kann nicht perfekt sein.

Emma betonte nochmals, daß sie und ihr Mann ein glückliches Paar seien, auch unter den gegebenen Umständen.

*Moshe:* Obwohl Sie zwei schwierige Jahre hinter sich haben, fallen mir ein paar Dinge auf, die ich bemerkenswert finde. Erstens haben Sie Ihren Mann nicht dafür bestraft, daß er Sie veranlaßt hat, nach Deutschland zu gehen. Sie haben alles dazu getan, um die Zeit für Sie und Ihren Mann als Paar so angenehm wie möglich zu gestalten. Eigentlich ist es sehr beeindruckend und ganz allein Ihr Verdienst, daß es Ihnen trotz allem Streß so gut ergangen ist, und zwar an beiden Orten.

Und was mir zweitens noch auffällt, ist, daß Ihre Kinder Sie offenbar auf jeden Fall lieben und verehren, ganz egal, ob Sie zu Hause sind oder im Ausland. Und dieses Gefühl beruht ja eindeutig auf Gegenseitigkeit. Ihre Kinder teilen Ihnen gleichsam mit: »Uns geht's gut. Es ist schwer, sehr schwer sogar, aber uns geht's wirklich gut«. – Und gewiß haben Sie in jedem Fall Ihre Mittel und Wege, ihnen Zeit und Liebe zu geben.

Emma stimmte dem zu, und wir sprachen weiter über die Möglichkeit, nach Hause zurück zu ziehen und die Arbeit wieder aufzunehmen.

*Moshe:* Sie versuchen, Ihre Ehe zu erhalten und Ihrem Mann eine gute Frau zu sein, auch indem Sie mehr Zeit mit ihm alleine verbringen. Können Sie sich vorstellen, die Dinge umzukehren? Von jetzt an weniger, aber wertvollere Zeit mit ihm zu verbringen, bis er seine Entscheidung getroffen hat?

*Emma:* Das könnte ich. Ich bin mir sicher, daß das geht. Wenn ich bei ihm drüben bin, spielt sich das so ab, daß ich ihm die meiste Zeit widme. Ich verwöhne ihn richtig. Ich sorge dafür, daß es ihm gutgeht, und wir sind dann beide glücklich. Und er weiß das auch sehr zu schätzen. Er hat seine Arbeit, an der er sehr hängt, und er hat eine Frau, die ihn liebt und die alles für ihn tut. Was will er mehr? Er ist der glücklichste Mensch!

Gegen Ende der Sitzung versuchte ich, Emma Hoffnung zu geben – und neues Selbstvertrauen in ihre Fähigkeit, das Richtige zu tun. Wir unterhielten uns darüber, wie sich all diese Schwierigkeiten und Beschwernisse auf ihre Selbstachtung auswirken könnten und wie diese Wertschätzung für sich selbst weiter verstärkt werden könnte. Sie fand, wenn sie ihre Bemühungen als weniger selbstverständlich betrachtete, würde ihr Mann vielleicht mehr Rücksicht nehmen und die Hingabe seiner Frau weniger selbstverständlich nehmen. Ich schloß die Sitzung mit folgenden Worten:

*Moshe:* Sie haben sich bei der Bewältigung eines unlösbar erscheinenden Problems hervorragend bewährt. Ich spüre, daß Sie auch genug Kraft hätten, so weiter zu machen wie bisher. Nur haben Sie jetzt erkannt, daß Sie einen Preis dafür zahlen, der Ihnen langsam zu hoch erscheint. Sie möchten an Ihren Arbeitsplatz und in Ihre Heimat zurück, in der Nähe Ihrer Kinder sein und gleichzeitig eine gute Ehe führen. Meiner Meinung nach läßt sich dies auf zwei Arten erreichen:

Zum ersten können Sie sich die Fähigkeit zunutze machen, sich und Ihrem Mann eine schöne Zeit zu bereiten, wenn Sie zusammen sind. Dieses Engagement werden Sie beibehalten, wo immer Sie auch wohnen.

Zum zweiten sollten Sie Ihrem Mann zu der Einsicht verhelfen, daß er Sie und Ihre Opfer nicht als selbstverständlich betrachten soll, genauso wie Sie ihn ja auch nicht als selbstverständlich ansehen. Auch wenn Sie (vorübergehend oder auf Dauer) in die Staaten zurückkehren, werden Sie die Qualität Ihrer Ehe bewahren können. Wenn Sie (wie lange auch immer) in Deutschland bleiben, werden Sie Wege finden, die Qualität der Beziehung zu Ihren erwachsenen Kindern zu erhalten. Auf jeden Fall werden Sie dafür sorgen, daß Ihr Gatte Ihren Standpunkt kennt, Sie achtet und die Entscheidungen, die Sie treffen werden, respektiert. Er liebt Sie, und Sie sind eine starke Frau, die imstande ist, ihren Standpunkt mit Nachdruck zu vertreten.

Sechs Monate nach ihrem Besuch bei mir schrieb mir Emma den folgenden Brief:

»Nach unserem Gespräch kehrte ich mehrere Male nach Hause zurück, um bei meinen Kindern zu sein. Dabei konnte ich immer wieder aufs neue feststellen, daß sie inzwischen erwachsen sind, ihr eigenes Leben führen und mich nicht mehr so brauchen, wie das früher der Fall war. Meine jüngste Tochter, um die ich mir die größten Sorgen gemacht hatte, schließt im nächsten Monat ihr College ab und plant eine größere Auslandsreise. Meine zweitjüngste Tochter hält sich gerade im Zuge einer längeren Ostasienreise in Tokio auf. Die beiden Ältesten sind verheiratet und haben Kinder; beide werden von ihren Berufen und den Familienpflichten stark in Anspruch genommen. Als ich bei ihnen zu Besuch war, fühlte ich mich zeitweise richtiggehend ›außer Betrieb‹ gesetzt. Das Leben verläuft sehr dynamisch und ist voller Veränderungen. Ich habe eingesehen, daß mein Mann mich gerade in einer Zeit, in der alles im Umbruch ist, besonders braucht. Die Zeit vergeht so schnell, wir beide werden immer älter und wollen das Leben gemeinsam genießen. Mein Mann hat sich entschlossen, in einem Jahr in die USA zurückzukehren. Wir haben gemeinsam einen Plan entworfen, wie wir die allmähliche Rückkehr in unsere Heimat organisieren wollen. In drei Monaten werden wir anfangen, in New York, nicht zu weit entfernt von unseren Kindern und Enkeln, eine Wohnung zu suchen. Vor unserer endgültigen Rückkehr in die Staaten werden wir noch ein paar Reisen in Europa unternehmen. Ich bin jetzt sehr zufrieden und glaube, eine gute Entscheidung getroffen zu haben. Der Streß hat abgenommen, und ich fühle mich viel besser. Vielen Dank, daß Sie zur Stelle waren und mir geholfen haben, aus meinem Dilemma herauszufinden und auf eine gute Lösung hinzuarbeiten.«

# Kapitel 4

# Selbsttherapie

»Ich bin am Ende meiner Weisheit«, sagte Judy, als sie mich zum ersten Mal anrief. »Ich bin vollkommen geschafft, total gestreßt und deprimiert.«

Nachdem sie mir noch ein paar Einzelheiten erzählt hatte, sagte ich: »Bevor Sie zu mir kommen, möchte ich, daß sie einmal darüber nachdenken, wie sich Ihr Leben geändert haben wird, wenn Sie es nicht mehr nötig haben, meine Hilfe zu beanspruchen.«

Ich gab ihr einen Termin in zehn Tagen. Einen Tag vor der ersten Sitzung rief sie mich an:

»Ich glaube, ich brauche die Sitzung nicht mehr.«

»Da bin ich aber neugierig. Was ist passiert?« fragte ich.

»Na ja, ich habe mir Gedanken gemacht, so wie Sie mir empfohlen hatten, und dabei habe ich herausgefunden, daß es das wichtigste für mich wäre, eine der vielen Verpflichtungen loszuwerden, die ich mir aufgehalst habe. Ich rief bei der Uni an, um ihnen mitzuteilen, daß ich meinen Job als Uni-Lehrerin kündige. Es hat ihnen zwar leid getan, aber sie haben's akzeptiert. Wissen Sie, dieser Job brachte es mit sich, daß ich ständig eine Unmenge schriftlicher Arbeiten zu lesen hatte. Dabei geht's immer um dasselbe Thema, und ich korrigiere die Arbeiten spätabends, nach einem anstrengenden Arbeitstag und nachdem ich meine Verpflichtungen als Mutter erledigt habe. Ich habe erkannt, daß mir das alles zu viel wurde. Ich fühl' mich bereits jetzt, als hätte man mir eine schwere Last von den Schultern genommen.«

In diesem Kapitel geht es darum, ob und wie man ein psychisches Problem selbst lösen kann. Wir haben uns angewöhnt, bei medizinischen Problemen den Arzt zu rufen, zumal wenn man Schmerzen hat oder sich sonstwie körperlich unwohl fühlt. Angesichts der gewaltigen Fortschritte in Technologie und Medizin hegen viele Menschen heute die Erwartung, das gesamte Leben müsse schmerzfrei und angenehm verlaufen. Erst langsam beginnt man zu erkennen, daß man sich damit in eine gefährliche Abhängigkeit von den Ärzten und ihrer wundersamen Technologie der Schmerzmittel, Antibiotika, Laser- und plastischer Chirurgie usw. begibt.

Können Sie sich an Situationen erinnern, in denen Sie sich bereits viel besser fühlten, sobald Sie im Warteraum des Doktors Platz nahmen? Können Sie sich daran erinnern, daß Sie eine volle Flasche eines verschriebenen Medikaments zur Hand genommen und sich unvermittelt gedacht haben, daß Sie das Zeug eigentlich gar nicht mehr brauchen? Die Menschen vergessen oft, daß zahlreiche Probleme und Krankheiten auf seelischen Befindlichkeiten beruhen und ohne medizinische Intervention geheilt werden können oder daß es sich um Phasen kleiner Beschwerden handeln kann, die mit der Zeit von selber heilen.

Ich bin überzeugt davon, daß die meisten Menschen, die zu einer Therapie gehen, ihr Problem sowie auch die Lösung desselben durchaus kennen. Vielfach haben sie bereits große Schritte in Richtung einer Lösung unternommen, bevor sie zum ersten Mal in meine Praxis kommen.

Ferner bin ich nach fünfzehn Jahren psychotherapeutischer

Praxis und nach dem Studium Dutzender der modernsten therapeutischen Methoden zu dem Schluß gekommen, daß alle wirksamen Therapien im Grunde Selbsttherapien sind. Hochintensive Therapieverfahren, wie Hypnose, Biofeedback und sogar die psychoaktiven Medikamente funktionieren nur dann richtig, wenn sie mit dem inneren Wissen des Patienten kombiniert sind, mit seinem Lebenswillen und seiner Bereitschaft, seine internen und externen Ressourcen zu mobilisieren. So sind beispielsweise tiefe hypnotische Trancezustände nicht das Verdienst talentierter Hypnotiseure oder brillanter Zauberer, sondern letzten Endes nichts anderes als ein Akt der Selbsthypnose. Die Suggestiv- und Trancezustände sind Prozesse der Selbsthypnose, durch die der Therapeut den Patienten begleitet. So bleiben Kontrolle und Wissen über die Situation ja auch in einer sehr tiefen Trance erhalten. Als Klient verfügen Sie über Ihre eigenen ganz individuellen und unverwechselbaren Erfahrungen, deren Bedeutung letzten Endes nur Ihnen zugänglich ist. Von jemand anderem zu erwarten, Ihre Gedanken zu lesen oder sie an Ihrer Stelle zu verstehen, wäre etwa so, wie wenn Sie jemanden bitten würden, für Sie zu atmen oder zu trinken.

## Wege zu Ihren persönlichen Heilquellen

Viele Menschen lösen intime und sehr persönliche Probleme lieber selbst. Dies ist dann in Ordnung, wenn den Worten auch wirklich Taten folgen und sich die Betroffenen des Problems also tatsächlich ernsthaft annehmen. Es genügt nicht, bloß zu sagen, »Darum kümmere ich mich schon selbst«, wenn damit das Problem nur weggeschoben wird oder man versucht, jemand anderen loszuwerden. Sie haben die Kapazitäten, 95 Prozent der Probleme, Krankheiten und Belastun-

gen entweder allein oder mit Hilfe anderer, Ihnen naheste-
hender und folglich gratis tätiger Menschen zu lösen. Auch
wenn sich die Menschen im Verlauf ihres Lebens immer wieder um Selbsthilfe oder die Hilfe ihrer Mitmenschen bemühen, sind sich die meisten ihres vollen Selbstheilungspoten-
tials nicht bewußt, obwohl ihr Körper und ihr Geist mit bio-
logischen und psychischen Mechanismen ausgestattet sind,
die ihnen die Anpassung an eine ungeheure Vielfalt von
Herausforderungen ermöglicht. Nur weil jeder von uns einen
»versteckten Therapeuten« in sich trägt, enden die meisten
Streß- und Belastungssituationen nicht in einer Krankheit.
Die Menschen müssen nur lernen, wie sie sich bewußt Zugang zu diesen Ressourcen verschaffen und deren heilsame
Kraft in Anspruch nehmen, wenn sie Hilfe brauchen.
Der versteckte Therapeut ist Ihre innere Weisheit, der Heiler
in Ihrem Inneren, der Unwohlsein und andere Zustände zu
heilen vermag, mit denen Sie Ihre volle Entfaltung beschränken. Selbst bei geistigen oder körperlichen Erkrankungen
sorgt Ihr versteckter Therapeut oft für eine spontane Gene-
sung und erspart Ihnen damit die Notwendigkeit eines medizinischen oder psychiatrischen Eingreifens.
In diesem Kapitel werden Sie eingeladen, gewissermaßen Ihren Schutzengel und inneren Glücksbringer ins Visier zu
nehmen und zu kultivieren, das heißt, Ihre eigenen Kräfte
zu mobilisieren, die Ihre geistige und physische Gesundheit
auch unter den widrigsten Umständen schützen und stärken.
In Wahrheit überleben wir täglich zahllose Angriffe auf unsere Gesundheit, ohne uns dessen überhaupt bewußt zu sein.
Dies deshalb, weil unser Selbstheilungs- und Immunsystem
diese Angreifer zerstört, ohne uns spürbare Schmerzen, Fie-
ber oder Streß zu bereiten.
In einer Selbsttherapie geht es zuerst einmal darum, einen
Hoffnungsfaden zu finden und Vertrauen zu sich selbst sowie

zu seinen Mitmenschen zu schöpfen – Vertrauen darauf, daß man selbst positive und wünschenswerte Veränderungen bewirken kann, die wirklich einen fühlbaren Unterschied in der Lebenssituation ausmachen. Nur vor dem Spiegel zu stehen und zu seinem Spiegelbild hundertmal zu sagen: »Ich vertraue mir. Ich bin ein hoffnungsfroher Mensch«, reicht wahrscheinlich nicht für dauerhafte Veränderungen aus. Zu versuchen, sich selbst einzureden: »Ich bin glücklich; mir geht's gut«, klingt womöglich wie ein schlechter Scherz. Sie können natürlich versuchen, sich das Problem auszureden oder sich selbst aufzuheitern. Aktive Selbstbestätigungen werden von den meisten Selbsthilfebüchern und kognitiven Therapeuten empfohlen. Die Idee ist ja auch nicht schlecht – in vielen Fällen jedoch nicht ganz ausreichend.

Selbsttherapie ist eine Therapie ohne die Hilfe eines professionellen Therapeuten. Der natürliche Änderungsprozeß wird durch die Aktivierung und Nutzung des Selbst und anderer anteilnehmender Menschen erreicht. Die Selbsttherapie beruft sich auf den versteckten Therapeuten in Ihnen und nützt diesen aktiv auf der Suche nach besseren und wirksameren Lösungen. Oder wie es Marilyn Ferguson in ihrem Buch *The Aquarian Conspiracy*\* ausdrückt: »Die besten Antidepressiva sind: Gefühle ausdrücken und Handlungen setzen. So erweist sich eine Depression nicht als Ende, sondern als sinnvoller Anfang.«

Versuchen Sie für die Lösung Ihres Problems einen neuen Ansatz. Es ist nicht nötig, sein gesamtes Leben zu ändern. Vielleicht müssen Sie lediglich ein neues Gleichgewicht schaffen oder zulassen. Wer beispielsweise zu viel über sein Leben gegrübelt hat, ist vielleicht gut beraten, den Einsichten

---

\* *Die sanfte Verschwörung.* 1982. Basel. Sphinx Verlag.

und Ideen seiner Mitmenschen Gehör zu schenken. Wer zu lange Zeit hindurch zu beschäftigt war, dem würde unter Umständen eine Pause guttun, also eine Weile ganz einfach gar nichts zu tun. Wer in seinem eigenen Interesse handeln will, muß nicht unbedingt sehr weitgehende Maßnahmen treffen oder sich auf extreme Mühen einlassen. Die von Ihrem Körper und Geist gebildete Einheit und die Welt um Sie herum stellen Ihnen die natürlichen Mechanismen zur Verfügung, die für ein Gleichgewicht von Aktivität und Ruhe, Tag und Nacht, auf und ab sorgen. Die Mechanismen zur Lösung von Problemen sind in Ihrem Körper-Geist-System jedenfalls bereit gut entwickelt.

Die meisten der in diesem Kapitel empfohlenen Übungen sind klein und einfach, sie können aber den entscheidenden Unterschied ausmachen. Das Grundprinzip in der Selbsttherapie ist es, nur das zu tun, was einem entspricht und wozu Sie gerade jetzt bereit sind. Lassen Sie sich nur auf das ein, was Ihnen persönlich entspricht. Den Rest lassen Sie einfach beiseite. Sie können auch jederzeit Ihre eigenen Variationen kreieren. Machen Sie sich ruhig Notizen an den Rändern dieser Buchseiten. Fügen Sie eigene Ideen hinzu, oder heben Sie das, was Ihnen besonders geeignet erscheint, zusätzlich hervor. Sie sind in dem ganzen Prozeß ein aktiver und unverzichtbarer Partner. Ich werde Ihnen eine Reihe potentieller Lösungen vorlegen, und Sie wählen nur diejenigen aus, die Ihnen nützlich und passend erscheinen. Die Lösungsvorschläge basieren auf meinen Arbeiten mit Kurztherapie-Patienten, von denen viele den Änderungsprozeß bereits in Gang gesetzt hatten, bevor sie zu mir in die Praxis kamen. Eine Selbsttherapie kann Ihnen den Weg zum Therapeuten möglicherweise überhaupt ersparen oder die Grundlage dafür bilden, daß Sie die erste Sitzung mit einem klareren Ziel vor Augen angehen.

Nehmen Sie jedenfalls immer nur einen Schritt auf einmal, und hören Sie auf, wenn Ihnen danach ist. Dieses Buch kann Ihnen dabei, so lange Sie wollen, als Arbeits- oder Versuchsunterlage dienen. Sie können es immer wieder zur Hand nehmen und neue Dinge ausprobieren. Es ist nicht nötig, alle Übungen in einer einzigen Sitzung abzuschließen. Vielleicht lösen sie einen Prozeß aus, der erst nach langer Zeit wirksam wird oder der Erprobung zukünftiger Herausforderungen bedarf. Sie können die Selbsttherapie anstatt einer regulären Therapie versuchen, oder vor dem Beginn einer Therapie, nach deren Abschluß und sogar zwischen den einzelnen Sitzungen einer laufenden Therapie auf sie zurückkommen.

Was kann in einer Selbsttherapie erreicht werden? Im folgenden gebe ich einige Beispiele dafür, was sich infolge einer Selbsttherapie ereignen kann:

- Sorgen loslassen anstatt sich an sie zu klammern.
- Die Freiheit, »tödlich ernsten« Problemen oder Gefühlen der Überforderung gegenüber eine unverkrampftere, stärker lösungsorientierte Haltung einzunehmen.
- Die Eröffnung neuer Möglichkeiten, die Ihnen die Rückkehr ins normale Leben und in die Gemeinschaft mit anderen Menschen erleichtern.
- Versagensgefühle werden durch positivere Erfolgsgefühle ersetzt.
- Gefühle der Hilflosigkeit werden durch Gefühle der Souveränität ersetzt.
- Verstärke Kooperation und weniger unproduktive Konflikte.

# Einstellungen ändern

Die meisten psychischen Probleme sind auf Einstellungen zurückzuführen. Dabei können Sie Ihre Einstellungen jederzeit ändern, insbesondere wenn Sie erkennen, wie viele Schwierigkeiten und Schmerzen Ihnen ein Standpunktwechsel ersparen kann. Beginnen Sie damit, daß Sie Ihre aktuelle Einstellung überprüfen und sich Alternativen dazu überlegen. Einer der häufigsten Gedanken von Menschen, die Schwierigkeiten haben, ist die Gewißheit, daß sie keinen Ausweg sehen und glauben, bereits alles probiert zu haben, und daß ganz einfach nichts funktioniert. Um aus einer solchen »ausweglosen« Situation herauszufinden, schlage ich vor, Sie probieren eine beliebige Zahl der folgenden Einstellungen aus. Verwenden Sie nur diejenigen, die zu Ihren Überzeugungen passen oder die Sie zur Stärkung Ihrer Mechanismen zum Lösen von Problemen annehmen möchten. Es handelt sich allerdings nicht um die zehn Gebote, sondern bloß um ein wenig Gedankennahrung.

- Was mir in der Vergangenheit widerfahren ist, ist aus und vorbei und kann nicht mehr geändert werden. Dagegen kann sich meine Wahrnehmung der Vergangenheit, meine Erinnerung, sowie die Bedeutung, die ich bestimmten Ereignissen zumesse, ändern.
- Mein Gefühl für Selbstachtung und »Normalität« wird nicht von den Ereignissen selber bestimmt, sondern von den Geschichten, die ich (und andere) um die Ereignisse konstruieren.
- Die Therapie ist ein Prozeß, in dem meine Erinnerungen rekonstruiert, meine Rollen neu definiert und die Story meines Lebens neu geschrieben werden.
- Ich darf neuen Anspruch auf mein Leben erheben, indem ich meine persönliche Geschichte neu schreibe. (Die Um-

setzung dieser Idee in der therapeutischen Arbeit wird von Michael White und David Epston in ihrem Buch *Narrative Means to Therapeutic Ends*\* näher erläutert.

- Die Depressionen und Schuldgefühle, der Zorn und all die anderen schmerzlichen Empfindungen, die ich erlebe, sind meistens das Produkt meiner Erinnerungen und meiner Gedanken über die Vergangenheit.

- Jedes Problem, jede Krise trägt in sich bereits den Keim der Lösung. Schmerzen und Leid sind Symptome meiner potentiellen Gesundheit. Ich werde die Signale meines Körpers niemals ignorieren. Sie geben mir in meinem Änderungsprozeß die Richtung vor.

- Gestern ist vorbei, und morgen ist noch nicht da. Der Zeitpunkt, meine Handlungen, Gefühle oder Gedanken zu ändern, ist jetzt.

- Es gibt mehrere »richtige« Lösungen für ein Problem.

- Erst der Versuch gibt mir Gewißheit. Wenn irgend etwas nicht funktioniert, kann ich noch immer etwas anderes probieren.

- Keine Lösung ist für jeden und jederzeit gültig. Was einmal funktioniert hat, kann sich allerdings auch ein zweites Mal bewähren.

- Ich freue mich über das Unerwartete; Überraschungen machen mir Spaß.

- Fehlschläge sind nichts weiter als notwendige Lektionen.

- Das Leben ist ein Abenteuer – »Das menschliche Leben bedarf des Mutes vor allen anderen Tugenden. Doch das wahrscheinlich größte Beispiel menschlichen Mutes ist die Gabe des Verzeihens.« (E. Graham Howe)

---

\* Das Buch von White & Epston liegt in deutscher Sprache vor: *Die Zähmung der Monster. Literarische Mittel zu therapeutischen Zwecken.* 1992. Heidelberg, Carl Auer.

- Ich vergebe mir und anderen, die mir Unrecht getan haben. Und ich werde dies immer und immer wieder tun!
- Niemand ist perfekt. Die Tatsache, daß es immer Verbesserungsmöglichkeiten gibt, bedeutet nicht, daß ich total ungeeignet oder ein Versager bin.
- In meinem Leben wird es immer wieder Spaß und erfreuliche Ereignisse geben, aber ich kann nicht davon ausgehen, daß das Positive allezeit überwiegt.
- Mein Weg wird mich bergauf und bergab führen, und beides ist notwendig, um das jeweils andere würdigen zu können.

## Achten Sie auf alles, das Sie bewahren möchten, weil es Sie erfreut hat

Geborene Optimisten können diese Übung auslassen. Ich möchte, daß Sie in den nächsten paar Tagen all den Ereignissen besondere Aufmerksamkeit schenken, von denen Sie sich wünschen, daß sie auch in Zukunft stattfinden. Wenn ich sage, »alle« Ereignisse, dann meine ich große und kleine, wichtige und unwichtige – eben alles, was Sie mit Ihren fünf Sinnen erfassen und von dem Sie wünschen, daß es Bestand haben möge. Achten Sie beispielsweise darauf, wenn Sie jemand anlächelt, wenn Sie über eine witzige Bemerkung lachen müssen, wenn Ihnen ein besonders schöner Anblick auffällt, wenn Sie einen angenehmen Geruch wahrnehmen, wenn Sie selbst oder Ihre Angehörigen etwas tun, worauf Sie stolz sein können, oder wenn Sie mit einer besonderen Fähigkeit oder durch außergewöhnliches Geschick den Beifall anderer Menschen gewonnen haben.

Die Aufgabe mag sehr einfach erscheinen, aber sie ist leichter gesagt als getan. Ihr Bewußtsein spielt Ihnen manchen

Streich, um Ihre Entschlossenheit zu testen. Die Menschen neigen nämlich dazu, ihre unmittelbare Aufmerksamkeit Katastrophen und schlechten Neuigkeiten zuzuwenden. Gerade die Berichte über Kriege, Erdbeben und Straßenschlachten fesseln uns am unwiderstehlichsten ans Fernsehgerät. Wer bemüht sich denn schon, den ersten Frühlingstag oder den Anblick der am Morgen ihre Blüten öffnenden Blumen zu erhaschen? Am meisten Beachtung schenken wir den Dingen, die wir nicht haben oder die wir an uns nicht mögen. Negative Gefühle besetzen beängstigend viel Platz im Bewußtsein der Menschen, wodurch andere Empfindungen, Zukunftsausblicke oder Gefühle der Freude oft blockiert werden.

Lassen Sie sich nicht entmutigen! Wenn Sie sich dabei ertappen, daß Ihre Betrachtungen zu unerfreulichen Ereignissen oder negativen Gedanken abschweifen, nehmen Sie die Störung einfach zur Kenntnis und warten Sie, bis sie vorüber ist. Dann nehmen Sie Ihre Übung wieder auf. Es wird sich ein ständiges Vor und Zurück einstellen, und das ist schon in Ordnung so. Sie müssen nur trachten, immer wieder zu Ihren Freudenspendern zurückzukehren, also zu den kleinen, aber bedeutsamen Glücksfällen des täglichen Lebens. Beginnen Sie mit ganz kleinen Ereignissen, etwa dem Gruß oder dem Lächeln, das Sie von einem Fremden empfangen, oder mit einem unerwarteten Anruf von jemanden, der sich nach Ihrem Befinden erkundigt.

Wenn man deprimiert oder ängstlich ist, läßt sich oft ein Ausweg finden, indem man sich bloß der Tatsache besinnt, daß unsere Gefühle nie konstant sind. Unterschiedliche Menschen, Zeiten und Orte rufen unterschiedliche Gefühle und Energien wach. Diese Gefühle dauern meist nicht den ganzen Tag an, und sie müssen auch nicht besonders intensiv oder bedeutend sein. Es kommt nur darauf an, daß Sie die

Unterschiede gewahren und für diese empfänglich sind. Versuchen Sie nicht, an den Gefühlen festzuhalten oder ihnen unbedingt Dauer zu verleihen. Nehmen Sie nur in Gedanken oder schriftlich Notiz von ihrer Gegenwart.

Sie können nicht alles kontrollieren, was sich in Ihrer Welt ereignet, aber Sie können Ihre Aufmerksamkeit von einem Teil Ihres Erlebens auf einen anderen umlenken. Sie können Ihre Gedanken und Gefühle oder aber Ihre Handlungen ändern. Sie können sich beispielsweise an einem kalten Wintertag überlegen, wie sehr sie eigentlich so frostiges Wetter hassen, und sich dann ein anderes, wärmeres Klima vorstellen, in dem Sie sich jetzt bestimmt wohler fühlen werden. Oder Sie entschließen sich dazu, sich schön warm anzuziehen und den Kindern beim Spielen im Schnee zuzusehen. Eine andere Möglichkeit wäre es, die für den Tag geplanten Erledigungen zu vergessen und sich mit einem guten Buch unter die wärmste Decke im Haus zu verkriechen. Die meisten gesunden Annehmlichkeiten des Lebens sind gratis: ein herzhaftes Lachen, ein Liebesakt, der Genuß der Wunder und Schönheit der Natur.

Sie müssen nur offen und aufnahmefähig bleiben!

## Seine Geschichte erzählen

Ein Problem offen und in einer angst- und vorurteilslosen Atmosphäre auszusprechen, kann ganz bemerkenswerte Auswirkungen haben. Erzählen Sie die Geschichte Ihrer traumatischsten Erfahrung, oder berichten Sie von einem Ereignis, das Sie tief verletzt hat. Diese Übung ist nur dann sinnvoll, wenn Ihr Problem (in Ihrer Vorstellung) mit einem geheimen oder traumatischen Ereignis in Ihrer Vergangenheit verknüpft ist und Sie – wie sehr Sie auch immer versuchen, das

Problem zu vergessen, zu ignorieren oder sonstwie aus Ihrem Bewußtsein zu schaffen – von schmerzlichen Zwangsgedanken, Ängsten oder Schlafproblemen geplagt werden. Wählen Sie aber keine Geschichte aus, die Sie bereits tausendmal erzählt haben.

Erzählen Sie Ihre Geschichte tatsachengetreu und ohne etwas auszulassen. Erzählen Sie sie von Anfang bis zum Ende. Verzichten Sie auf innere oder äußere Zensoren oder Bearbeitungen. Es kann sein, daß Sie sehr intensive Empfindungen haben, während Sie Ihre Geschichte erzählen. Beachten Sie diese, und erwähnen Sie sie im Verlauf Ihres Berichts – vergessen Sie aber nicht, den Faden der Geschichte wieder aufzunehmen. Es handelt sich dabei um keine Selbstanalyse. Unternehmen Sie nicht den Versuch, Ihre eigene Geschichte zu analysieren oder Schlüsse daraus zu ziehen. Erzählen Sie die Ereignisse so, wie Sie sich an sie erinnern, ohne etwas auszulassen, wie unwichtig oder dumm es auch klingen mag.

Vielleicht fällt es Ihnen leichter, die Geschichte aufzuschreiben. Sie können dies auf einem Blatt Papier tun, das Ganze in einen Computer hinein tippen oder Ihrem Tagebuch anvertrauen. Andere wiederum bevorzugen es, die Geschichte laut zu erzählen. Dazu können Sie sich vor einen großen Spiegel stellen, sich gerade in die Augen blicken und zu sich selbst sprechen. Das kann eine sehr wirksame Methode sein. Eine weniger intensive, aber gleichwohl hilfreiche Methode ist die Verwendung eines Kassettenrecorders (wenn Sie die Sache allein in Angriff nehmen) oder eines Telefons, wenn Sie einen anderen Ansprechpartner als sich selber bevorzugen.

Wie immer Sie auch vorgehen, schaffen Sie sich jedenfalls eine für Sie angenehme und vertraute Umgebung. Setzen oder legen Sie sich bequem hin, und sorgen Sie dafür, daß Unterbrechungen aller Wahrscheinlichkeit nach ausgeschlossen sind (das Telefon ausstecken, andere Störungen von vornherein unterbinden – und vergessen Sie jetzt einmal Ihren nächsten Termin). Finden Sie heraus, welche Kommunikationsart für Sie am natürlichsten und am wenigsten einschränkend ist. Richtig machen Sie es nur auf die Art und Weise, die Ihnen gemäß und angenehm ist.

Sie können auf eigene Faust vorgehen, wenn Sie daran gewöhnt sind, Aufsätze, ein Tagebuch oder persönliche Briefe zu schreiben. Andernfalls können Sie Ihre Geschichte auch einem vertrauten Freund erzählen. Jeder von uns hat seine Präferenzen. Ich zum Beispiel teile meinen Spaß und meine Erfolgserlebnisse am liebsten mit anderen, muß aber allein sein und mich in eine Ecke zurückziehen können, wenn ich sozusagen »meine Wunden lecke«, deprimiert bin oder nicht weiter weiß. Wenn Sie es allein machen wollen, kann das Niederschreiben Ihrer Geschichte ein erster Schritt vor dem Gespräch mit einer anderen Person sein. Es kann natürlich auch eine Aufzeichnung ganz für Sie allein bleiben. Es besteht kein Zwang, irgend jemanden Bericht zu erstatten oder die Person zu konfrontieren, die Sie schlecht behandelt oder verletzt hat. Sich einem selber oder einem vertrauten Freund gegenüber zu öffnen, reicht vollkommen aus.

Wenn Sie jemand anderen einbeziehen möchten, kommt es darauf an, die richtige Person zum richtigen Zeitpunkt zu wählen. Ein Beispiel: Kim, die von ihrem Vater belästigt worden war, wollte ihn zur Rede stellen. Doch dieser bestritt die ganze Sache und stand zum Zeitpunkt der Aussprache zu allem Überdruß auch noch unter Alkoholeinfluß. Die Angelegenheit endete in einem totalen Fiasko. Die Person, der Sie die Geschichte erzählen, muß nicht unbedingt eine Rolle darin spielen. Er oder sie muß über den Vorfall oder die darin involvierten Personen gar nichts wissen. Es genügt, wenn der Gesprächspartner vertrauenswürdig und ein guter Zuhörer ist. Ein guter Zuhörer ist für mich ein vorurteilsloser und möglichst vertrauenswürdiger Mensch. Sie wollen sich darauf verlassen können, daß der andere die Geschichte nicht mißbraucht, indem er sie weitererzählt, und daß er kein Urteil über Sie fällt. Wenn Ihnen jemand einfällt, der sich für diese Aufgabe gut eignet, brauchen Sie nur mehr ein Treffen an einem passenden Ort und zur passenden Zeit zu arrangieren. Wenn es sich um einen Freund handelt, der Ihrer Definition von einem guten Zuhörer nur zum Teil entspricht, wäre es ratsam, mit ihm schon vor der Zusammenkunft die »Vertragsbedingungen« abzuklären. Vielleicht kennen Sie jemanden, um ein Beispiel zu nennen, der zwar keine Geheimnisse preisgibt, aber stark dazu neigt, Partei zu ergreifen oder ein Urteil abzugeben. In diesem Fall können Sie den potentiellen Gesprächspartner direkt ersuchen, seine Kommentare für ein anderes Mal aufzusparen, wenn er Ihnen wirklich helfen will. Denken Sie daran, daß sich die meisten Freunde sehr geehrt fühlen, wenn die Wahl auf sie fällt. Vielleicht haben Sie Bedenken, weil Sie glauben, Ihre Freunde mit Ihren Schwierigkeiten zu belasten, oder daß diese ohnedies genug eigene Sorgen hätten. In Wahrheit verhält es sich aber so, daß den meisten Menschen die bloße Tatsache, daß sie Ihnen zuhören und sich nützlich machen können, nicht nur ein Ansporn ist, sondern indirekt wiederum hilfreich für sie selbst sein kann, indem sie an Ihren Erfahrungen und Kämpfen teilhaben können. Als Psychologe habe ich oft erfahren, welche enormen Vorteile mir die Rolle des privilegierten Zuhörers bringt. Ich fühle mich dadurch wahrhaftig geehrt.

# Gegen alle Wahrscheinlichkeit: Entdecken Sie Ihre Fähigkeiten im Überlebenskampf

Wie schon festgestellt, ist Ihr Verstand bestens ausgerüstet, Ihre Aufmerksamkeit auf Schmerzen, schlechte Nachrichten, nervende und demoralisierende Erfahrungen zu lenken. Wir wenden uns jetzt einer anderen Übung zu, bei der Sie versuchen herauszufinden, wie Sie bisher Ihre Probleme überstanden haben, ohne die Lage noch zu verschlimmern. Lassen Sie sich nur darauf ein, wenn Sie die Herausforderung suchen und willens sind, mit allen Tendenzen zum Selbstmitleid Schluß zu machen. In dieser Übung werden Sie aufgefordert, sich selbst die Fragen zu stellen, warum Sie nicht in einem viel schlechteren Zustand sind. Sie können nun einwenden, die Dinge seien schlimm genug, und an eine Verschlechterung wollen Sie erst gar nicht denken. Da haben Sie natürlich recht – und dennoch: Alles könnte und würde viel schlimmer sein ohne Ihren inneren Antrieb zur psychischen Gesundheit und ohne die Teillösungen, die Sie selbst schon erbracht haben. So gesehen, kommt vor und nach jedem Scheitern ein Wille zur Verbesserung. Um Ihr Streben nach psychischer Gesundheit aufzuzeigen, schlage ich vor, daß Sie Ihre Antworten auf die folgenden Fragen zuerst durchdenken und dann aufschreiben. Das Fragemuster habe ich von meinen Kollegen Michael White aus Australien und Baruch Sholem aus Jerusalem entlehnt.

- Was gibt Ihnen angesichts einer bestimmten schwierigen Herausforderung Kraft, während andere Belastungen Sie überwältigen und fertigmachen? Warum konnten Sie nach zahlreichen erfolglosen Versuchen weiterkämpfen?
- Stellen Sie sich dem Allerschlimmsten. Was ist die schlimmste vorstellbare Folge Ihres Problems? Nehmen

wir an, Sie seien deprimiert und hätten das Gefühl, Ihr Leben sei ohne Sinn und Ziel. Das Schlimmste, was passieren könnte, ist ein Selbstmord. Jetzt fragen Sie sich, woran es eigentlich liegt, daß Sie noch nicht Selbstmord begangen haben. Vielleicht liegt es daran, daß Sie Ihre Familie und Freunde nicht verletzen wollen? Oder es liegt an Ihrer Erkenntnis, daß Probleme umkehrbar sind, das heißt, daß sie kommen und gehen, während der Tod ein irreversibler Zustand ist.

• Sie sind ein erfolgreicher Überlebenskämpfer. Was ist die schwierigste Herausforderung, der Sie bis jetzt ausgesetzt waren? Welche Eigenschaften haben es Ihnen ermöglicht, den Kampf fortzusetzen? Wie sind Sie zu diesen Eigenschaften gekommen?

• Das Leben ist zweifellos ein schwieriges Unterfangen. Was veranlaßt Sie eigentlich, daran festzuhalten? Warum haben Sie nie aufgegeben? Was genau hält Ihren Lebenswillen aufrecht? Was wollten Sie in all den Jahren des Kampfes erreichen? Welchen Beitrag wollen Sie während Ihres kurzen Gastspiels auf dieser Erde leisten?

• Was haben Sie so viele Jahre Überlebenskampf über Selbstachtung gelehrt? Wie müßte der nächste Schritt in der Entwicklung Ihres Selbstwertgefühls aussehen?

## Der verborgene Beobachter

Die Menschen kommen oft in die Therapie, um ihre Geschichten zu erzählen. Die Geschichten, die ihr Leben, ihre Wirklichkeit und ihre primäre Identität geworden sind. Wer seine Geschichte fertig erzählt und einen verständnisvollen Zuhörer gefunden hat, der will die Sache vielleicht noch einen Schritt weiter treiben: Zur Redaktion seiner Geschichte!

Das eigentliche Ziel des verborgenen Therapeuten besteht in gewissem Sinne darin, Ihnen bei der Umgestaltung Ihres Lebens zu helfen, indem Sie eine andere, alternative Geschichte dazu schreiben.

Sie können mit der Geschichte beginnen, die Sie in der Eröffnungsübung geschrieben oder erzählt haben, oder an der Fragen- und Antwortenreihe aus dem Abschnitt *Gegen alle Wahrscheinlichkeit* anknüpfen. Die Sache läuft letzten Endes darauf hinaus, daß Sie Ihre Geschichte noch einmal durchgehen, um ein zentrales Thema, Dilemma oder eine Metapher herauszufinden. Da Sie die Hauptfigur Ihrer Geschichte und gleichzeitig derjenige sind, der sie erzählt, fehlt Ihnen vielleicht die erforderliche Distanz oder der unbeschwerte Zugang des noch nicht Eingeweihten. Sie sind Teil Ihrer Geschichte, und die Geschichte ist Sie geworden. Wenn Sie sich eingezwängt und überwältigt fühlen, übersehen Sie wahrscheinlich bestimmte Elemente, die Ihnen eine mögliche Alternativrolle in der Geschichte zeigen können. Vielleicht wollen Sie einen anderen Schwerpunkt setzen. Oder Ereignisse und Beziehungen überprüfen, um Themen aufzunehmen oder auszuschließen bzw. andere Schlüsse aus dem Gegebenen zu ziehen.

Je stärker man in seine persönlichen Probleme und die fehlgeschlagenen Versuche zu deren Lösung verstrickt ist, desto mehr wird man zu einem Teil des Problems und verliert die Fähigkeit, seine Wahrnehmungen von den tatsächlichen Ereignissen zu unterscheiden. Erstere wachsen sich zu den eigentlichen Geschichten aus. In der folgenden Übung werden Sie die Geschichte Ihres Problems vom Standpunkt eines außenstehenden Beobachters prüfen. Sie werden den Versuch unternehmen, das Problem zu objektivieren, damit Ihnen eine gewisse Distanz und eine andere Perspektive auf das Problem möglich werden. Behalten Sie bei der Redaktion oder Neufassung Ihrer Geschichte die folgenden Fragen im Gedächtnis:

- Wann haben Sie entschieden, daß gerade dies Ihr Problem ist – und warum?
- Wodurch haben die anderen Protagonisten in der Geschichte soviel Macht über Ihr Leben gewonnen?
- Wodurch hat das Problem für Sie eine derartige Bedeutung gewonnen?
- Wer außer Ihnen ist noch besorgt wegen des Problems?
- Was (oder wer) hilft Ihnen durchzukommen?
- Auf welche Art und Weise wirkt sich das Problem auf Sie aus?
- Können Sie sich an Zeiten erinnern, als das Problem nicht bestand? Wann war das?
- Was war besonders oder anders in jenen Zeiten, als das Problem noch nicht existierte?

Denken Sie jetzt einen Augenblick lang über den Ablauf der Ereignisse vom Entstehen des Problems bis in die Gegenwart nach. Betrachten Sie die Situation so, als würden Sie sich einen Film ansehen oder einen Roman lesen – als würden Sie von außen einen Blick auf Ihr Leben werfen.

- Wenn Sie der Geschichte einen Titel geben müßten – welchen würden Sie wählen? Und welchen Untertitel?
- Schreiben Sie das Ende der Geschichte um. Das Ende muß aber nachvollziehbar und glaubhaft sein. Kreieren Sie ein Ende, das dem Leser ein Gefühl wiederaufkeimender Hoffnung vermittelt.
- Wie sieht die Alternativgeschichte aus? Was für ein Skript werden Sie für sich selbst in einigen Jahren verfassen, wenn das Problem nicht mehr besteht?
- Würden Sie neue Darsteller, Schauplätze oder Kulissen hinzufügen?

Mit Hilfe solcher Fragen können Sie auf einfache Weise eine objektivere Perspektive einnehmen und gewinnen die Fähigkeit, die Geschichte von außen zu betrachten. So erkennen Sie, daß Sie die Geschichte von einem anderen Blickwinkel aus durch Hinzufügungen, Streichungen und neue Schlußfolgerungen bearbeiten bzw. »redigieren« können. Es ist dann immer noch Ihre Geschichte, und sie ist nach wie vor wahr – eine von Ihnen höchstpersönlich neu geschriebene Fassung.

## Über sich selber lachen

Wenn alles andere versagt, hilft oft Humor. Wenn man über sich selber lachen kann, erscheint alles viel leichter. Gute Witze haben meist ernste und oft sogar ziemlich traurige Themen und Hintergründe. Wer als Kabarettist seiner eigenen Probleme auftritt, wird imstande sein, diese leichter zu nehmen und aus neuer Perspektive zu beleuchten. Ein gelungener Scherz knöpft sich ein Problem gewissermaßen vor und setzt es in eine neue Perspektive, indem es ins Extreme gezerrt und dadurch als absurd oder lächerlich dargestellt wird. Was wir als Tragödie empfinden, ist nur allzu oft ganz in der Nähe der Komödie angesiedelt – so wie ja auch die Grenze zwischen Genie und Wahnsinn bekanntlich nicht immer klar auszumachen ist. In der nächsten Übung werden Sie gebeten, eine Art »Umkehrungs-Psychologie« einzusetzen. Anstatt zu versuchen, das Problem zu lösen, werden Sie sich bemühen, es ins Witzige oder Groteske zu treiben. Wenn Ihr Problem beispielsweise in zwanghaftem Nägelkauen besteht, könnten Sie sich eine volle Stunde lang vor einen großen Spiegel setzen und an Ihren zehn Fingernägeln nacheinander so richtig herzhaft herumkauen. Beobachten Sie sich dabei, und gehen Sie richtig sorgfältig und ernsthaft an die Arbeit heran. Wenn Sie Angst vor Zusammenkünften oder Rendezvous mit anderen Menschen haben und vor solchen Situationen jedesmal ganz fürchterlich schwitzen, könnten Sie sich im Sinne unserer Übung mal vor einem Treffen selber dazu anspornen, so richtig zu schwitzen. »Letztesmal hab' ich nur auf der Stirne und unter den Armen geschwitzt; diesmal will ich aber bestimmt am ganzen Körper schwitzen!« Solche Anweisungen rufen vielleicht Gelächter hervor, sie sind aber auch geeignet, einen unerwünschten und unfreiwilligen Akt in einen freiwilligen umzuwandeln.

Wenn es Ihnen schwerfällt, diese »Umkehrpsychologie« auf Ihr Problem anzuwenden und über sich selbst ordentlich zu lachen, finden Sie vielleicht ein Buch, ein Video, einen Film oder eine TV-Sendung, bei denen Sie aus vollem Herzen lachen können. Gutes Lachen ist mithin die beste Medizin.

## Mal zur Abwechslung gar nichts tun ...

In der nächsten Übung schlage ich Ihnen vor, sich für die nächste Woche vorzunehmen, absolut nichts für eine Lösung des Problems zu tun. Sie überlassen einfach alles dem Zufall. Wenn es Ihnen schwerfällt, nichts zu tun, können Sie sich mit dem Gedanken trösten, daß Sie sich nächste Woche dem Problem wieder aktiv widmen werden. Haben Sie dies allerdings ohnehin die ganze Zeit über getan, lassen Sie diese Übung aus. Sie funktioniert nur, wenn sie sich von dem unterscheidet, was Sie bis jetzt getan haben. Das Nichtstun als Folge von Hilflosigkeit, Apathie oder destruktiver Verdrängung kann freilich kaum etwas Positives bewirken.

Sie haben gewiß schon bemerkt, daß unter Druck Ihre elementaren Instinkte über Kampf- oder Fluchtreaktionen wirksam werden. Wenn sie Problemen gegenüberstehen, reagieren viele Menschen auf eine von zwei Arten: Sie tun etwas dagegen, oder sie vergessen die Probleme, oder anders ausgedrückt: Sie stellen sich dem Problem oder ziehen sich von der Szenerie zurück. Was für Sie persönlich am besten ist, können Sie nur durch Versuch und Irrtum herausfinden. Wie in jeder anderen echten Lernsituation, bilden die Fehler einen notwendigen Schritt im Lernprozeß. Das Grundprinzip ist sehr einfach. Wenn das, was Sie bis jetzt gemacht haben, funktioniert, ändern Sie nichts daran. Haben Ihre Maßnahmen zur Problemlösung über längere Zeit nichts gefruchtet, stellen Sie sie einfach ein. Wenn Sie Ihre energisch betriebenen Bemühungen aufgeben, kann Ihnen dies sogar die Sicht auf Ihre gewöhnlichen Lösungsversuche erleichtern und Ihnen zeigen, wie sich ein negativer Teufelskreis durchbrechen läßt.

Die meisten Probleme sind bereits mit einer Geschichte von Lösungsversuchen behaftet. Mit jedem Fehlschlag wächst das Problem weiter. Fragen Sie sich selbst: Was habe ich bisher getan, um das Problem in den Griff zu bekommen? Überprüfen Sie Ihre Lösungsversuche. Haben Sie einen Versuch, das Problem zu lösen, wiederholt, so haben Sie damit eine Strategie angewandt, Ihr Bemühen zu verstärken oder weiterzukämpfen. Typische »Kampf«-Reaktionen sehen so aus: Sie kümmern sich um das Problem *jetzt*; Sie fühlen sich selbst dafür verantwortlich; Sie denken viel darüber nach und nehmen es sich sehr zu Herzen; Sie messen ihm große Bedeutung zu; Sie versuchen es mit allen Ihnen zur Verfügung stehenden Mitteln immer wieder aufs neue. Sie machen sich permanent Sorgen darüber.

In dieser Situation wäre die »Nichstun«-Strategie einen Versuch wert. Wer gelernt hat seine Anstrengungen zu steigern, wenn etwas nicht funktioniert, kann sich mit der Vorstellung, gar nichts zu tun, wahrscheinlich nicht leicht anfreunden. Die folgenden Übungen sind vor allem für diejenigen, die das Gefühl haben, etwas tun zu müssen. Sie bieten eine gesunde Ablenkung vom Problem. Wenn es zuviel von Ihnen verlangt ist, überhaupt nichts zu tun, und Sie das Gefühl haben, sich beschäftigen zu müssen, versuchen Sie die folgenden Übungen. Sie ermöglichen Ihnen, von der engen Konzentration auf das Problem wegzukommen, sich einmal nicht darum zu kümmern. Machen Sie die Übungen, wenn Sie sich in einer ausweglosen Situation oder in einem Teufelskreis gefangen fühlen oder wenn das Problem gerade deutlich spürbar schmerzt. Die Übungen sind besonders gut für Menschen geeignet, die sich zu viele Sorgen machen, zu viel und zu angestrengt nachdenken und alles Mögliche unternehmen, um ihr Leben im Griff zu behalten.

- EINEN SPAZIERGANG MACHEN: Wenn Sie in endlosen Streitereien mit Ihrem Partner, Kind, Chef oder wem auch immer verstrickt sind oder wenn Sie sich einfach verrückt machen mit fruchtlosen oder zwanghaften Bemühungen zur Problemlösung, kann Ihnen ein kurzer Spaziergang helfen. Verschwenden Sie keine Zeit, in die »passende« Sportkleidung zu schlüpfen oder zum schönsten Wanderweg in der ganzen Gegend zu fahren. Es genügt, wenn Sie zehn oder zwanzig Minuten um die nächstliegenden Häuserblocks herum gehen, nur um sich einmal eine Pause zu gönnen. Konzentrieren Sie sich auf die Bewegung Ihres Körpers – die Bewegungen Ihrer Arme, Beine oder Ihres Atems. Spüren Sie bewußt, wie Ihre Füße den Boden berühren, nehmen Sie die unmittelbare Umgebung aufmerksam wahr, und entspannen Sie Ihre Augen und Ihre Stirnpartie im unverkrampften Fernblick.
- DIE SPORTLICHE LIEBLINGSBETÄTIGUNG AUSÜBEN: Überlegen Sie sich, zu welchem Zeitpunkt im Ver-

laufe des Tages Sie wahrscheinlich gestreßt sein oder das Problem am schmerzhaftesten empfinden werden. Beginnen Sie eine halbe Stunde vor diesem Zeitpunkt mit Ihrer liebsten sportlichen Betätigung. Fordern Sie sich dabei mehr als gewöhnlich. Sie können gehen, schwimmen, joggen, Aerobic machen oder sich mit Freunden zu einem Ballspiel treffen. Dies ist eine aktive, präventiv wirkende Methode, sich dem Problem indirekt zu stellen. Dazu eine persönliche Erfahrung: Meine zwischenmenschlichen Probleme flammten immer dann auf, wenn ich von der Arbeit nach Hause kam, besonders Freitag abends nach einer anstrengenden Arbeitswoche. Bei der Arbeit verbringe ich die meiste Zeit damit, anderen Menschen aufmerksam zuzuhören. Wenn ich dann nach Hause kam, hatte ich wenig Lust, hier das gleiche noch einmal zu tun. Meine Frau, die den ganzen Tag mit Kleinkindern zubrachte, freute sich darauf, am Abend mit einem Erwachsenen sprechen zu können, oder sie brauchte mich, um ein anstehendes Problem zu besprechen. Der Zustand unserer Ehe verschlechterte sich rasch. Auf dem Heimweg von der Arbeit, im Stoßverkehr im Auto sitzend, baute sich die Spannung jedesmal in mir auf. Erst als ich mich entschlossen hatte, die Mittagspause durchzuarbeiten und dafür eine halbe Stunde früher Schluß zu machen, verschaffte ich mir die nötige Pufferzeit zwischen Arbeit und Zuhause mit einer Aktivität, die weder mit Zuhören noch überhaupt mit zwischenmenschlichem Kontakt zu tun hatte. Ich schwimme jetzt nach der Arbeit 50 Längen und komme dadurch ausgeglichener und entspannter nach Hause. Ihnen liegen vielleicht andere Aktivitäten besser, egal ob auf körperlichem, geistigem, sozialem oder irgendeinem anderen Gebiet. Es kommt nur darauf an, daß sich die Aktivität in Inhalt und Form von dem unterscheidet, was Sie an Ihrem Arbeitsplatz machen. Es handelt sich also nicht um einen direkten Versuch, das Problem zu diskutieren oder zu lösen.

- ENERGIEZUFUHR: Wenn Sie nicht gerade der körperliche Typ sind, können Sie die vorstehende Übung durch eine andere energie- und freudespendende Aktivität ersetzen, die mit Ihrem Problem nicht unmittelbar zu tun hat. Die Idee dahinter ist, daß die meisten Sorgen nachlassen, wenn das Streßniveau verlagert oder reduziert wird. Streß ist in den meisten Fällen ein Signal dafür, daß eine Änderung oder eine neue Situation nötig ist. Was mich betrifft, so ist der Streß oft als Aufruf zu verstehen, besser auf mich achtzugeben. Das Gefühl, sich selbst nicht zu vernachlässigen, läßt sich sehr einfach erzeugen, indem Sie Ihrem Körper eine wohltuende Empfindung verschaffen. Für mich läuft das besonders gut über den Kontakt mit Wasser. Wenn ich eine lange Dusche nehme, neben einem fließenden Gewässer sitze oder am Meer entlang gehe, erfahre ich sogleich andere Ströme in meinem Körper. Sie können das gleiche vielleicht durch eine Massage, Selbstbefriedigung, schicke Kleidung oder Musikhören erreichen. Alle diese Aktivitäten, besonders wenn Sie sie regelmäßig ausführen, mindern Ängste und Anspannungen, und sie unterstützen den natürlichen Änderungsprozeß.

- »ABHEBEN«, Meditation oder Selbsthypnose: Meditative und tranceähnliche Zustände stellen sich beinahe jeden Tag auf ganz natürliche Art und Weise ein. Wenn wir während eines langweiligen Vortrags, bei einer Routinearbeit oder auf der schnurgeraden Autobahn tagträumen, befinden wir uns eigentlich in einer Art Trance. Tiefe Trancezustände können sich während eines Films, beim Liebesakt oder beim Musikhören einstellen. Wie Professor Herbert Benson in seinen an der *Harvard University Medical School* durchgeführten Studien zeigt, können derartige Zustände unter geistig vielfältigen Bedingungen von Nutzen sein, von einfachen Streßbelastungen bis zu ernsthaften Herzbeschwerden oder Krebs.

Die Anwendbarkeit der oben angeführten Übungen ist nicht auf zwischenmenschliche oder streßbezogene Probleme beschränkt. Sie können auch bei anderen Zuständen nützlich sein. Wenn Sie sich beispielsweise in einem unstabilen emotionalen Zustand befinden, in dem es Ihnen schwerfällt, sich auf eine Sache zu konzentrieren, kann Ihnen Meditation dabei helfen, das innere Gleichgewicht zu finden. Körperliche Übungen können dazu beitragen, einen depressiven Gemütszustand zu erleichtern.

## Lernen durch erhöhte Aufmerksamkeit

Die Art und Weise, wie sich Menschen konzentrieren, bestimmt den Gebrauch ihrer psychischen Energie und die Identität, die sie sich zulegen – also welche Person zu sein sie lernen. Wer seine ganze Aufmerksamkeit auf eine bestimmte Sache richtet, etwa auf die Arbeit, ein Spiel, eine Beziehung, der beansprucht dafür seine sämtlichen Ressourcen an Intelligenz, an Gefühlen und moralischen Empfindungen. In solchen Augenblicken fühlt man sich bestimmt nicht isoliert oder einsam, da man vollkommen in dem aufgeht, was man tut. Wenn ich zum Beispiel meine Kinder zum Spielplatz bringe, brauche ich zur perfekten Erfüllung meiner väterlichen Pflichten nichts weiter zu tun, als den Kindern meine Aufmerksamkeit zuzuwenden, wach und konzentriert ihnen gegenüber zu bleiben. Ablenkungen verschlimmern sich, sobald ich anfange, meine mangelhafte Konzentration zu interpretieren, zu beurteilen und mit Bedeutungen zu unterlegen. Im Gegensatz zu psychodynamischen Auffassungen spielt es nämlich keine Rolle, warum und wie jemand seine Konzentration verliert. Ich muß mich lediglich auf das relevante Gebiet konzentrieren. In meinem Fall muß ich mich nur wieder auf meine Kinder konzentrieren.

Wenn es mir gelingt, weiß ich, daß ich »im Gleichgewicht« bin. Wenn ich scheitere, weiß ich, daß ich noch lerne. Wenn ich mich nicht auf sie konzentriere, höre ich auf, Freude an meinen Kinder zu haben, meine Vaterrolle zu schätzen und – am schlimmsten von allem – überhaupt über irgend etwas Freude zu empfinden. Sie müssen sich dann immer wieder auf den betreffenden Gegenstand konzentrieren, so lange wie nötig, bis Sie die Fähigkeit entwickelt haben, sich daran zu erfreuen.

Jeder hat ein reiches Arsenal an Fähigkeiten, die dazu verwendet werden können, Störungen, Ablenkungen und Selbstzweifel zu ignorieren und durchzustehen. Wer sich bei dem, was er tut, kompetent fühlt, der wird immer weniger Energie darauf verwenden, sich mit seiner Konzentration und deren Ausfällen herumzuschlagen. Mit zunehmendem Geschick gehen Sie freudvoller an die Dinge heran. Sie können sich besser verwirklichen. Je mehr Sie die Aktivität genießen, desto weniger werden Sie unter Konzentrationsverlust leiden. Sie fühlen sich in Ihren Fähigkeiten, Projekten und Beziehungen präsent und besser verankert.

Introvertierte, psychologisch bewußte und empfindliche Menschen müssen möglicherweise ihre Aufmerksamkeit umlenken. Anstatt sich darauf zu konzentrieren, wie Sie sich selbst fühlen, müssen Sie Ihre Fähigkeit entwickeln, Ihre inneren Wände zu überwinden. In dem Moment, in dem es Ihnen gelingt, sich auf eine Vorlesung, ein Buch, Ihre Arbeit, die gerade vor Ihnen stehende Person etc. in einem Ausmaß zu konzentrieren, daß Sie sich selber vergessen, fangen Sie an zu genießen. Sie genießen deshalb, weil Sie gerade dabei sind, Ihrem Repertoire etwas Neues hinzuzufügen. Wenn Sie auf sich selbst beschränkt sind und sich darauf konzentrieren, wie Sie sich fühlen, fügen Sie Ihrem Leben nichts hinzu. Sie bewegen sich in einem geschlossenen Kreis.

Sich darauf zu konzentrieren, was mit Ihnen in zehn Jahren sein wird, ist nicht relevant. Es spielt keine Rolle, ob Sie morgen eine Diät beginnen oder in zehn Jahren ein erfolgreicher Geschäftsmann sein werden. Wenn Sie Ihren vagen Plan nicht jetzt sofort mit Handlungen untermauern, verlieren Sie womöglich genau das, was Sie sich für die Zukunft wünschen. Es genügen schon ganz kleine Schritte – so viel zur Zeit eben möglich ist.

Dieses Kapitel sollte Sie anspornen:

- Ihre Fähigkeit zur sofortigen Problemlösung zu steigern;
- alle Probleme, die Sie nicht durch »verstärkte Anstrengungen« lösen können, zumindest eine Woche lang als nicht existent zu betrachten;
- sich auf Ihre gegenwärtige Aufgabe zu konzentrieren. Ihre Gegenwart dürfen Sie weder unterdrücken noch verdrängen. Konzentrieren Sie sich auf die unmittelbare Zukunft.

Die nächsten paar Tage sind Teil Ihrer Gegenwart. Behandeln Sie sie so, als wären Sie Ihr gesamtes Guthaben. Verschwenden Sie nicht zuviel Zeit damit, Ihre Fehler und Mißerfolge zu beklagen, auch nicht die Ihnen schwerwiegend scheinen! Bewegen Sie sich so voran wie beim Fahren: Wieviel Sicht nach vorn brauchen Sie, um gut und sicher unterwegs zu sein? Was früher einmal auf dieser Straße passiert ist, spielt keine Rolle. Was sich etliche Kilometer weiter vorne oder einige Stunden später ereignet, hat auf Ihre augenblickliche Fahrt keinen Einfluß. Sie müssen höchstens auf das

Auto unmittelbar hinter Ihrem eigenen achten, und insbesondere auf die Straße vor sich – also auf die unmittelbare Zukunft.

Sein Selbst beständig zusammenzubauen und wieder auseinanderzunehmen und die Pfade zu seinen potentiellen Möglichkeiten zu entdecken ist ein sehr spannendes Abenteuer. Mehr kann man eigentlich gar nicht leisten. Das scheint nicht viel zu sein – und dennoch: Es ist eine ganze Menge! Sie können das Unternehmen auf eigene Faust fortsetzen, aber auch mit Freunden oder Partnern. Wenn die Dinge einmal schieflaufen, empfehle ich Ihnen, sich als nächsten Schritt eine Kurztherapie zu überlegen.

# Kapitel 5

# Das Beste aus der ersten
# – oder einzigen –
# Sitzung herausholen

Ruth ist Ende Fünfzig und beträchtlich übergewichtig. Sie litt unter einem ihrer Ansicht nach unkontrollierbaren Verlangen nach Schokolade, Keksen und Kuchen. Sie hatte zahllose Diäten versucht, denen aber nur beschränkter und kurzlebiger Erfolg beschieden war. Sie kam mit ihrem Mann, einem angesehenen Professor, in mein Büro. Ich ersuchte ihn, draußen zu warten, und bat sie allein in mein Besprechungszimmer. Sie erzählte mir die Geschichte ihrer in dreißig Jahren immer wieder gescheiterten Versuche, abzunehmen. Ich sagte: »Sie kämpfen mit diesem Problem schon so lange. Warum kommen Sie ausgerechnet jetzt zu mir?«

»Ich habe in einer Zeitschrift einen Artikel über Ihre Arbeit mit Kurztherapien gelesen und entschloß mich, meine Gewichtsprobleme jetzt zu regeln, ohne die abschreckenden Tabellen, die geschmacklosen Diäten und diese stets aufs neue hochkommenden Versagensgefühle. Dabei komm' ich mir ja wirklich langsam ganz schön dumm und hilflos vor.«

»Erwarten Sie sich in einer einzigen Sitzung so etwas wie Zauberei?

Sie lachte und sagte: »Wer erwartet das nicht? Ich weiß aber auch, daß es ein Morgen geben wird und ich vor all diesen Kuchen und Schokoladen stehen werde und mir nichts anderes übrig bleibt, als anders zu reagieren, als ich dies normalerweise tue.«

»Wie würde es sich bemerkbar machen, wenn sich tatsächlich ein Wunder ereignete und Sie ab morgen plötzlich zufrieden mit Ihrem Gewicht wären?« fragte ich.

»Ich wäre imstande, Süßigkeiten gleichgültig gegenüberzustehen. Und wenn das nicht funktionierte, dann wäre ich fähig, zum Strand zu gehen und mich keinen Pfifferling darum zu scheren, was andere Leute über meinen Körper denken, wenn ich im Badeanzug erscheine.« Sie stellte das Entweder/oder-Dilemma in den Rahmen einer Sowohl/Als-auch-Lösung.

Die restliche Sitzung legte ich den Schwerpunkt auf all die Diätversuche, die sie in ihrem Leben schon hinter sich gebracht hatte. Am ermutigendsten war ihr Vermögen, sich sexy und von ihrem Ehegatten geliebt zu fühlen, und dazu seine Beteuerungen, er liebe sie so, wie sie ist. Roberta Russell hat es in ihrem persönlichen Bericht *R. D. Laing an Me: Lessons in Love* treffend festgestellt: »Es liegt nicht am Mangel an Wissen, was zu tun wäre, was den kundigen, aber erfolglosen Diätkonsumenten davon abhält, an einer geeigneten Eß- und Übungsroutine festzuhalten … Die am besten greifbare Hilfsquelle im Versuch, die eigenen Vorsätze in die Tat umzusetzen, muß in Form einer mitfühlenden, intensiv erlebten Beziehung zu einem anderen Menschen gegeben sein.« (Bei Kurztherapien ist es von großer Bedeutung, einen Co-Therapeuten – oft einen geliebten Partner – auszumachen, der Ihnen hilft, Ihren Weg zu klaren Lösungen zu finden, ohne daß sich daraus unangemessene Abhängigkeiten ergeben.) Ich entschied mich für den Einsatz einer Hypnose, um damit ein »Hokus-Pokus-Ritual« zu veranstalten, mit dem ich eine Brücke zwischen den vorhandenen Ressourcen ihrer glücklichen Beziehung zu ihrem Mann und ihrer Vorstellung schlagen konnte, zwischen sich und den Süßigkeiten eine Trennwand zu errichten. Ich suggerierte ihr, daß sie jetzt deshalb zu mir gekommen war, weil sie bereit war, Gewicht zu verlieren und so lange nicht mehr zuzunehmen, wie sie das wünschte.

Als ich sie aus der Trance aufweckte, bat ich ihren Gatten zu uns herein. Es war offensichtlich, daß er helfend eingreifen würde und ein potentieller Co-Therapeut war. Ich betonte jetzt noch einmal, wie perfekt der Zeitpunkt seines Besuches bei mir ausgewählt war, weil Ruth nun offenbar bereit sei, neue und effektive Maßnahmen gegen ihr Gewichtsproblem zu ergreifen. Ich sagte ihnen, wie sehr beeindruckt ich von der Liebe und der Solidarität sei, die zwischen ihnen beiden weilte. Dann schlug ich vor, daß er so lange auf Kuchen und Schokolade im Haus verzichten solle, bis er sicher sein könne, daß diese Dinge keinen Einfluß mehr auf die Diät seiner Frau nehmen konnten. Und wenn sie zusammen ausgingen, sollten sie »gemeinsam etwas anderes Süßes unternehmen«. In der Zwischenzeit solle sie sich aus unserer Sitzung das holen, was ihr passend und durchführbar erscheine, und den Rest vergessen. Bis sie in der Lage war, Süßigkeiten gegenüber eine andere Haltung einzunehmen, sollte sie im Badeanzug mit ihren Enkeln an den Strand gehen. Am Strand komme es darauf an, erklärte ich ihr, sich auf das Spielen mit den Enkelkindern zu konzentrieren und ganz einfach deren Anwesenheit zu genießen. Vor dem Ende der Sitzung fragte ich Ruth, wie lange es wohl dauern würde, so viel Gewicht zu verlieren, daß sie sich mit Selbstbewußtsein als fit bezeichnen könne. Sie erwiderte, dies würde an die sechs Wochen dauern. Wir vereinbarten ein Telefongespräch in zwei Monaten, »nur für den Fall, daß Sie zwei Wochen länger benötigen, Ihr Ziel zu erreichen.«

In der telefonischen Nachbesprechung sagte Ruth, sie sei »sehr zufrieden. Ich habe 20 Pfund abgenommen. Und was noch besser ist: Schokolade und Süßigkeiten lassen mich vollkommen kalt, so als ob sich zwischen mir und einem Tisch voller Leckerbissen eine unsichtbare Glaswand befände. Es ist wirklich ganz erstaunlich, zumal ich nicht einmal mit dem Verlangen nach Süßem kämpfe. Gestern war ich zu einer großen Party mit allen nur erdenklichen Köstlichkeiten eingeladen. Ich habe keine einzige Süßigkeit gegessen, und es ist mir ganz leichtgefallen. Ich habe die ganzen zwei Monate lang gut gegessen und mich ohne irgendwelche besonderen Programme ausgeglichen ernährt.«

»Das klingt ja wie ein Wunder. Kaum zu glauben. Was hat sich denn eigentlich geändert seit unserer Sitzung?« fragte ich.

»Es *war* ein Wunder«, erwiderte Ruth. »Schon eine Stunde nach der Sitzung konnte ich der Versuchung widerstehen, und das hat sich seither nicht geändert. Wir waren in Restaurants und Läden, die mit Süßigkeiten und Kuchen überladen waren. Ich hatte bei mir zu Hause Gäste, denen ich leckere Köstlichkeiten servierte. Es ist wirklich erstaunlich. Ich muß mich nicht einmal sonderlich bemühen. Ich genieße es sogar zu verzichten.«

»Hat irgend jemand anderer einen Unterschied bemerkt?«

»Mein Mann und meine Söhne sind noch immer überrascht von meiner radikalen und plötzlichen Veränderung. Sie erklären mir immer wieder, wie beeindruckt sie davon sind.«

»Und wodurch wurde all das möglich?«

»Ich glaube, es war der Zeitpunkt. Wäre ich eine Woche früher oder eine Woche später zu Ihnen gekommen, hätte es vielleicht nicht so gut funktioniert. Das Timing war einfach perfekt. Ich kann es nicht erklären. Der Zeitpunkt war einfach ideal. Ich war bereit, und Sie waren der richtige Therapeut zum richtigen Zeitpunkt.«

Ruths Story ist nicht deshalb so wichtig, weil die Kurztherapie als der letzte Schrei bei Abmagerungskuren vorgestellt werden soll; es geht vielmehr darum aufzuzeigen, daß auch ein sehr ernsthaftes oder schwieriges Problem, das niemals psychotherapeutisch behandelt worden war, in sehr kurzer, optimal genützter Sitzungszeit gelöst werden kann, wenn der Patient bereit ist, *jetzt* eine Änderung herbeizuführen. Wie erkennen Sie beispielsweise, wann der richtige Zeitpunkt für Sie gekommen ist? Sie können Ihre Bereitschaft prüfen, das heißt, erspüren, ob Sie sich in dem ganz besonderen Zustand befinden, in dem Sie innerlich darauf vorbereitet und willens sind, die erforderlichen Schritte in Richtung einer zufriedenstellenden Lösung zu unternehmen.

Nehmen Sie ein spezifisches Problem, unter dem Sie leiden, und stellen Sie sich die folgenden Fragen; für die Antworten benutzen Sie eine Skala von 0 bis 100 Punkten:

- Wie wichtig ist es Ihnen, das Problem jetzt zu lösen?
- Wie motiviert sind Sie?
- Wie aktiv und engagiert sind Sie in bezug auf die Lösung des spezifischen Problems?
- Wie dringlich oder schmerzhaft ist das Problem für Sie?

Sie können Ihre Bereitschaft auch testen, indem Sie auf auffällige spontane Veränderungen und Aktivitäten achten, die sich ergaben, seit Sie das Problem erkannt oder seit Sie zum ersten Mal Hilfe gesucht haben. Durch Hoffnung, Glaube oder Erwartungen erleichterte Verbesserungen sind Anzeichen für die innere Bereitschaft zur korrektiven Erfahrung.

## Das Beste aus der ersten (und oft einzigen) Sitzung herausholen

Die beste Form der Therapie ist, wenn sie möglichst wenig einschränkt und möglichst wenig eingreift. In nur einer einzigen Therapiesitzung als kürzestmögliche Form der Therapie bestehen natürlich gute Voraussetzungen, nur wenig einzuschränken und nur sachte einzugreifen. Sämtlichen Therapien, welcher Länge und welchen Typs auch immer, sollte ein Hauptziel gemeinsam sein: Ihnen zu helfen, damit Sie sich selbst helfen können! Mit anderen Worten, die Therapie sollte Ihnen dazu verhelfen, sobald wie möglich von Ihrem Therapeuten unabhängig zu werden. Sie muß Ihnen die Überzeugung zurückgeben, daß Sie Ihr Leben selbst voll verantwortlich in die Hand nehmen können. Gleichzeitig müssen Sie die Gewißheit haben, daß Sie bei Bedarf jederzeit auf Ihren Therapeuten zurückgreifen können.

Die therapeutische Allianz funktioniert am besten, wenn Sie sich darauf verlassen können, daß der Therapeut so lang wie nötig für Sie da ist, während Sie gleichzeitig daran arbeiten, ihn so bald wie möglich überflüssig zu machen. Langzeittherapeuten hängen oft der Überzeugung an, daß der Patient zuerst eine Abhängigkeit oder starke Bindung entwickeln müsse (die sogenannten »Übertragungen«), bevor er/sie sich später trennen und auf gesunde Art und Weise unabhängig werden kann. Demgegenüber lautet die Frage des Kurzzeittherapeuten: »Auf welche Art und Weise kann ich dem Patienten heute am besten und effizientesten helfen, so daß er/sie morgen ins normale Leben zurückkehren kann?« Für den Langzeittherapeuten sind die »Übertragungsgefühle« das wichtigste Instrument in der Arbeit mit Ihnen. Mit ihrer Hilfe erhofft er sich »Erkenntnisse« über Ihre »tieferliegenden« Probleme bezüglich Ihres Verhältnisses zu einer Elternfigur. Der Kurztherapeut ist ein unmittelbarer, aktuell präsenter Katalysator der Ihnen innewohnenden Fähigkeiten.

Was passiert bei der Kurztherapie? Wie kann ein bloß einmaliges Gespräch mit jemandem nützlich sein?

Die Kurztherapie ist weder auf Zauberei noch auf Tricks aufgebaut. Es handelt sich auch um keine Instantlösung für alle Fälle. Ihr heilendes Potential bezieht sie aus ihrer Einfachheit, guten Anwendbarkeit und unmittelbaren Nützlichkeit.

Sie basiert auf der Überzeugung, daß man den meisten Leuten nur den Schalter zeigen muß, damit sie das Licht dann selbst einschalten können. Wenn man ihnen nur einmal an einer Weggabelung die Richtung weist, sind die meisten Menschen in der Lage, die Reise allein fortzusetzen.

Einigen Therapeuten fällt es vielleicht schwer zu erkennen, wann es genug ist, also Zeit ist aufzuhören. Es bleibt den Patienten überlassen, diese Entscheidung zu treffen und die Therapie zu beenden, um ihr Leben ohne unangemessene Kosten und Abhängigkeiten weiterzuleben. Die Kurztherapie akzeptiert die Tatsache, daß niemand vollkommen oder gänzlich immun gegen Unglücksfälle und schmerzliche Erfahrungen ist. Jeder weiß, daß all dies zu einem menschlichen Leben gehört. Und die meisten Menschen sehen auch ein, daß Ihnen noch so viel Geld und noch so lange Therapien kein schmerzfreies und immerzu glückliches Leben garantieren können. Es genügt zu wissen, daß eine einfache und kostengünstige Möglichkeit besteht, Hilfe bei persönlichen Problemen zu erhalten. Und es ist auch wichtig, sich untergründig das Bewußtsein zu erhalten, daß man den Therapeuten bei Bedarf jederzeit wieder beanspruchen kann.

# Die »Chemie« bei der ersten Begegnung

In Ihrer ersten (und vielleicht einzigen) therapeutischen Begegnung kann sehr viel erreicht werden. Das frische Unternehmen zweier Menschen, die einander zuvor niemals begegnet sind und dasselbe Ziel vor Augen haben, schafft ein großes therapeutisches Potential, das über sämtliche Theorien, Techniken oder logische Erklärungen hinausgeht. Das erste Treffen hat etwas Besonderes an sich, das sich nur einmal ereignet und unwiederholbar ist. Bei der ersten Begegnung zweier Seelen, zweier Persönlichkeiten, kann sich etwas tatsächlich magisch Anmutendes ereignen. Wie C. G. Jung in seinem Buch *Memories, Dreams, Reflections** ausführt, ist »die Begegnung zweier Menschen (ist) wie die Berührung zweier chemischer Substanzen: wenn eine Reaktion stattfindet, werden beide verändert.«

Die Konsultation eines Therapeuten spielt sich selten so ab wie die anderer Fachleute. Sie sind nicht gekommen, weil Ihr Auto sich morgens nicht starten ließ oder weil es wieder einmal Zeit für die Steuererklärung ist. Die erste psychotherapeutische Sitzung ist in den seltensten Fällen die Reaktion auf ein ganz neues Problem, das erst seit ein paar Tagen vorliegt. Zweifellos mußten Sie mit dem Problem eine Weile lang fertig werden und haben wahrscheinlich bereits dies und jenes versucht, es zu lösen. Die Psychotherapie ist eine letzte Zuflucht. (So beträgt beispielsweise die durchschnittliche Zeit zwischen den ersten Symptomen von Panikanfällen und der Inanspruchnahme psychologischer Hilfe 12 Jahre, wie Nikki Meredith in ihrem Artikel »Testing the Talking Cure« ausgeführt hat). Von höchster Bedeutung ist das einfache Faktum,

---

* Das Buch heißt auf deutsch: *Erinnerungen, Träume, Gedanken,* von C. G. Jung, herausgegeben von Aniela Jaffe, Zürich.

daß es in der Therapie schließlich um niemand anderen als um Sie geht! Und trotz Ihrer Unzulänglichkeiten und Einseitigkeiten gibt es niemanden, der über Sie und Ihr Problem besser Bescheid weiß als Sie. Was Sie in die erste Sitzung mitbringen, ist einzigartig, speziell und essentiell. Der lange Weg, den Sie bis zur ersten Sitzung zurückgelegt haben, war bereits von der Weisheit und Kraft Ihres seelischen Immunsystems bestimmt.

## Der innere Gesundheitstrieb

In unserer (in der Einleitung zu diesem Buch diskutierten) Studie haben wir herausgefunden, daß das seelische Immunsystem und die Kapazitäten, Probleme zu lösen, vor der ersten Sitzung ein besonders hohes Aktivitätsniveau erreichen. Viele meiner Kurztherapie-Patienten kommen in die erste Sitzung mit einem spontanen, inneren Wissen über mögliche Vorgehensweisen. Sie berichten, daß sie schon vor der ersten Sitzung Antworten gefunden und Verbesserungen festgestellt haben, nachdem sie das Problem einmal erkannt und die Notwendigkeit professioneller Hilfe eingesehen hatten. Der Therapeut muß dann nur mehr sich und seine Erfahrung einsetzen, um das innere Wissen des Patienten zu bestätigen, und ihn/sie dabei unterstützen, dieses vom potentiellen in den aktuellen Zustand zu bringen, vom Werden zum Sein, vom Gedanken zur Handlung. Als Patient dürfen Sie nicht vergessen, daß es ein langer Weg bis zur ersten Sitzung war, und daß der Weg auch nach der letzten Sitzung noch ein langer sein wird, für welche Straße Sie sich auch entscheiden mögen.

Üblicherweise will ein Therapeut in der ersten Sitzung nichts weiter als »Input«: Informationen über Sie sammeln. Sie als

Patient sollten aus eigenem Interesse in der ersten Sitzung besonders darauf achten, für Ihren Anteil an der Sitzung aktiv die Verantwortung zu übernehmen. Ihr Urteil über den Therapeuten sparen Sie sich am besten für später auf. Es geht einzig darum, wie gut *Sie* aus der Sitzung herauskommen, und nicht um eine Bewertung der Therapeutenleistung. Sie wollen *hier* und *jetzt* das Beste aus Ihrer ersten Sitzung herausholen. In diesem Kapitel möchte ich Ihnen zeigen, wie Sie den Therapeuten im Sinne einer möglichst wirksamen Kurztherapie am besten mit nützlichen und praktisch verwertbaren Informationen versorgen, und ich werde Ihnen Anhaltspunkte geben, wie Sie eine Sitzung lösungsorientiert lenken können.

Der Erfolg Ihrer ersten Sitzung ist von drei Elementen abhängig:

- Wie offen und ehrlich zu sich selbst Sie in Ihrer ersten Sitzung sind.

- Inwiefern es Ihnen gelingt, in der ersten Sitzung Ihr Anliegen möglichst klar und konzentriert vorzubringen und auch dabei zu bleiben, damit sich die Therapie nicht rasch zu einer nichtssagenden und diffusen Konversation für alles mögliche entwickelt. Einen klaren Schwerpunkt zu setzen erweist sich oft als nützliches Gegengewicht zu überwältigenden, vielleicht allzu mitreißenden Gefühlen.

- Ihre Fähigkeit zur Befreiung Ihres verborgenen Therapeuten (in der Regel vor oder unmittelbar nach der ersten Sitzung), das heißt, Ihren Eigenantrieb zu seelischer und körperlicher Gesundheit zu gelangen. (Dies wird ausführlich in Kapitel 4 diskutiert.)

Die Aufgabe des Therapeuten ist es, weise, kompetent und vertrauenswürdig zu sein. Der Therapeut bzw. die Therapeutin erreicht dies insbesondere durch:

- Zuhören, Verstehen und Eingehen auf Sie;
- Erkennen und Verstärken nützlicher Veränderungen und bestehender Stärken;
- effizientes und wirksames Entfernen der Hindernisse, die derzeit Ihr Wachstum in die von Ihnen gewählte Richtung hemmen.

Um die Praxis der Kurztherapie zu veranschaulichen, möchte ich Ihnen die Geschichte Jays erzählen, der zu mir kam und unser Gespräch mit der einführenden Feststellung »Ich bin ein kompletter Versager« begann. Was läßt sich in einer einzigen Sitzung mit einem derart katastrophalen Gefühlsbefund anfangen? Nicht viel, möchte man meinen. Doch kleine Veränderungen können lange nachwirken, und ein kleiner Erfolg kann größere nach sich ziehen. Des weiteren besteht die Kunst der Kurztherapie unter anderem darin, zwischen den lösbaren und den unlösbaren Problemen zu unterscheiden. Es ist jedenfalls nützlich, seine Bemühungen auf das Bewältigbare zu konzentrieren, auf Änderungen, zu denen man in seiner augenblicklichen Situation bereit ist.

Jay, 30, war ledig und arbeitete als unabhängiger Handelsvertreter für Fleischprodukte. »Ich bin ein Niemand; alle meine Kunden und jede Frau, mit der ich mich treffen möchte, durchschauen mich sofort in meiner ganzen Unsicherheit.« Es folgte eine lange Liste von Niederlagen in seinem sozialen und persönlichen Leben.

»Jemand zu sein, der etwas erreicht hat in seinem Leben, wie würde sich so etwas von Ihrer eigenen Lebenssituation unterscheiden?« fragte ich ihn.

»Ich wäre verheiratet und hätte Kinder«, erwiderte er ohne zu zögern.

Durch weiteres Nachfragen fand ich heraus, daß Jay unter

den Händen eines gewalttätigen Vaters und einer psychotischen Mutter aufgewachsen war, die aufgrund ihres schwächlich ausgeprägten Realitätsbezugs kaum in der Lage war, sich um Jay ausreichend zu kümmern. In seinem Elternhaus erlebte er nie den Ausdruck von Liebe. Er bekam nie das Gefühl, für irgend etwas geschätzt zu werden. Er stieg aus der High School aus und versuchte vergeblich, sich einen Freundeskreis zu schaffen. Von den Frauen, mit denen er gern ausgegangen wäre, wurde er ständig zurückgewiesen. Er hielt sich für einen Totalversager hinsichtlich zwischenmenschlicher und sozialer Fähigkeiten und war bis auf die Knochen demoralisiert. Ich stellte ihm einige Fragen über seine Vergangenheit, um einen Faden der Selbstachtung oder der Hoffnung zu entdecken:

»Was haben Sie Ihrer Ansicht nach erreicht, das Ihren Eltern versagt geblieben ist?«

Er verwies darauf, daß er immer einen Job gehabt habe und sich schließlich sogar eine kleine Eigentumswohnung leisten konnte, was sein Vater nie geschafft hatte. Er beschrieb seinen Kampf, nicht den Bezug zur Realität zu verlieren und nicht gewalttätig zu werden. Seinem Gefühl nach hatte er das so eben gerade geschafft. Oft habe er Lust, die enorme Spannung und Frustration mit derselben Gewalt, die er in seiner Kindheit erleben mußte, aus sich herauszulassen. Um andere Verhaltens- und Lebensbewältigungsmodelle zu lernen, hatte er Selbsterfahrungsseminare besucht, ohne allerdings in der Lage zu sein, das dort Gelernte in der Realität des eigenen Alltagslebens umzusetzen. Ein traditioneller Therapeut würde sich in so einem Fall nun auf alles das konzentrieren, was im Leben des Patienten schiefgelaufen ist, und ihm sodann erklären, wie sich diese Niederlagen auf sein gegenwärtiges Leben auswirken. Ich entschloß mich indessen, nach einer realisierbaren, aktuellen Lösung für die tiefgreifende Hoffnungslosigkeit und für seinen eklatanten Mangel an Selbstbewußtsein zu suchen.

## Einem Problem eine Lösung anpassen

Es kam mir darauf an, daß Jay wenigstens in kleinem Ausmaß das Gefühl bekam, Erfolg zu haben und etwas leisten zu können. Er arbeitete hart und verantwortungsvoll in seinem Job, und ich hatte den Eindruck, daß seine Arbeit ihm einen Kontext bot, in dem er sich kompetent fühlen konnte. Ich wollte, daß er sich seinem Problem mit sozialen Kontakten in einem Umfeld stellte, das durch Erfolgserlebnisse abgestützt war.

Ich habe von dem kreativen Therapeuten Bradford Keeney (in seinem Buch *Improvisational Therapy*) gelernt, daß eine Therapie, anstatt den Leuten zu helfen, die richtige Lösung für ihre Probleme zu finden, auch das Umgekehrte bewirken kann*: Eine Lösung, die sich auf einem Gebiet als erfolgreich erwiesen hat, einem Problem in einem ganz anderen Bereich anzupassen. In Anlehnung an Keeney sagte ich zu Jay: »Sie haben das Problem eindeutig beschrieben. Sie haben auch die Serie von Niederlagen bei Ihren Versuchen, eine Lösung zu finden, klar dargestellt. Auf diese Niederlagenserie habe ich es abgesehen. Mit jedem Scheitern erzeugen Sie eine Situation, in der Sie weniger Glauben an sich und geringeres Selbstvertrauen im Hinblick auf wirksame Lösungen haben. Infolge dieses Verlustes an Selbstvertrauen – ob er Ihnen nun bewußt ist oder nicht – wird der kreative Teil in Ihnen immer

---

* Keeneys Buch gibt es mittlerweile auch in deutscher Sprache, allerdings mit englischem Haupttitel: *Improvisational Therapy: Ein Leitfaden zur Entwicklung kreativer klinischer Strategien*. 1995 Paderborn, Junfermann.

unwilliger, es wieder zu versuchen. Die Lösung für Ihre Probleme kann eindeutig von *Ihnen* kommen. Was wir *jetzt* tun müssen, ist, Ihrem kreativen Teil größeres Vertrauen in seine Fähigkeit einzuimpfen, die geeignete Lösung zu finden.

Und es gibt einen Weg! Jeder bisher unternommene Lösungsversuch ist im Grund ein Hinweis auf Ihre Stärken, die sich sammeln und für passende, kreative Lösungen für andere Probleme nutzbar machen lassen. Sie müssen herausfinden, für welche Probleme frühere Lösungsversuche geeignet wären, die Sie auf den unterschiedlichsten Gebieten anzuwenden versucht haben. Wenn Sie mit diesen Lösungen andere Probleme lösen können, wird Ihr kreativer Geist frisches Selbstbewußtsein tanken. Damit haben Sie die halbe Schlacht schon gewonnen. Jede Lösung muß sich das Problem suchen, das zu ihr paßt. Danach können Sie sich der nächsten Lösung zuwenden.«

Jay und ich wählten nach kurzer Diskussion in dieser einen Sitzung und in einigen Nachbesprechungstelefonaten zwei seiner bewährten Lösungsmodelle aus, um seine Schwierigkeiten mit Frauen zu lösen: Erstens in einer Lokalzeitung annoncieren und zweitens vollkommen Fremde überreden, mit ihm auszugehen. Diese Lösungsversuche wandten wir auf ein anderes Problem an, das er mit der Erweiterung seines Kundenstocks auf neue Läden und andere Abnehmer hatte. Er erlebte sich selbst als weniger verbissen und zugeknöpft, wenn er diesen Kunden begegnete, als wären sie potentielle Freunde. In einer telefonischen Nachbesprechung berichtete er mir, er habe sein Geschäftsvolumen um über 50 Prozent steigern können. Außerdem hatte ihn eine Frau, die ihm gefiel, angesprochen, und sie hatten nun seit vier Monaten eine Beziehung. »Sie ist Spitze. Sie versteht mich und weiß, wie sie mich behandeln muß«, sagte er. Lag es an der Kurzthe-

rapie, oder war es ein Glücksfall, daß die Frau auf Jay zuge-
kommen war? Ich hoffe, es war eine Kombination der beiden Faktoren, die Jay aus der Sackgasse herausgeholt hat.
Bitte verstehen Sie mich aber nicht falsch: Jays Leben war
nach der Kurztherapie nicht eine einzige ununterbrochene
Wonne. Er sollte noch vielen Herausforderungen gegenüberstehen und viele Probleme zu lösen bekommen. Sechzehn
Monate nach unserer Sitzung kam er mit seiner Frau und bat
mich um eine kurze Eheberatung.

In Workshops und Interviews werde ich oft gefragt: Was machen Sie eigentlich in Ihren Kurztherapien? Inwiefern unterscheiden sich diese von regulären Therapien? Zwischen
Kurztherapien gibt es große Unterschiede. Der Zuschnitt auf
die jeweilige besondere Situation muß stimmen. Die vorgeschlagene Lösung muß den Fähigkeiten, Einstellungen und
Präferenzen des Patienten entsprechen.

Was ich hier präsentiere, ist ein Auszug aus den am häufigsten gestellten Fragen im Rahmen der Kurztherapie. Er soll
einen Beitrag zur Entmystifizierung des Kurztherapiepro-
zesses leisten. Derartige Fragen stelle ich in der Therapie. Sie
können demzufolge eine Ahnung davon vermitteln, wie ich
meine Kurztherapien betreibe. Sie stellen natürlich nur eine
von vielen Möglichkeiten dar.

Die im folgenden Abschnitt präsentierten Fragen helfen dem
Kurzzeittherapeuten, Ihren Standpunkt und Ihr Erleben des
Problems kennenzulernen. Sie leisten damit einen wesentlichen Beitrag auf der Suche nach der idealen Lösung. Als
Therapeut gehe ich davon aus, daß sowohl das erforderliche
Wissen als auch das Heilpotential vom Patienten selbst be-
reitgehalten werden, und nicht von mir als Therapeut. Ich
beschränke mich darauf, Fragen zu stellen, die dieses Wissen
und diese Heilkapazität gewissermaßen »ins Freie« beför-
dern, wo sie leichter zugänglich sind.

Auf diese Haltungen und Präferenzen sollten Sie achten, wenn Sie zu einem Spezialisten für Kurztherapien wollen. Dies sind aber auch die Fragen, die Sie sich selbst stellen können und die Sie bei Ihrem Streben nach Verbesserungen leiten können.

## Der erste Schritt: Sie rufen um Hilfe

Wenn Sie den ersten Schritt unternehmen und zum Telefonhörer greifen, um nach Hilfe zu verlangen, sollte der Therapeut so bald wie möglich erreichbar sein. Im deutschsprachigen Raum gibt es Tausende von professionellen Therapeuten in privaten Praxen, sowie in Beratungsstellen und Kliniken. In den meisten größeren Städten ist sogar ein Überschuß an Therapeuten vorhanden, die insgesamt eine breite Palette an Methoden anbieten. Diese Vielfalt und der Wettbewerb unter den Therapeuten ermöglichen es, ein hohes Qualitätsniveau zu verlangen. Suchen Sie sich einen Therapeuten, der sich von Anfang an als einfühlsam, aufmerksam und zugänglich erweist. Sie haben womöglich längere Zeit das Für und Wider abgewogen, ehe Sie sich entschieden haben, einen Therapeuten um Hilfe zu bitten. Vielleicht ist Ihnen Ihr Problem oder die bloße Tatsache, daß Sie Hilfe brauchen, peinlich. Das erste Telefongespräch vor der ersten Sitzung ist jedenfalls ein integrativer und entscheidender Bestandteil einer erfolgreichen Kurztherapie.

Mit dem Ersuchen um einen Ersttermin hat die Therapie eigentlich schon begonnen. Sie haben zumindest einen Aspekt des Problems bereits als veränderungswürdig erkannt und Schritte unternommen (sich für einen Therapeuten entschieden, ihn angerufen), von dem Sie sich Änderungen erwarten. Ihr Therapeut kann diesen Beginn in die richtigen Bahnen

lenken, indem er die Umstände für eine konstruktive Kurztherapie schafft. Er wird vorerst die richtige Personenaus-
wahl für die Sitzung treffen, also die Leute auswählen, die
bereit und fähig sind, im Lösungsprozeß eine Rolle zu spielen. Manchmal kann der oder die Hilfesuchende das Problem allein lösen. In anderen Fällen können andere Mitwir-
kende Entscheidenes beitragen. Das kann ein Geliebter sein,
ein Freund, ein Ehegatte oder auch der Arbeitgeber. In die
Therapie können eine Einzelperson, ein Paar oder eine
Gruppe von Personen einbezogen sein. Die wesentliche Frage ist dann nicht, wer das Problem, sondern wer die Lösung
hat und bei wem die Kraft liegt, Veränderungen auszulösen.
Wenn der Therapeut das Lösungsteam einmal zusammengestellt hat, will er als nächstes erreichen, daß die »Mitspieler«
ihre Kräfte auf eine Art und Weise vereinen, die es jedem
Beteiligten ermöglicht, einen Beitrag zu einer tragbaren Lösung zu leisten oder zumindest besser als zuvor aus der Sitzung zu kommen. Es gibt Hilfesuchende, die dem Therapeuten gleich ohne Umschweife mitteilen, worum es sich handelt. In diesem Fall wird er aufmerksam zuhören und nur
selten unterbrechen. Wenn der Therapiesuchende auf rich-
tungsweisende Fragen wartet, könnten diese in etwa wie folgt
lauten (über diese Fragen können Sie aber auch selbst nachdenken):

»Warum haben Sie sich entschlossen, sich jetzt an
mich zu wenden?« oder »Wie kommen Sie darauf,
daß ausgerechnet jetzt der richtige Zeitpunkt für
eine Therapie ist?«

Die *Warum-jetzt*-Fragen helfen Ihnen – wie bereits im vorigen Kapitel erörtert – eine spezifische Motivation, einen

Auslöser oder einen Verstärker für den Wandel auszumachen. Die Wahrscheinlichkeit für eine Änderung ist dann am höchsten, wenn Sie auf den alten Wegen nicht mehr weiterkommen. Wenn Sie ein Problem erst erkannt haben und die spezifische Motivation bzw. die Notwendigkeit für eine Änderung spüren, sind Sie bereits unterwegs zu einer praktikablen Lösung.

»Wer macht sich sonst noch Sorgen, nimmt an Ihrem Schicksal Anteil oder versucht zu helfen?«

Diese Frage geht davon aus, daß Sie wahrscheinlich nicht der einzige sind, der ein bestimmtes Problem erkannt hat und es zu lösen wünscht. Sie können sich in Ihrer täglichen Umgebung auf die Suche nach Mithelfern und Therapeuten machen. Wenn Sie diese Menschen in die erste Sitzung mitbringen, stehen Ihnen möglicherweise mehr Alternativen und größeres Änderungspotential zur Verfügung. In Frage kommen alle, die eine Veränderung der Situation anstreben oder Teil der Lösung sein wollen. Diese Menschen haben mehr vor, als sich nur zu beklagen oder einfach einen Besuch beim Therapeuten abzustatten. Sie wollen auch mehr, als angehört zu werden, mehr als bloß zu erfahren, was der Therapeut zu sagen hat. Sie sind aktiv und bereit, das Beste zu geben, indem sie selbst Teil der Lösung sind. Therapien gehen oft schief, wenn die Teilnehmer versuchen, jemand anderen zu ändern, oder es ihnen nur darum geht, ein wenig über ihr Leben zu jammern.

»Wie und wie bald möchten Sie Hilfe bekommen?«
oder »Wie und wie früh erwarten Sie sich
die Lösung des Problems?«

Diese Fragen richten sich auf Handlungen und einen Zeitrahmen für die Therapie. Sie unterstreichen auch die Tatsache, daß Sie in einer sicheren Beziehung eingebunden sind, die darauf abzielt, ein Problem effizient und zeitlich begrenzt zu lösen. Als ich begann, mich mit Psychotherapien zu beschäftigen, ging ich davon aus, daß alle Patienten zumindest einmal wöchentlich über mehrere Jahre hinweg (bei offenem Ende) therapeutische Sitzungen bräuchten. Erst als ich aufhörte, meine Patienten blindlings zu übernehmen, und als ich ihnen beim Erstkontakt die oben formulierten Fragen stellte, erkannte ich, daß viele Menschen sich eine Ad-hoc-Hilfe wünschen, die sich in den meisten Fällen bestimmt in einer bis fünf Sitzungen erreichen läßt.

Andere mögen zwar nach mehr verlangen, doch vielfach beschränken dann Zeit- und Geldrücksichten die Therapie doch wieder auf einige wenige Sitzungen. Die interessante Tatsache dabei ist, daß die Therapie genau die Zeit in Anspruch nimmt, die Sie ihr zumessen. Wenn Sie und Ihr Therapeut sich die Änderung *jetzt* erwarten, dann findet sie sehr oft auch tatsächlich schnell statt!

Der Kurztherapeut ersucht Sie, sich ein Ziel zu setzen und einen Zeitplan aufzustellen, wie Sie dieses zu erreichen gedenken. Jenny litt unter Panik- und Angstanfällen. Als ich sie fragte, wie bald sie Hilfe haben möchte, sprudelte es sofort aus ihr heraus: »Gestern!« Ihr Kommen, erklärte sie, sei längst überfällig. Wenn Patienten auf meine diesbezüglichen Fragen mit »Gestern« oder »Jetzt gleich« reagieren, oder wenn sie sich jedenfalls Ergebnisse in wenigen Sitzungen erwarten, fordere ich sie auf, die Sache gleich in die Hand zu nehmen und die erste Sitzung für die notwendige Umkehr zu nützen. Wenn ein Patient mit »Ich habe keine Ahnung« oder »So lange Sie brauchen« antwortet, deutet dies eher auf eine offene oder zeitlich unbeschränkte Therapie hin.

## Die Bereitschaft fördern

Bevor das erste Telefonat endet, könnte der Kurztherapeut eine abschließende Bemerkung hinzufügen, mit der die Hoffnung gestärkt und die Zufriedenheit mit dem Erstkontakt abgesichert wird. In meiner jahrelangen Arbeit habe ich gelernt, daß es sich bei der Therapie in einem hohen Ausmaß um einen selbsterfüllenden Prozeß handelt, bei dem man beinahe jedes Problem nehmen und zum Gegenstand endloser und offener Therapie machen kann. Bei der gleichen Ausgangssituation kann der Therapeut aber umgekehrt auch die Erwartungen so einstellen, daß der Patient fähig wird, sich des Problems gleich jetzt anzunehmen.

Welchen Zeitrahmen auch immer Sie sich für die Lösung eines Problems stecken, er wird der Zeit entsprechen, die Sie wirklich brauchen. Im folgenden gebe ich ein Beispiel dafür, was der Therapeut am Ende des ersten Telefongesprächs zur Kontaktaufnahme sagen könnte:

*»Ich bin bereit, mit Ihnen für eine zufriedenstellende Lösung Ihres Problems zusammenzuarbeiten. Ich glaube, Sie haben mich heute angerufen, weil jetzt der Zeitpunkt gekommen ist, die erforderlichen Schritte zur Problemlösung zu ergreifen. Sie könnten fähig sein, Ihr Problem vor, während oder unmittelbar nach dem ersten Besuch zu lösen. Ich bin überzeugt, daß Sie jetzt bereit sind, alles zu tun, was für eine Änderung notwendig ist, und daß Sie hart dafür arbeiten werden. Ich will alles in meiner Macht Stehende dazu beitragen und mit Ihnen arbeiten, wann immer dies nötig ist. Ich sehe meine Auf-*

*gabe darin, Ihnen zu helfen, sich selbst zu helfen. Und Ihre Aufgabe
liegt darin, mich so schnell wie möglich überflüssig zu machen. In
den meisten Fällen sehe ich die Leute ein- bis dreimal. Ich werde
auch Ihre Therapie so kurz wie möglich gestalten.«*

Natürlich können Sie diese oder ähnliche Worte nicht Ihrem
Therapeuten in den Mund legen. Aber was Sie tun können,
ist ihm zu verstehen zu geben, daß Sie eine konzentrierte
Therapie wünschen, und prüfen ob er für einen solchen Ansatz offen ist. Die beste Voraussetzung für eine Kurztherapie
ist gegenseitiges Verständnis.

## Wie soll Ihnen geholfen werden?

Sie sollten klären, auf welche Weise Sie sich Hilfe vom Therapeuten erwarten. Drei Dinge kann der Therapeut vor allem und in den meisten Fällen für seine Patienten tun: Eine
Lösung für ein Problem vorschlagen; anteilnehmend zuhören und die Tiefe Ihrer Erfahrung verstehen; professionelle
Erklärung oder Führung geben.
Jedes dieser Elemente verlangt besondere Fertigkeiten und
Verhaltensweisen vom Therapeuten. Zuhören und Verstehen
erfordert ein hohes Maß an Aufmerksamkeit und Aufnahme-
fähigkeit, zumal der Therapeut im wesentlichen Sie reden
läßt und sich selber auf die Rolle des Rezipienten zurück-
zieht. Ein Therapeut, der um die Lösung eines Problems gebeten wird oder der Handlungsanleitungen zur Verfügung
stellen will, muß direkt und aktiv sein. Er stellt mehr Fragen,
macht mehr Vorschläge und lenkt die Sitzung auf einen
Punkt hin, an dem sich sein Ratschlag am besten in den Zusammenhang fügt und in Ihrer Situation und angesichts der
verfügbaren Ressourcen die nützlichsten Dienste leistet.

Es ist möglich, daß Sie zunächst der Meinung sind, Sie bräuchten eine zeitlich offene Therapie, aber nach einigen Sitzungen finden, dies sei nicht mehr nötig. Sharon beklagte sich über ihre Einsamkeit und Isolierung; sie wandte sich an mich mit der Bitte um eine zeitlich unbeschränkte Therapie: »Ich brauche die Gewißheit, daß Sie für mich da sind und ich mich jederzeit an Sie wenden kann.« Die einzige Gelegenheit, bei der sie sich nicht einsam fühlte, war die Probe des Kirchenchors, an der sie einmal wöchentlich teilnahm. Ich stellte ihr die Aufgabe, Zeiten und Orte zu notieren, an denen sie allein war, aber nicht einsam (zum Beispiel: beim Musikhören in ihrer Wohnung), und auch die Situationen, in denen sie nicht allein und nicht einsam war (zum Beispiel: während der Chorprobe). Nach der dritten Sitzung hatte sie bereits zwei Leute kennengelernt, die sie als »gute Zuhörer und Kumpel« bezeichnete. Sharon war imstande, mit Hilfe der Therapie eine Ausnahme zu erkennen und in eine Regel umzuwandeln. Die Therapie war nach fünf Sitzungen abgeschlossen.

Die Länge einer Therapie wird natürlich von vielen Faktoren bestimmt, auf die Sie in manchen (aber nicht in allen) Fällen Einfluß nehmen können. Dazu gehören Ihre Motivation und die Dringlichkeit des Problems bzw. Änderungswunsches, aber auch die Zeit und die Geldmittel, die Sie für dieses Unternehmen zur Verfügung haben. Der Therapeut soll Ihnen sagen, ob er die Mittel und Fähigkeiten hat, Ihnen innerhalb der von ihnen vorgegebenen Parameter zu helfen. Möglicherweise müssen Sie kurz über die Abmachung verhandeln oder die Ziele neu definieren, damit sie innerhalb Ihres Zeitplans realisierbar sind. Es hat wenig Sinn, von Ihrem Therapeuten zu verlangen, er möge Sie in einer Sitzung glücklich machen oder Ihre Persönlichkeit ändern. Kein halbwegs vernünftiger Therapeut wird Ihnen so etwas versprechen.

Nachdem ein gemeinsamer Nenner gefunden wurde, sollten Sie Ihr Ziel noch einmal klarlegen und aufs neue bekräftigen. In der Therapie gibt es – wie im Leben – keine Garantien, aber es ist von Nutzen, wenn man sich über seine Wünsche und das Angebot des Therapeuten im klaren ist.

»Ich will ein harmonisches und glückliches Leben führen«, antwortete Wendy, als ich sie fragte, was sie sich von einer Therapie erwarte.

»Ich war jahrelang in Therapie«, gab ich ihr zurück, »und bin noch immer auf der Suche nach Harmonie und Glück. Wären Sie so nett, mich anzurufen, wenn Sie Glück und Harmonie gefunden haben? Genau das möcht' ich nämlich auch.«

## Die Anfängerhaltung

Wenn jemand zum ersten Mal in meine Praxis kommt, versuche ich, so frisch und offen zu sein wie nur möglich. Ich möchte fähig sein, all die Anspannungen, Hoffnungen und Ängste mitzufühlen, die für eine erste Sitzung kennzeichnend sind. Ich vergegenwärtige mir, daß keine Kurztherapie der anderen gleicht und es keine Universallösungen gibt. In manchen Sitzungen agiere ich hauptsächlich als Zuhörer und ermögliche es dem Patienten, sein Herz auszuschütten, seine Geschichte von Anfang bis Ende beinahe ohne Unterbrechungen zu erzählen. Ich stelle höchstens kurze Zwischenfragen, um mich zu vergewissern, daß ich das Wichtigste richtig verstanden habe. In anderen Sitzungen wiederum bin ich sehr aktiv und führe die Patienten mit meinen Fragen, setze meine ganze Überzeugungskraft und die mir zur Verfügung stehende Rhetorik ein, um sie von der Notwendigkeit einer Änderung zu überzeugen. Je nach den Reaktionen meiner

Patienten, kann ich natürlich meine Vorgehensweise anpassen. Ich führe die Sitzung, indem ich auf die verbalen und nonverbalen Zeichen und Reaktionen von ihnen reagiere.

Das hier präsentierte Schema von Fragen und Feststellungen basiert auf Themen, die in meinen Kurztherapien immer wieder auftauchen. Dieses Material soll den Patienten das Gefühl zurückgeben, daß sie ein eigenverantwortliches Leben führen. Ich will ihnen eine Neufassung ihrer Lebensgeschichte mit höheren Ingredienzen an Hoffnung, Lebensgeist und positiven Gefühlen ermöglichen. Ich glaube, daß Sie den richtigen Blick dafür entwickeln werden, wie vielschichtig die Möglichkeiten sind, Probleme zu lösen. Mit dem Wissen und dem Gefühl, daß Sie Auswahlmöglichkeiten haben, werden Sie die richtige Wahl treffen, sobald Sie dazu bereit sind. Bis jetzt habe ich Themen angesprochen, die hauptsächlich während des ersten Telefongesprächs vor der Therapie wichtig sind. Indes stellen sich die folgenden Fragen im Verlauf der eigentlichen Sitzung.

## Veränderungen erkennen und fördern

»Sie haben mich vor zwei Wochen zum ersten Mal angerufen. Welche Veränderungen haben Sie in den beiden vergangenen Wochen festgestellt?«

Der Veränderungsprozeß ist bereits im Gange, und die Frage ist nun, ob Sie ihn registriert haben. Das verhält sich ähnlich wie mit den Träumen: Wir wissen, daß wir sie jede Nacht haben, aber der eine kann sich daran erinnern, der andere nicht. Auf diese Weise bestärkt der Kurztherapeut den Glauben daran, daß Änderungen ununterbrochen stattfinden und sich durch die wichtigsten davon außerhalb der Sitzung ereignen. Die dadurch geweckte Erwartungshaltung wird der Wahrnehmung solcher Änderungen in Zukunft bestimmt förderlich sein (Sie können die Änderung Ihrer Einstellung natürlich auch durch eigene Bemühungen erreichen). Außerdem kann der Therapeut mit einer solchen Frage auf Änderungen vor der Sitzung Bezug nehmen. Wenn sich die Stimmung des Patienten oder der Charakter des Problems seit der ersten Sitzung geändert haben, kann der Therapeut die Sitzung genau da beginnen, wo sich der Patient gerade befindet, anstatt an der Stelle, an der er sich während des ersten Telefongesprächs befunden hat. Denken Sie daran, daß es Therapeuten gibt, die sich nicht die Zeit nehmen, vor der ersten Sitzung mit Ihnen zu sprechen. Sie können aber auf einer Vorbesprechung vor der ersten Sitzung bestehen, oder Sie üben die Sitzungssituation in Form eines inneren Dialogs, in dem Sie versuchen, sich über Ihre Erwartungen klar zu werden.

## »Was möchten Sie heute erreichen?«

Mit dieser Frage versucht der Kurztherapeut Ihnen die Tatsache zu vermitteln, daß in der Therapie Ihre aktuellen Möglichkeiten ausgelotet werden. Es handelt sich um keinen Small Talk, sondern um einen Prozeß der Verwirklichung eines Zieles. Die Sitzung ist mehr als bloß eine Gelegenheit, für seine Sorgen und Beschwerden ein offenes Ohr zu finden. Sich bestimmte Dinge »von der Seele zu reden«, kann ein notwendiger erster Schritt in einer Therapie sein. Er ist auch nützlich, solange Sie mit Ihrem Leben zurechtkommen wollen, ohne sich in einen Teufelskreis aus Selbstmitleid zu flüchten. Es ist absolut nichts daran auszusetzen, einen Therapeuten dafür zu bezahlen, daß er teilnahmsvoll zuhört. Verlieren Sie dabei nur die Tatsache nicht aus den Augen, daß alles einem Zweck dient: Ihr Leben zu verbessern und Ihr Problem zu lösen.

Ihre erste Aufgabe besteht darin, dem Therapeuten zu erklären, was Sie momentan gern erreichen würden und daß Sie bereit sind, dieses Ziel zu verwirklichen. Sie müssen von Anfang an bekanntgeben, worum es Ihnen geht. Haben Sie dies bereits im ersten Telefongespräch getan, beginnen Sie die Sitzung damit, dem Therapeuten über die Änderungen zu berichten, die seit dem Telefongespräch stattgefunden haben. Infolge dieses Prozesses vor der Sitzung können sich Ihre ganze Einstellung oder das Hauptthema selbst bereits verändert haben. Informieren Sie den Therapeuten darüber gleich zu Beginn, da dieser andernfalls lediglich die beschreibende Problemgeschichte erhält.

»Wodurch werden Sie überzeugt sein, daß Sie tatsächlich erreicht haben, was Sie wollten? Wie werden Sie wissen, daß Sie mich nicht mehr benötigen?«

Diese Frage bringt Sie dazu, Ihren Blick nach vorn zu richten. Wenn Sie Ihre Ziele darstellen, beginnen Sie mit dem dringlichsten oder dem wünschenswertesten und beschreiben Sie es so genau wie nur möglich. Versuchen Sie, es zu unterteilen, in Teilziele, die Sie zuerst erreichen wollen (»Als erstes möchte ich wieder arbeiten gehen«), und solche mit eher langfristiger Perspektive (»Ich wünsche mir eine interessantere und erfüllendere Berufslaufbahn«).

Falls Sie zur Beschreibung Ihres Problems allgemeine Ausdrücke wie Depression, Angstzustände oder Streß verwenden, sollten Sie darauf achten, daß Sie dem Therapeuten genau schildern, woraus diese Gefühle bestehen oder was deren spezifische Erscheinungsformen, Umstände oder Definitionen für Sie bedeuten.

Ich rate Ihnen, sich eine genaue und detaillierte Vision Ihres Zieles zurechtzulegen. Der Kurztherapeut muß vielleicht noch ein paar Zusatzfragen ähnlicher Natur stellen, bis Ihr Ziel realistisch erreichbar und auch so exakt umschrieben ist, daß Sie Ihre Fortschritte messen können. Der Therapeut wird Ihnen helfen, den Mut zur Veränderung des Veränderbaren zu finden und Unveränderliches anzuerkennen.

## Bereitschaft und Motivation fördern

Wenn Sie der Therapeut als potentiellen JETZT-Kurztherapiepatienten mit einer begründeten Hoffnung auf Änderungen betrachtet – oder wenn Sie sich selbst als einen solchen Patienten vorstellen –, kann er oder sie (oder Sie selbst) die Möglichkeit einer Therapie in einer Sitzung mit den folgenden Worten umreißen:

*»Viele Leute, die in eine Therapie kommen, tun dies für nur eine einzige Sitzung, und sie finden das hilfreich und ausreichend. Wenn wir mehr Sitzungen brauchen, können wir die Termine dafür nach Beendigung unserer heutigen Sitzung planen, oder auch irgendwann später, ganz nach Ihrem Bedarf. Aber worum es heute geht, ist, Ihrem Problem auf den Grund zu gehen und Ausschau nach Lösungen zu halten, die uns weiterbringen. Entspricht dies auch Ihren Vorstellungen?«*

Eine andere Möglichkeit wäre das folgende Angebot:
*»Wenn Sie bereit sind – allerdings nicht früher –, können wir uns gern ein-, zwei- oder dreimal für eine Sitzung treffen. Ich glaube,*

*wenn wir beide bereit sind, jetzt ordentlich an die Sache heranzuge-*
*hen, können wir in sehr kurzer Zeit ungeheuer viel bewegen.«*

Der genaue Wortlaut wird natürlich variieren, aber die wesentliche Botschaft soll lauten, daß unmittelbare Änderungen
möglich sind und daß der Patient am stärksten ist, wenn er
die Gunst des Augenblicks ergreift, um die Wende in seinem
Leben herbeizuführen.

Nachdem mir Jenny über ihren zehnjährigen Kampf mit permanenten Angstzuständen und sehr komplexen Problemen
berichtet hatte, sagte ich nach der ersten Sitzung zu ihr: »Sie
haben mir ein sehr schwieriges Problem vorgelegt, für das es
eine sehr einfache Lösung gibt.« Ich hielt dies für eine durchaus ermutigende und also gewiß nicht geringschätzige Bemerkung, zumal es offensichtlich war, daß sie jetzt bereit war, ihre
Angstzustände loszuwerden. Ich wollte ihr auch das oftmals
begleitende Gefühl bei Ängsten nehmen, sie habe die Dinge
nicht unter Kontrolle. Ich forderte sie auf, einen detaillierten
Brief an ihre Mutter zu schreiben, in dem sie von einigen der
schmerzhaften Lektionen berichtete, die sie in den letzten
zehn Jahren hinnehmen mußte. Sie sollte ihr erklären, warum
sie jetzt bereit sei, ihr Leben wieder in den Griff zu bekommen und ihre Ängste so zu reduzieren, daß sie ihr höchstens
als »elterliche Anleitung« helfen konnte, überlegte Entscheidungen zu treffen. Sie rief mich sechs Monate später an und
erzählte mir von markanten Fortschritten; einmal konsultierte
sie mich noch vor einer besonders wichtigen beruflichen Entscheidung. Wir hatten also zwei sehr zielgerichtete Einzelsit-
zungen im Abstand von sechs Monaten.

Es ist aber auch wichtig, nichts zu übereilen und keine falschen Erwartungen zu wecken. Zu forsche, zu rasche Versuche sind ein sicheres Mittel zur Unterminierung Ihres Er-
folges.

Manche Patienten können sich mit der Vorstellung von Änderungen nicht anfreunden, weil damit ja impliziert wird, daß derzeit etwas nicht in Ordnung oder schlecht ist. Solche Patienten ziehen es vielleicht vor, die erste Sitzung als »Brainstorming« zu betrachten oder das Wort »verändern« durch die Ausdrücke etwas Neues »lernen« oder »kreieren« zu ersetzen. Wenn ein Patient das Problem viele Jahre lang mit sich herumgeschleppt hat, bevor er therapeutische Hilfe suchte, versuche ich die Bereitschaft mit folgenden Worten wachzurufen:

*»Es ist also jetzt so schlimm geworden, daß Sie sich entschlossen haben, etwas zu unternehmen. Sind Sie zu Veränderungen – oder was immer jetzt gefordert ist – bereit?*

Diese und andere Feststellungen und Fragen im Rahmen der Kurztherapie sollen Bereitschaft für den Wandel schaffen. Der Kurztherapeut geht davon aus, daß in der ersten Sitzung verschiedene Bedingungen sehr nahe an der Schwelle für Veränderungsmöglichkeiten angesiedelt sind und mit Unterstützung eines die Situation richtig deutenden und geschickten Therapeuten aktualisiert werden können. Sie haben beispielsweise bereits einen Schritt in die richtige Richtung unternommen, wenn Sie erkannt haben, daß Sie in einer destruktiven Beziehung verstrickt sind. Die Kurztherapie liefert dazu die »Erlaubnis«, dieser Einsicht gemäß zu handeln, womit die Kongruenz im psychologischen Dreieck Gefühl-Denken-Handeln wiederhergestellt wird. Wer in Übereinstimmung mit seinen Gefühlen bezüglich seiner Beziehung handelt, kann von neuem zu Ausgeglichenheit und Eigenverantwortlichkeit in seinem Leben finden.

»Wie erkennen Sie, daß sich die Dinge verbessern, wenn auch nur ganz wenig?«

Diese Frage hilft Ihnen, einen ersten, aber maßgeblichen Schritt in die richtige Richtung wahrzunehmen. Der Therapeut versucht, Sie dazu zu bringen, sich Fortschritte im Detail vorzustellen, damit Sie ein möglichst klares Bild von solchen Änderungen erhalten. Sie müssen gemeinsam Ihre Aufmerksamkeit von weit gefaßten, schwer begreifbaren Verallgemeinerungen weg in Richtung Detail lenken. Der Therapeut kann die Arbeit mit inneren Bildern des Patienten, Hypnose, Rollenspiele oder Gesprächstechniken einsetzen, um die Änderungsmöglichkeiten realer erscheinen zu lassen. Die gestellte Frage kann Ihnen zu einer zweckmäßigen Zieldefinition und zur Unterteilung des Gesamtziels in kleinere, gut bewältigbare Einheiten verhelfen.
Ich forderte eine erste Kurztherapie-Patientin, eine Mutter von zwei Kindern, auf, einen sehr kleinen Schritt zu machen. Er schien mit dem Problem der Frau nichts zu tun haben. Ich erhoffte mir davon, daß er ihr einen neuen Blickwinkel auf ihre Kinder eröffnete. Sie benahmen sich zu jener Zeit wie kleine Monster, was ihre Mutter auch zu der folgenden Aussage provozierte: »An manchen Tagen bin ich nahe dran, sie umzubringen, so sehr gehen Sie mir auf die Nerven.«
Ich ermunterte sie, sich für den Anfang zwei Stunden pro Woche von den Kindern und den Haushaltsverpflichtungen zu befreien und sich in einem Kosmetiksalon verwöhnen zu lassen. Dies tat sie auch, und sie verschaffte sich damit immerhin eine kleine Erholung vom Streß mit den Kindern. Dieser Anfangsmaßnahme folgte aber eine ganze Serie von Änderungen. »Als ich mir die Zeit für mich reservierte, konnte mich das Verhalten der Jungen nicht mehr so fertigmachen. Dadurch fühlte ich mich auch ein wenig besser in mei-

ner Mutterrolle, was wiederum zur Folge hatte, daß ich mehr Freiheit gewann, mich besser um mich selbst zu kümmern. Nachdem ich mit meinem Aussehen und meiner Persönlichkeit zufriedener geworden war, besserten sich auch meine Ehe und mein Sexualleben. Und mein Mann wurde mit der Zeit rücksichtsvoller und beteiligte sich intensiver an der Kindererziehung. Wie Sie sehen, hat eine kleine Veränderung eine ziemlich große nach sich gezogen.«

Zu schön, um wahr zu sein? Das dachte ich auch, und ich bemühte mich, mit meinen anderen Patienten noch konsequenter und tiefergehend zu arbeiten – bis mich zweihundertfünfzig Patienten von Kurztherapien davon überzeugten, daß große Probleme nicht unbedingt große Lösungen brauchen. Keine Sorge! Ihr kleiner Schritt muß nicht gleich Ihr ganzes Leben verändern. Die erwähnte Frau berichtete von ihren erfolgreichen Änderungen erst ein Jahr nach der Sitzung. So lange hat es gedauert, bis sich mehrere kleinere Änderungen zu einem großen Wandel summierten. Es braucht oft eine gute Zeit, bis eine Lösung wachsen kann.

## Stärken, Lösungen und Fähigkeiten in den Mittelpunkt stellen

Wenn sich die Dinge schon vor oder während der ersten Sitzung verbessern, oder wenn es Ihnen gelungen ist, frühere Erfolge oder teilweise erfolgreiche Lösungen wahrzunehmen, kann der Therapeut einen Schritt weitergehen und fragen:

*Wodurch wurde dieser Erfolg (bzw. die Lösung) möglich? Was veranlaßt Sie zu glauben, daß die registrierten Änderungen von Dauer sind?«*

Jedes psychische Problem, auch das schwerwiegendste, hat

zwischendurch immer wieder milde Phasen. Wenn das Problem dann in den Hintergrund tritt, kann dies am Zeitpunkt, am Ort oder an anderen Menschen liegen. Es kommt nun darauf an, sich zuerst einmal solcher Ausnahmesituationen zu erinnern, um sie später besser wahrnehmen, fördern, ausweiten und verstärken zu können, damit sie insgesamt eine größere Bedeutung gewinnen. Der Kurzzeittherapeut verschiebt die Konversation von der Problem- auf die Lösungsebene, wechselt von der Unzulänglichkeits- in die Fähigkeitsperspektive, von Ihren Schwächen zu Ihren Stärken.

Als Sue und David zu mir kamen, waren sie unglücklich und enttäuscht über die schulischen Leistungen ihres Sohnes Jamie. Ich ersuchte sie, mit mir alles noch einmal durchzugehen, was sie bisher probiert hatten. Sie erzählten über dies und jenes, das nicht funktioniert hatte, und daß ihre Frustration darüber sie bewog, es mit einer Therapie zu versuchen. Wir sprachen unter anderem auch über einen Lehrer, der früher sowohl zu Jamie als auch zu dessen Eltern ein gut funktionierendes Verhältnis hatte. Es gelang mir, Genaueres darüber herauszufinden, warum es mit diesem Lehrer so gut gelaufen war, und ich brachte Jamie und seine Eltern schließlich dazu, auf den aktuellen Lehrer so zu reagieren, als wäre er der alte, erfolgreiche Lehrer. Das bedurfte gar keiner großen Änderungen; sie mußten sich nur daran erinnern, was sich in der Vergangenheit so gut bewährt hatte, und dieses Wissen erneuern und reaktivieren. Jamie konnte sich zwar seine Lehrer nicht aussuchen und diese auch nicht ändern, aber er hatte immerhin die Möglichkeit, die Art und Weise zu ändern, in der er auf die Lehrer reagierte.

## Welchen Zweck verfolgen Sie
## mit der Therapie?

Wenn Sie trotz all der erwähnten Fragen und Vorschläge auf keinen grünen Zweig kommen, liegt es vielleicht daran, daß Sie kein spezifisches Problem haben, das Sie ändern möchten, oder daß sich das, was Sie ändern möchten, nicht ändern läßt.

Die Kurztherapie kann auch nützlich sein, wenn Sie nur jemanden suchen, der sich Ihre Geschichte anhört und Ihnen sagt, ob etwas mit Ihnen nicht stimmt (»Halten Sie mich jetzt für verrückt?«). Oder wenn Sie Hilfe bei einer Entscheidung in einer heiklen Angelegenheit suchen und innerlich zerrissen sind oder ambivalente Gefühle haben.

Erwarten Sie aber nicht, daß der Therapeut Ihre Gedanken lesen kann und Sie anhand seiner Fragen durch die Sitzung führt. Viele von ihnen pflegen bestimmte Gewohnheiten und folgen gleichbleibender Routine, die sich aus ihrer Ausbildung und den Formularen ergeben, die sie am Ende der Sitzung auszufüllen haben. Das Ziel des Therapeuten ist nicht notwendigerweise auch Ihr Ziel!

Die beiden häufigsten Fehler neuer Patienten sind erstens, darauf zu warten, daß der Therapeut ihre Gedanken liest, und zweitens, daß sie dem Therapeuten helfen wollen, indem sie dieses alles sagen, was er *ihrer Meinung nach* hören will. Vielleicht wird es Sie überraschen, aber die so beliebten ausführlichen Beschreibungen Ihrer Lebensgeschichte und Ihrer Schwierigkeiten sind zur Lösung der meisten Probleme gar nicht nötig.

Seien Sie sich im klaren darüber, was Sie sich vom Therapeuten erwarten. Soll er Ihnen einen Rat geben, Ihnen zuhören, Zuspruch und Bestätigung geben, oder wünschen Sie sich einfach eine Diagnose oder schlicht die Lösung eines bestimmten Problems? Ein kompetenter Therapeut muß wendig und flexibel genug sein, sich Ihren Bedürfnissen anzupassen. Wenn Sie der Meinung sind, er/sie hat Sie gar nicht verstanden oder versucht, Ihnen etwas zu verkaufen, was Sie gar nicht brauchen, sagen Sie ihm/ihr deutlich Ihre Meinung.

Der Prozeß der Identifizierung und Verstärkung von Veränderungen ist das wesentliche Element erfolgreicher Kurztherapien. Es gibt aber Menschen, die nicht in die Therapie kommen, um etwas zu ändern. Sie erzählen beispielsweise immer wieder nur ihre Lebensgeschichte, gleichgültig wozu der Therapeut sie auch auffordern mag. In so einem Fall könnte der Therapeut mit der folgenden Frage versuchen, ihre echten Beweggründe zu erforschen:

*»Sind Sie heute zu mir gekommen, um mir Ihre Geschichte zu erzählen, damit ich Ihnen zuhöre und Sie verstehe?«*

Nicht alle Patienten sind sich im klaren darüber, was sie von einer Therapie eigentlich erwarten. Diese Frage versucht, eine der gegebenen Möglichkeiten auszuloten. Wenn es Ihnen darum geht, Ihre Geschichte von Ihrem Standpunkt aus zu erzählen, ohne unterbrochen oder beurteilt zu werden, so handeln Sie gleich von Anfang an danach: Erzählen Sie Ihre Geschichte (das könnte eine ganze Sitzung oder auch zwei in Anspruch nehmen). Der Therapeut sollte zuhören und Fragen nur stellen, um Ihnen zu signalisieren, daß er das Wesentliche Ihrer Geschichte und Ihre Rolle darin versteht. Wenn Sie mit Ihrer Geschichte fertig sind und das Gefühl haben, der Therapeut habe zugehört und Sie auch verstanden, könnte dieser mit der folgenden Frage anknüpfen:

*Wie soll es Ihrer Meinung nach jetzt weitergehen?*
*Was sollen wir als nächstes machen?*

Möglicherweise erwarten Sie sich das Mitgefühl des Therapeuten, die artikulierte Anteilnahme an Ihren Erfahrungen. Sie möchten vielleicht, daß er Sie in Ihren Gefühlen erst einmal bestärkt und sie beruhigt: »Sie sind bestimmt nicht verrückt, Sie sind ganz normal.« Vielleicht wollten Sie sich die ganze Geschichte nur von der Seele reden. Alles herauszulassen und abzuschütteln, kann ausgesprochen wohltuend sein. Wenn dies zutrifft, können Sie dem Therapeuten zu verstehen geben, daß Sie erreicht haben, was Sie wollten, und bereit sind, die Sitzung zu beenden. Therapeuten haben oft die Neigung, eine Sitzung auf jeden Fall über fünfzig Minuten auszudehnen, egal ob Sie noch etwas zu sagen haben oder nicht. Vielleicht wollen Sie aber aufhören, weil Sie an einem Punkt angelangt sind, an dem Sie sich wohl fühlen.

Die meisten Patienten erwarten sich vom Therapeuten, daß er ihnen mit Sympathie begegnet und ihnen zuhört. Unter Umständen bedienen sie sich psychologischer Fachausdrücke, um ihre Symptome zu beschreiben – aber da ist natürlich Vorsicht geboten: Was ein Laie unter einer Depression versteht, unterscheidet sich oft gravierend von der klinischen Definition einer Depression. Vielleicht wollen Sie damit nur ausdrücken, daß Sie sich in letzter Zeit ein wenig schwermütig gefühlt haben und etwas niedergeschlagen waren. Ein Psychiater hingegen, wenn er das Wort »Depression« hört, wird sich sofort ganz bestimmte Fragen stellen: Besteht ein Selbstmordrisiko? Sind Ihr Schlaf, Ihr Appetit und Ihre Libido gestört? Sind Sie in totaler Hoffnungs- und Hilflosigkeit in bezug auf Ihr Leben und auf sich selbst versunken?

Je genauer und auf Ihr Anliegen konzentrierter Sie sich ausdrücken und Ihre Ziele formulieren, desto höher die Wahrscheinlichkeit, daß Ihr Therapeut Ihnen bieten kann, was Sie brauchen und daß seine Reaktionen von Ihrer individuellen Situation bestimmt sind anstatt von Routineverfahren im

Umgang mit neuen Patienten. Sprechen Sie ganz natürlich in Ihrer eigenen Sprache. Versuchen Sie nicht, dem Therapeuten zu sagen, was er Ihrer Ansicht nach hören will. Sie wünschen sich vom Therapeuten schließlich, daß er Ihnen wirklich zu folgen und Ihren Standpunkt zu verstehen vermag. Sie wollen ja nicht ein »Fall« sein wie der von gestern oder vorgestern.

Wenn ein Patient nicht fähig ist, sein Ziel klar zu formulieren, könnte ihn der Kurzzeittherapeut ersuchen, seine Situation einmal in die Zukunft zu projizieren:

*»Wie wird Ihr Leben aussehen, wenn Sie einmal keine Therapie mehr benötigen? Wie wird es sich anfühlen, wenn Sie streßfrei sind? Können Sie mir ein Beispiel geben? Wir wissen, daß Probleme kommen und gehen. Was würden Sie tun, wenn Sie einen Rückfall hinnehmen müßten? Wie würden Sie versuchen, Ihr Gleichgewicht wiederzufinden?«*

Mit diesen Fragen versucht der Kurzzeittherapeut, Ihre Aufmerksamkeit auf die Tatsache zu lenken, daß Probleme kommen und gehen. Wenn Sie allein von der Therapie erwarten, daß sie alle Ihre Probleme jetzt und für immer kuriert, sind Sie auf dem besten Weg zu einer unendlichen Behandlungsgeschichte. Um nach einem Rückschlag das Gefühl des »Gehen Sie zurück zum Start« zu verhindern, müssen Sie jedes Problem als Herausforderung betrachten, die Ihnen zu neuen Perspektiven verhilft oder aus der Sie nützliche Lektionen ziehen können. Jedesmal, wenn Sie ein und demselben Problem zum wiederholten Male begegnen, werden Sie es aufgrund früherer Erfahrungen und Lösungen ein wenig anders beurteilen.

# Alternativlösungen ausprobieren

Nachdem er Ihnen die angeführten Fragen gestellt hat, hat der Therapeut unter Umständen schon genug Informationen zur Hand, um beurteilen zu können, was in Ihrem Leben funktioniert (oder was nicht funktioniert). Der Kurztherapeut forscht nach Ausnahmen, früheren Erfolgen, Stärken, Hoffnungen, Wünschen und nach dem sozialen Netz, auf das der Patient zurückgreifen kann. Es liegt an Ihnen, dem Therapeuten diesbezüglich nützliche Informationen zu geben. Er wird auch erfahren wollen, was sich in Ihrem Kontext nicht bewährt, was Enttäuschungen verursacht und in eine Sackgasse geführt hat bzw. warum der Patient glaubt, seine Probleme nicht ohne fremde Hilfe lösen zu können.

Jetzt möchte der Therapeut vielleicht unterbrechen und über folgende Frage nachdenken: Nach allem, was ich in dieser Sitzung erfahren habe, frage ich mich: Was will der Patient jetzt tun, um eine Veränderung zu erleben oder Hoffnung und das Verlangen zu empfinden, die für eine zufriedenstellende Lösung erforderlichen Schritte zu unternehmen? Ich suche in der Fülle der Lebenserfahrung meines Patienten, in dessen Lebensphilosophie, seinen individuellen Ressourcen und in seinem sozialen Umfeld (Familie, Freunde). Wenn es zu solch kreativem Innehalten kommt, ist es möglich, daß Patient und Therapeut bereits in denselben Kategorien denken.

*Was von all den Dingen, die bei Ihnen funktionieren (der Therapeut zählt sie noch einmal auf), möchten Sie nun öfter oder intensiver tun? Was von alle dem, das nicht funktioniert (benennt es), können Sie aufgeben oder zumindest reduzieren?*

Kurzzeittherapeuten, die nur eine Sitzung anstreben, werden ihre Patienten niemals unterschätzen oder als Routinefälle betrachten. In einem fortgeschrittenen Stadium der Sitzung forscht der Therapeut nach potentiellen Lösungen in der »Als-ob«-Form. Er läßt in einem Rollenspiel eine Konfrontation zwischen einem Mann und dessen Vater durchspielen, oder ihn die Lösung in einem inneren, imaginierten Bild erleben, um zu sehen, wie weit der Patient gehen kann. Kurzzeittherapeuten können, wie bei einem Filmdrehbuch, unterschiedliche Szenarien schaffen und den Patienten dasjenige auswählen lassen, das am besten paßt. Der Therapeut kann Autofahren oder Situationen am Arbeitsplatz simulieren und beobachten, wie der Patient auf Veränderungen reagiert. Dieses Verfahren ist vergleichbar mit dem Anprobieren verschiedener Kleidungsstücke: Es wird durchgeführt, um herauszufinden, welches am besten zu Geschmack, Figur und Budget eines Kunden paßt.

Ich habe mit Marylin während unserer Kurzzeittherapie eine Reihe verschiedener Lösungen ausprobiert. Allerdings erschien keine davon durchführbar. Wenn dies passiert und Sie die Umstände Ihres Lebens nicht ändern können, besteht immer noch die Möglichkeit, Ihre »Geisteshaltung« zu dieser gegebenen Realität zu beeinflussen.

Marilyn erzählte mir ihre lange und komplizierte Geschichte über ihre Herkunft und über den Einfluß ihrer Familie auf ihr gegenwärtiges Leben. Sie arbeitet als Lehrerin, mag ihren Beruf nicht, dazu hat sie auch noch finanzielle Probleme. Ihre Eltern stellen moralische Werte weit über das Trachten nach finanzieller Sicherheit und betrachten das Arbeiten für Geld als Beteiligung am kapitalistischen System von »Ausbeutung und entfremdeter Arbeit«. Nachdem Marilyn mit den simulierten Lösungen eines neuen Jobs und einer besseren Verwaltung ihrer Finanzen nichts anfangen konnte, forderte ich sie auf, nach Bedingungen und Situationen Ausschau zu halten, die ihr zeigen würden, daß ihre Tasse halb voll anstatt halb leer war. Das war eine Herausforderung, da ihre Tasse zeitweise nur zu einem Zehntel gefüllt erscheinen mochte. Marilyn mußte ihre Vorstellungsgabe anwenden und damit den Schwerpunkt verschieben, um den Rest zu ergänzen und sich vorzustellen, die Tasse sei halb voll. Bei der Nachbesprechung einen Monat später gab Marilyn zu Protokoll, sie habe den besten Monat ihres Lebens hinter sich. »Erstaunlich, wie einfach und doch wirkmächtig solche Einstellungsänderungen sein können«, freute sie sich. »Es hat genügt, mich für die ›Halbvoll-Version‹ im Blick auf die Dinge zu entscheiden, und alles veränderte sich vor meinen Augen. So war zum Beispiel ein Besuch bei meinen Eltern immer sehr belastend und enervierend für mich. Diesmal hab' ich nur die schöne Natur in der Gegend meiner Eltern registriert, wie sehr meine Tochter den Besuch bei den Großeltern genießt und wie sehr meine Eltern sie lieben. Ich hab' mich richtig wohl gefühlt.«

So eine radikale Umstellung ist möglich, wenn Sie in die Therapie mit der Bereitschaft kommen, den erforderlichen Wandel wirklich zu vollziehen. Es ist nicht anzunehmen, daß Marilyns Besuche bei Ihren Eltern auch in Zukunft jedesmal so ein Erfolg sein werden. Aber die Übung eröffnete ihr eine wichtige Möglichkeit, auf die sie in Zukunft zurückgreifen kann.


## Das Grundthema

Sobald der Therapeut erkennt, daß sich eine vielversprechende Vorgangsweise herauskristallisiert oder er zu wissen glaubt, wie der Patient ans Ziel zu führen ist, wird er die Sitzung zum Abschluß bringen wollen. Ich persönlich bevorzuge es (im Unterschied zur Mehrzahl meiner Kollegen), vor dem Ende einer Sitzung eine kleine Nachdenkpause einzuschieben, um nach einigen Minuten wieder zusammen zu kommen. Ich leite diese kurze Unterbrechung für gewöhnlich mit folgenden Worten ein:

*»Sie haben mir viel Persönliches über sich erzählt, und ich würde mir gern noch einmal alles durch den Kopf gehen lassen, was ich in dieser Sitzung von Ihnen gehört habe. Vor der Pause wollte ich noch fragen, ob wir etwas Wichtiges ausgelassen haben, von dem Sie mir berichten wollten.«*

Später füge ich noch hinzu:

*»Sie haben alle meine Fragen sehr freundlich beantwortet. Jetzt wäre die Gelegenheit, daß Sie mir Fragen stellen oder daß wir Unklarheiten ausräumen.«*

Auf diese Art und Weise gibt der Therapeut zu verstehen, daß er allem Gehörten Bedeutung zumißt und daß die Auskünfte des Patienten auch wirklich ernst genommen werden. Eine Therapie bezieht sich auf intime Angelegenheiten, und deshalb vermeiden die Leute das zentrale, grundlegende Thema oft bis zur letzten Minute, wenn sie mit einem Fuß schon zur Tür draußen sind. Werden sie vom Therapeuten eingeladen, noch letzte Informationen zu geben, so kann es ohne weiteres passieren, daß sie erst dann das eigentliche Grundthema präsentieren, vor dessen Erörterung sie zuvor zurückgescheut sind. Wenn ich dem Patienten die Möglichkeit gebe, die letzte Frage zu stellen, kommt gar nicht selten erst die Grundfrage ins Gespräch, die ihn eigentlich zur Therapie motiviert hat: »Glauben Sie, daß Sie mir helfen können? Gibt's überhaupt Hoffnung für mich? – Halten Sie mich für verrückt? Habe ich da richtig gehandelt? Soll ich mich dafür entscheiden (heiraten, sich scheiden lassen, von zu Hause ausziehen, einen Job annehmen …)?«
Ich stelle also vor der Pause diese *Last-minute*-Fragen, um mich

noch einmal zu vergewissern, daß wir dieselbe Wellenlänge haben. Ich versuche, zur eigentlichen Hauptsorge des Patienten vorzudringen, zu dem tatsächlichen Zweck seines Besuches bei mir. »Ich verstehe, daß Sie wissen wollen, ob die Stimmungsschwankungen und die geringe Selbstachtung seit Ihrer Scheidung behoben werden können.« – »Wenn ich Sie richtig verstanden habe, sind Sie heute zu mir gekommen, weil Sie sich Sorgen machen, daß Ihr Ehepartner verrückt werden könnte. Da er sich weigert, therapeutische Hilfe in Anspruch zu nehmen, wollten Sie mit meiner Hilfe herausfinden, ob Ihr Gatte tatsächlich dabei ist, den Verstand zu verlieren.«

## Die Botschaft zum Nachhausenehmen

Während der Pause gehe ich meine Aufzeichnungen durch, sammle meine Gedanken und ordne meine abschließende Zusammenfassung. Unser Gedächtnis ist bekanntlich selektiv, und man kann nie wissen, was einem Patienten von einer Therapie in Erinnerung bleibt. Oft bleiben einem gerade die letzten Worte im Gedächtnis, und die Pause unterstreicht die Bedeutung dieser *Botschaft zum Nachhausenehmen* noch zusätzlich. In seiner Zusammenfassung der Sitzung kann der Therapeut die folgenden Elemente einbeziehen:

1. Anerkennung, Verständnis und Mitgefühl signalisieren: In der Abschlußfeststellung versucht der Kurzzeittherapeut, die Perspektive des Patienten einzunehmen und menschliches Verständnis sowie Würdigung für den langen und mühseligen Weg zu zeigen, den er zurückgelegt hat, und für den Schmerz, den er bisher ertragen mußte.

   *»Es muß sehr schwierig gewesen sein, all dies so lange Zeit für sich zu behalten. Es braucht schon eine Portion Mut, sich in einer*

*so schmerzlichen Angelegenheit zu öffnen, wie Sie dies heute gewagt haben.*

*Sie haben zeit Ihres Lebens Ihre ganze Kraft und Liebe anderen Menschen geopfert, und dennoch fühlen Sie sich überflüssig und zu wenig gewürdigt.«*

2. Stärken, Fähigkeiten und Wege zu einer Lösung in den Vordergrund stellen: Wenn ein Mensch demoralisiert ist und sich hoffnungslos fühlt, wie dies bei vielen Patienten der Fall ist, wird er positive Anzeichen tendenziell nicht wahrnehmen. Wenn ein Therapeut den Lebensgeschichten der Menschen aufmerksam zuhört, wird er bald erkennen, daß keine Situation vollkommen schlecht und hoffnungslos ist. Sogar wer die ernsthaftesten Probleme hat und in den schwierigsten Umständen ist, handelt bisweilen sinnvoll. Jede Regel hat eine Ausnahme. In jedem Chaos ist ein gewisses Maß an Ordnung enthalten. Jedes menschliche Wesen verfügt über einige wertvolle Eigenschaften, Ressourcen und Fähigkeiten. Im *Feedback* vergegenwärtigt der Kurztherapeut noch einmal alle in der Sitzung erfahrenen Aktivitäten des Patienten, die diesen ein Stück weiter in die richtige Richtung gebracht haben. Aus der Sitzung werden alle derartigen Ausnahmen herausgelöst und dem Patienten mit der nötigen Anerkennung und Würdigung zugespielt.

Zur Mutter eines persönlichkeitsgestörten Jugendlichen könnte ich da etwa sagen:

*»Ich war tief beeindruckt von der Hingabe und Liebe, die Sie mit Ihren unermüdlichen Bemühungen gezeigt haben, Ihrem Sohn beim Erwachsenwerden zu helfen. Ich habe bemerkt, daß er heute hierher gekommen ist, obwohl er Psychologen und Therapien eigentlich nicht ausstehen kann. Das zeigt mir, daß Sie imstande waren, ihm klar zu vermitteln, wie besorgt Sie um ihn sind, und daß Sie alles unternehmen werden, was ihm zu positiven Veränderungen helfen kann.«*

Kurzzeittherapeuten versuchen, das herauszustreichen, was der Patient richtig macht, und seine Schritte in die richtige Richtung in den Mittelpunkt zu stellen. Sie würdigen auf überzeugende Art die Fähigkeit und Vorzüge des Patienten sowie dessen Lösungsversuche, um die Heilungskapazität dorthin zurückzuverweisen, wo sie ihren Platz hat: an den Patienten/die Patientin und das ihn/sie stützende soziale Umfeld.

3. Neupositionierung des Problems: Um Hoffnung und zuverlässige Lösungen anbieten zu können, muß der Therapeut dem Patienten die Chance eröffnen, das Problem selbst als Quelle der Hoffnung, der selbstbestimmten Lebensbewältigung oder zumindest als wertvolle Herausforderung zu sehen. Ein Therapeut darf keinesfalls von oben herab ein Urteil sprechen. Er muß dem Patienten vielmehr Veränderung als Herausforderung präsentieren und ihm Hoffnung darauf machen, daß die Veränderung auch tatsächlich erreichbar ist. Durch die Neupositionierung des Problems in positiven oder überraschenden Perspektiven versucht der Therapeut, die Aufmerksamkeit seines Zuhörers zu bekommen und neue Möglichkeiten im Umgang mit dem Problem aufzuzeigen.

Zum Beispiel könnte der Therapeut einem Patienten vorschlagen, Angstzustände als eindeutiges Signal zu betrachten, daß er oder sie etwas an seinem/ihrem Lebensstil ändern muß. Ein Therapeut kann eine Depression als Ausdruck von Zuneigung und Besorgtheit neu positionieren, oder als Aufforderung, seinen Grundbedürfnissen freundlicher und aufrichtiger gegenüberzustehen. Quälerische Schuldgefühle wegen früherer Fehler mögen etwa als Hinweis darauf interpretiert werden, daß der Patient eine erforderliche Handlung durch ein schlechtes Gefühl ersetzt hat.

Therapie ist – wie das Leben – ein Abenteuer im Verzeihen. Die Menschen müssen sich selbst und jenen verzeihen, von denen sie verletzt wurden. Im übrigen müssen sie ihr Leben weiterleben. Sie müssen lernen, von dem Abstand zu nehmen, was sich offensichtlich nicht bewährt hat oder nicht mehr funktioniert. Wenn ich ein Problem neu positioniere, versuche ich damit, meinen Patienten Autonomie und Hoffnung zurückzugeben. Dabei trete ich nicht als der Onkel mit den guten Neuigkeiten auf, sondern arbeite lieber mit Herausforderungen oder Humor. Ich versuche, medizinische oder psychiatrische Etikettierungen zu vermeiden, solange keine Arzneimittel benötigt werden. Diese sind aber nur in einer kleinen Minderheit der Fälle erforderlich.

Ich versuche, mich jedes moralischen Urteils zu enthalten. Ein Beispiel: Obwohl ich es hasse, wenn Eltern ihre Kinder prügeln, formuliere ich einen solchen Akt der Mißhandlung wie folgt um:

*»Ich sehe, wieviel Ihnen an der Erziehung Ihres Jungen liegt, damit er es einmal leichter und besser hat im Leben als Sie.«*

Persönlich bin ich immer der Meinung gewesen, daß es ein Verbrechen ist, ein Kind zu schlagen. Doch fühle ich mich meinen Patienten gegenüber nicht zum Richter oder Polizisten berufen. Ich habe die Aufgabe, als effektiver Katalysator von Veränderungen zu fungieren. Am besten lassen sich Veränderungen bewirken, wenn man die Menschen dazu bringt, im Rahmen ihrer Fähigkeiten und Interessen zu kooperieren. Ich versuche dies durch die Diskussion ihrer Probleme im Kontext ihres Wertsystems und ihrer Lebensphilosophie.

4. Den Patienten Hausaufgaben mitgeben: In seiner Zusammenfassung schlägt der Kurzzeittherapeut einige Aufgaben zur weiteren Festigung der Änderungen vor, die im

Verlaufe der Sitzung erarbeitet wurden. Ich persönlich gebe lieber einfache Aufgaben, die stark an der Reichweite der Fähigkeiten des Patienten orientiert sind. Die Aufgaben sollen destruktives Verhalten oder störende Gedanken unterbrechen. Ich schlage hauptsächlich Maßnahmen vor, mit denen sich der Patient etwas Gutes tut, etwa mehr Pausen machen, befriedigende Freizeitaktivitäten beginnen oder sich öfter einmal Zeit zu nehmen für ein Gespräch mit einem guten Freund.

5. Die Tür für weitere Veränderungen offen halten: Wenn darüber gesprochen wird, ob der Patient die Therapie fortsetzen solle, zeigt ihm der Therapeut die ganze Palette der Möglichkeiten: ein paar zusätzliche Sitzungen, laufende Therapie oder eine Ad-hoc-Therapie, also eine offene Tür für alle Fälle. Das Leben bringt so viele Änderungen und immer wieder neue Herausforderungen mit sich. Die Dinge lassen sich niemals ein für allemal fixieren. Wenn Sie beispielsweise am Ende einer Kurztherapie das Gefühl haben, Sie hätten Ihr Ziel fürs erste erreicht, wird Ihnen der Kurzzeittherapeut den Vorschlag machen, ihn in einem Monat noch einmal anzurufen, um über die erzielten Fortschritte zu sprechen. Andernfalls sollte er Sie nach drei Monaten anrufen, um die Ergebnisse der Therapie in einer kurzen Nachbesprechung zu erörtern.

Ich behandelte Carol in einer Kurzzeittherapie mit Hypnosetherapie zur Nikotinentwöhnung. Am Ende der Sitzung fragte ich sie, ob sie einen weiteren Termin wolle, oder ob es ihr lieber sei, wenn die Tür für sie offen bleibe und sie jederzeit zurückkommen könne. Sie antwortete, »Ich würde gern mal abwarten, wie es mir mit den alltäglichen Verführungen und Streßsituationen ergeht. Wenn's funktioniert, ist's gut – wenn nicht, kann ich immer noch zurückkommen.«

»Richtig. Ich glaube, nach einer Kurzzeittherapie ist es ganz gut, wenn man erst einmal wartet, bis sich die Dinge setzen können und ordentlich absorbiert werden. Rufen Sie mich in drei oder vier Wochen noch einmal an, aber warten Sie nicht länger als zwei Monate damit, mich über Ihre Fortschritte zu informieren. Wenn ich nichts von Ihnen höre, werde ich meinerseits bei Ihnen in drei Monaten anrufen, um mich über Ihr Befinden zu erkundigen.«

Als Carol einen Monat später anrief, um mir stolz von ihrer totalen Rauchabstinenz zu berichten, konfrontierte ich sie mit Fragen über mögliche Rückfälle und auffällige Symptome einer körperlichen Nikotinabhängigkeit, und zwar mit der Absicht, Rückfälle eben gerade zu verhindern. Carol äußerte sich zuversichtlich über ihre Standhaftigkeit, und ich bekräftigte meine Verfügbarkeit bei Bedarf. Bei einer Nachbesprechung ein Jahr später war sie nach wie vor rauchfrei und berichtete dazu noch von anderen Verbesserungen und Änderungen ihres Lebensstils.

Ganz zum Ende einer Kurzzeittherapie muß der Patient sein Bekenntnis zu entschlossener Handlung und Veränderung noch einmal bekräftigen. Sharon hatte einen sehr aufdringlichen Vater, der ihre Eigenständigkeit und ihre Grenzen in keiner Weise respektierte. Vor Abschluß der Sitzung fragte sie mein Kollege in unserem Kurztherapieforschungsprojekt: »Was wollen Sie konkret tun, wenn diese Sitzung vorüber ist?«

Darauf Sharon: »Einen Schlußstrich ziehen. Ja, ich will einen Schlußstrich ziehen!«

»Inwiefern und wo werden Sie einen Schlußstrich ziehen?« fragte der Therapeut.

»Ich beginne bei den Telefonanrufen, denn auf diese Art werde ich als nächstes von ihm zu hören bekommen.«

Der Therapeut: »Und was konkret gedenken Sie zu tun?«
Sharon erwiderte mit lauter und fester Stimme: »Den nächsten Anruf nicht entgegennehmen!«

»Perfekt!« sagte der Therapeut. »Das müssen wir mit einem Handschlag besiegeln.«

Auch wenn das Leben nach Abschluß einer guten Kurzzeittherapie großartig und hoffnungsreich erscheint – die Dinge lassen sich niemals voraussagen, und wir können immer wieder in »Sackgassen« geraten. In solchen Fällen kann es sein, daß der Patient einige zusätzliche Sitzungen benötigt, um die Therapie erfolgreich und effizient abzuschließen. Ist dies der Fall, so lesen Sie weiter im nächsten Kapitel.

# Kapitel 6

# Wenn mehr besser
# (oder notwendig) ist

Die Kurzzeittherapie ist weit verbreitet und sehr nützlich, und dennoch ist eine einzige Sitzung nicht für jedes Problem und jeden Patienten ausreichend. Oftmals braucht er ein paar zusätzliche Sitzungen, um ein Problem in den Griff zu bekommen, um Veränderung auf Dauer abzusichern oder um mit einem Rückfall fertig zu werden. Es ist (gleichgültig, wie lange die Therapie dauert) kein therapeutisches Verhalten, wenn sich der Patient im Stich gelassen oder nur kurzfristig verändert fühlt. Die optimale Dauer einer Therapie ist die, die den Erwartungen und Bedürfnissen des Patienten entspricht. Der Therapeut könnte versucht sein, einem Patienten zu suggerieren, sein therapeutischer Bedarf sei viel größer, als er erkennen könne. Jeder gute Geschäftsmann würde an sich dasselbe tun, aber hoffentlich doch zuerst dem Kunden zuhören, damit letzten Endes doch ein gegebener Bedarf befriedigt und nicht einfach das teuerste Stück im Laden verkauft wird. Der Vorgang der Abstimmung von Erwartungen und Bedürfnissen an die richtige Länge und Methode einer Therapie ist ein kritischer Schritt. Sie können beispielsweise nicht erwarten, in einer einzigen Therapiesitzung vom

Horror wiederholten sexuellen Mißbrauchs durch einen Elternteil zu genesen. Jedenfalls sind Sie der erste, der wissen sollte, wenn es reicht. Die Entscheidung, wann mit einer Therapie begonnen und wann diese beendet werden soll, liegt immer bei Ihnen. Wahrscheinlich können Sie im voraus gar nicht sagen, ob Sie nur eine oder fünf Sitzungen benötigen, aber Sie sollten wissen, daß für die meisten Menschen und in den meisten Fällen (wahrscheinlich auch unter wesentlich schlimmeren Umständen als den Ihren) eine oder sehr wenige Sitzungen ausreichen können.

## Wenn ein paar zusätzliche Sitzungen nötig sind

Vergessen wir nicht, daß eine Therapie hilfreich, angemessen und wirksam sein soll. Es ist bestimmt nicht falsch, mit einigen Zusatzsitzungen einen zufriedenstellenden und positiven Abschluß des therapeutischen Prozesses zu erreichen.

Die Kurzzeittherapie ist ein bestimmter therapeutischer Zugang, nicht aber eine spezifische Technik oder umfassende, in sich geschlossene Methode. Kurze und effektive Therapien können auf vielfache Weise durchgeführt werden. Auf den folgenden Seiten gebe ich eine (unvollständige) Darstellung anderer therapeutischer Verfahren, die sämtlich versuchen, die Therapie so kurz wie möglich zu halten. Sie sind alle durch die Arbeit tausender Therapeuten in den Vereinigten Staaten gut eingeführt und wurden von innovativen, von mir sehr geschätzten Therapeuten erarbeitet, die nach ähnlichen therapeutischen Grundsätzen arbeiten wie den in diesem Buch vorgestellten. Ich spreche von Therapeuten, die die Mehrzahl der Probleme innerhalb von zehn oder weniger Sitzungen behandeln. Wenn Ihnen die Vorstellung einer möglichst kurzen Therapie zusagt, Sie aber doch einige wenige Zusatzsitzungen brauchen, dann lesen Sie weiter.

## Ericksons Kurztherapieansatz

Die meisten Kurztherapeuten sind auf vielfältigste Weise von den Arbeiten des 1980 verstorbenen Milton E. Erickson beeinflußt worden. Er arbeitete in Phoenix, Arizona, als Therapeut, von den späten zwanziger Jahren bis Ende der siebziger Jahre, also in einer Zeit, als die Mehrheit der Therapeuten in der Langzeittherapie die einzig mögliche Form sahen und die Psychoanalyse im Zentrum des Interesses stand. Erickson war so vielseitig und flexibel in seinen Methoden, den Menschen zur Veränderung zu verhelfen, daß sich seine Nachfolger zwar alle wesentlich voneinander unterscheiden, sich aber dennoch auf ihn berufen können. Er kann zweifellos als Kurzzeittherapeut bezeichnet werden, da er viele Fälle in einer oder einigen wenigen Sitzungen behandelte. Und dennoch hatte er auch Patienten, die ihn viele Jahre hindurch täglich konsultierten, weshalb er auch die Bezeichnung Langzeittherapeut für sich beanspruchen kann. Erickson haßte einfach jede Art von Etikettierungen oder Beschränkungen auf einen Ansatz oder ein einziges Verfahren. Er verwendete ganz einfach, was sich in jedem einzelnen Fall bewährte! Er hatte keine zusammenhängende Theorie, dafür hunderte kreativer, beinahe genialer »Tricks«, Veränderungen zu bewirken, insbesondere wenn es darum ging, einen scheinbaren Minuskontostand in ein ansehnliches Plus umzukehren. Als er beispielsweise einen jungen Mann mit sehr gering ausgeprägtem Selbstwertgefühl behandelte, der gerade einen Job in einer Bank angenommen hatte, interessierte sich Erickson ganz besonders für die Fehler, die der junge

Mann an seinem neuen Arbeitsplatz beging. Erickson beschrieb den Fall so: »Jedesmal, wenn er bei seiner Arbeit einen Fehler machte, interessierte mich *immer* die Art und Weise, wie dieser korrigiert wurde – niemals hingegen die Einzelheiten, wie der Fehler zustande kam.« Indem der Therapeut sich auf die Fehlerkorrekturen des Mannes konzentrierte, verwendete er dessen Fehler dazu, ihm zu helfen, an Selbstbewußtsein zu gewinnen (Dieser Fall ist beschrieben in *Conversations With Milton E. Erickson* von Jay Haley).

Erickson'sche Methoden setzen oft Hypnosetechniken während der Sitzungen und Aufgaben für die Zeit nach der Sitzung ein. Er beabsichtigte damit Umstände herzustellen, aufgrund derer die Patienten ihre eigenen angemessenen Entscheidungen treffen können. Vielfach werden spezielle Aufgaben gestellt, die auf den ersten Blick mit dem Problem nichts zu tun zu haben scheinen, so daß der Patient durch seine eigenen Anstrengungen lernen kann. Das kann beispielsweise eine ganz bestimmte körperliche Erfahrung sein, wie etwa das Besteigen eines Berges. Es gibt über einhundert Bücher über Erickson und seine Methoden der Psychotherapie und Hypnotherapie, in der Mehrzahl für Therapeuten geschrieben. Es gibt über fünfzig Institute und zahllose Therapeuten in aller Welt, die Erickson'sche Psychotherapie und Hypnotherapie anbieten und lehren.

Auskünfte erhalten Sie unter den folgenden Adressen:

The Milton H. Erickson Foundation
3606 N. 24 th Street
Phoenix, Arizona 85016
Tel. (602) 9 56-61 96; 9 44-65 29

***Deutschland:***
Milton Erickson Gesellschaft für Klinische Hypnose e. V.
Konradstraße 16
D-80801 München
Tel. 0 89 / 33 62 65

Unter dem Dach der MEG sind eine Reihe von Regional-
instituten vereint: siehe Anhang 2 a

Deutsche Gesellschaft für Hypnose
Geschäftsstelle
Druffelsweg 3
D-48653 Coesfeld
Tel. 0 25 41 / 7 00 07

***Österreich:***
MEGA
Milton Erickson Gesellschaft für Klinische Hypnose und
Kurztherapie Austria
Gumpendorfer Str. 135/23
A-1060 Wien
Tel.: 02 22 / 5 96 45 45
02 22 / 5 62 87 55

(Regionalstelle siehe Anhang 2 b)

LEKTÜREEMPFEHLUNGEN:

1. Sidney Rosen, Hrsg.: *My Voice Will Go With You: The Teaching Tales of Milton H. Erickson;* New York, W. W. Norton, 1973. (Die Lehrgeschichten von Milton, H. Erickson (3. Aufl.); Salzhausen, ISKO-Press)

2. Haley, J.: *Uncommon Therapy: The Psychiatric Techniques of Milton H. Erickson, M. D.,* New York, W. W. Norton, 1973 (Die Psychotherapie Milton Ericksons, München, Pfeiffer – Leben lernen, Bd. 36), 1978.

3. *An Uncommon Case Book: The Complete Clinical Work of Milton H. Erickson, M. D.* Zusammengefaßt und gesammelt von William Hudson, O'Hanlon und Angela L. Hexum, New York, W. W. Norton, 1990 (Milton Ericksons gesammelte Fälle, Stuttgart, Klett-Cotta, 1994).

## Lösungsorientierte Kurzzeittherapie

Lösungsorientierte Kurztherapie ist ein Verfahren, das in den Achtzigern von einer Gruppe von TherapeutInnen in Milwaukee, Wisconsin, unter der Leitung Steve de Shazers entwickelt wurde. In durchschnittlich sechs Sitzungen behandelten sie erfolgreich schwierige Probleme wie Depressionen, Ehekonflikte, Mißbrauch toxischer Substanzen, Gewaltneigung und sexuellen Mißbrauch. Bei diesem Ansatz sprechen Patienten und Therapeuten sehr wenig über die Art des Problems oder die Geschichte des Patienten bzw. seiner/ihrer Familie. Gesprochen wird sehr detailliert über aktuelle und zukünftige Lösungen. Dazu verwenden sie eine einfache, direkte Methode von Gesprächen und einfache Aufgaben am Ende der Sitzung. Die Aufgaben sind den in diesem Buch angeführten ähnlich; vom Patienten wird verlangt, bestimmte Beobachtungen anzustellen oder in seinem Leben oder in seinen Beziehungen zu anderen Menschen etwas Neues anzufangen. Im Unterschied zu Erickson verwenden sie keine Hypnosen oder komplexe Methoden. Sie legen viel Wert auf Kooperation, Einfachheit und Praktikabilität.

In der ersten Sitzung stellen sie, unabhängig von dem vorgelegten Problem, mit Vorliebe die »Ausnahmefrage« und die »Wunderfrage«; am Ende der Sitzung wird dann »Die Aufgabe der ersten Sitzung« gestellt.

Mit der Ausnahmefrage werden die Patienten aufgefordert, nach Zeiten in ihrer Erinnerung zu forschen, in denen sie das Problem nicht hatten, oder in denen es ausblieb, obwohl sie dessen Auftreten eigentlich erwartet hätten. Wenn ein Patient beispielsweise unter nervöser Angespanntheit leidet, könnte die Frage lauten: »Was ist anders in den Zeiten, in denen Sie weniger nervös sind?« Jedes Problem, auch das ernsthafteste, hat Ausnahmen. Wenn die Leute vom Problem überwältigt werden, kann es schon vorkommen, daß sie diese Ausnahmen vergessen oder ignorieren. Durch die Konzentration auf die Ausnahmen können der Patient und der Therapeut Lösungen entdecken, an die sie sonst nicht gedacht hätten.

Die Ausnahmefrage soll den Patienten zur Suche in der Gegenwart und Vergangenheit anleiten, die Wunderfrage fordert ihn zum Blick in die Zukunft auf. Die letztere lautet: »Stellen Sie sich vor, daß sich eines Nachts, während Sie schlafen, ein Wunder ereignet und das Problem gelöst ist. Woran könnten Sie das erkennen? Was wäre dann anders?« Die Wunderfrage will eine bessere Zukunft greifbar machen und zeigt dem Therapeuten Richtungen an, in die er den Patienten führen soll. Wenn der Patient beispielsweise antwortet, daß er nach einem solchen Wunder mehr Ausflüge in die Natur unternehmen würde, könnte ihm der Therapeut verordnen, vor der nächsten Sitzung einen solchen Ausflug zu machen. Auf diese Weise verwandelt der Patient seine Zukunftsvision zur Realität in der Gegenwart.

Wenn ein Patient weniger engagiert und aktiv ist, verschreibt der lösungsorientierte Therapeut lediglich eine Beobachtungsaufgabe, für die Steve de Shazer vom *Brief Therapy Center* in Milwaukee, Wisconcin, ein Beispiel liefert: »Ich wünsche mir von Ihnen, daß Sie zwischen heute und unserem nächsten Zusammentreffen sorgfältig all das beobachten, was sich in Ihrer Familie/Ihrem Leben/Ihrer Ehe/Ihrer Partnerschaft ereignet, von dem Sie sich wünschen, es möge so bleiben. Versuchen Sie, diese Vorkommnisse so aufmerksam zu registrieren, daß Sie sie mir nächstes Mal beschreiben können.«

Diese einfache Aufgabe scheint sich für eine breite Palette von Problemen zu bewähren. Vor ein paar Jahren riet mir ein Kollege dazu, diese Aufgabe bei einem von mir behandelten Aids-Patienten zu verwenden. Wie in aller Welt, dachte ich bei mir, kann eine so einfache Aufgabe gegen die tödliche und ruinöse Krankheit etwas ausrichten? Mein Patient hatte nur noch kurz zu leben. Er war einsam, deprimiert und schwach. Ich stellte ihm die Aufgabe schlicht deshalb, weil mir nichts anderes einfiel, was ich sagen oder tun konnte. Und siehe da – sie hat ihm so gutgetan, daß wir sie als Standardaufgabe für die restlichen Sitzungen (und sein restliches Leben) beibehielten. Er konnte mir jede Woche aufs neue von Dingen berichten, von denen er sich wünschte, sie mögen auch in Zukunft in seinem Leben so bleiben, wie sie sind, während er gleichzeitig unter beträchtlichen Schmerzen litt und sich in einer ungeheuer schwierigen Lage befand. Er entwickelte unglaubliche Fertigkeiten, selbst die geringsten Freuden wahrzunehmen.

Das Milwaukee-Forschungsteam hat die Resultate aus dieser Aufgabenstellung in einem Forschungsbericht ausgewertet.

Dabei ergab sich, daß 50 von 56 Patienten von Dingen berichteten, deren Weiterbestehen sie sich wünschten, und 46 von diesen 50 zu Protokoll gaben, daß sich unter diesen Dingen bzw. Vorkommnissen zumindest eines befand, das sie zuvor noch nie wahrgenommen hatten.

Ausbildungsmöglichkeiten und Therapie erhalten Sie bei:

Brief Family Therapy Center
(dort werden Einzelpersonen und Paare behandelt)
6815 West Capitol Drive
Milwaukee, WI 53218
Tel.: (4 14) 4 64 - 77 75

Hunderte von Therapeuten in den USA, in Kanada, Europa und im pazifischen Raum sind von einer Gruppe ausgebildet worden. Beim Center erhalten Sie unter der oben angeführten Telefonnummer auch Empfehlungen für Therapeuten in Ihrer Nähe.

Seit einiger Zeit werden in Europa die lösungsorientiert-kurztherapeutischen Ansätze koordiniert und vorangetrieben von der Europäischen Gesellschaft für Kurztherapie:

EBTA
European Brief Therapy Association
c/o Dr. Marie-Christine Cabié
C.M.P. Valmy
11, Rue de Valmy
F-94220 Charenton-Le-Pont

In **Deutschland** ist die Verbindungsstelle für die EBTA:

Norddeutsches Institut für Kurzzeittherapie NIK
Außer der Schleifmühle 67
D-28203 Bremen
Tel.: 04 21 / 3 35 58 10

Einige weitere Adressen in Deutschland, sowie in **Österreich** und der **Schweiz**, die lösungsorientierte Kurztherapie in Anwendung, Forschung und Ausbildung zentral gewichten, finden sich in Anhang 2 c.

## LEKTÜREEMPFEHLUNGEN:

1. de Shazer, S.: *Keys to Solutions in Brief Therapy.* New York, W. W. Norton, 1985. (Wege der erfolgreichen Kurztherapie. Stuttgart, Klett-Cotta, 1991.)
2. O'Hanlon, W. H. und Weiner-Davis, M.: *In Search of Solutions.* New York, W. W. Norton, 1989.
3. Berg, I. und Miller, S.: *Working with the problem drinker.* New York, W. W. Norton, 1993. (Kurzzeittherapie bei Alkoholproblemen. Ein lösungsorientierter Ansatz, Heidelberg, Carl-Auer-Systeme, 1993.)
4. Insoo Kim Berg: *Familien-Zusammenhalt(en). Ein kurztherapeutisches und lösungsorientiertes Arbeitsbuch.* Dortmund, modernes lernen, 1992.

## Strategische Kurztherapie

Die strategische Kurztherapie wurde 1966 ins Leben gerufen, als ein ehemaliger Chemietechniker und jetziger Familientherapeut (John Weakland), ein Psychiater (Richard Fisch) und ein

Psychologe (Paul Watzlawick) im *Mental Research Institute (MRI)* in Palo Alto, Kalifornien, ein Kurztherapieprojekt starteten. (Dieses Verfahren ist auch als Problemlösungs-Therapie oder als das MRI-Modell bekannt.) Sie stellten sich ein bewußt gewähltes Zeitlimit von zehn Sitzungen. In dieser Zeit behandelten sie Probleme, die normalerweise mit sehr langwierigen Therapien assoziiert werden, wie etwa Schizophrenie und Eßstörungen. Ein früheres Team-Mitglied des Mri (Jay Haley) zog an die Ostküste und gründete dort gemeinsam mit Choe Madanes das *Family Therapy Institute of Washington, D. C.* Haley (1963, 1987) und Madanes (1985, 1990) haben zu diesem Modell umfassend veröffentlicht, insbesondere was die Arbeit mit Familien mit persönlichkeitsgestörten Jugendlichen betrifft. Das Grundprinzip ihrer Arbeit war die Konzentration auf das vorgelegte Problem, anstatt die Familien umkrempeln zu wollen oder nach tiefen Erkenntnissen zu schürfen. Die Probleme werden ihrer Natur nach als interaktive Ereignisse betrachtet. Wenn eine Person demnach mit einem Problem konfrontiert wird, so geht man nicht davon aus, daß sich dies alles »im Kopf« abspiele oder Anzeichen für einen Knacks im Charakter eines Menschen oder eine psychische Krankheit sei. Statt dessen werden Probleme als Ergebnisse erfolgloser Versuche zu ihrer Lösung gesehen. Problemen liegt ihrem Wesen nach ein Teufelskreis zugrunde, in dem ein bestimmtes Verhalten als falsch oder ungeeignet etikettiert wird, was in der Folge Anstrengungen nach sich zieht, dieses Verhalten loszuwerden. Ziel der Behandlung ist eine Unterbrechung des Teufelskreises, der das Verhalten konserviert – meist indem eine überzeugende Begründung geschaffen wird, warum die wiederholten Versuche derselben Lösung aufzugeben seien*.

---

* Das Buch heißt auf deutsch: *Lösungen. Zur Theorie und Praxis menschlichen Wandels.*

Paul Watzlawick und andere bringen in ihrem Buch *Change: Principles of Problem Formation and Problem Resolution* ein Beispiel: Eine Familie kam in die Therapie, weil der Vater und Ehemann »depressiv« war. Seine Frau und andere Familienmitglieder taten ihr Bestes, um ihn aufzuheitern. Nachdem sie anfänglich gescheitert waren, versuchten sie nur noch intensiver, ihn zu positivem Denken zu bewegen. Dies wiederum schien die Dinge nur zu verschlechtern. Der Therapeut teilte der Frau mit, daß ihr Gatte depressiv erschien und daß er den Eindruck habe, die Familie mache sich große Sorgen über ihn und sein Wohlergehen. Alles, was sie bisher unternommen hatten, die Stimmung des Vaters und Ehepartners zu heben, sei offensichtlicher Ausdruck dieser Liebe und Fürsorge. Allerdings, so erfuhren die Angehörigen, könnte es etwas geben, an das sie noch nicht gedacht hatten und das ihre Liebe zu ihm in hohem Maße beweisen könnte.

Der Therapeut ergänzte, er glaube, der Vater fühle sich mißverstanden; niemand könne das wahre Ausmaß seines furchtbaren Zustandes erfassen. Wenn sie ihn wirklich verstünden, wie könnten sie von »aufheitern« reden?

»Was er jetzt wirklich braucht«, fuhr der Therapeut fort, »ist das Gefühl, daß Sie ihm wirklich zur Seite stehen. Sie können das, indem Sie ihm zustimmen, wenn er sich über Dinge beklagt. Sie können ihm auch das Gefühl großer Nähe vermitteln, indem Sie öfter mal Probleme mit ihm besprechen, die auch Ihnen zu schaffen machen. Dadurch wird er sich weniger isoliert fühlen.« Nachdem die Familie schließlich ihre Versuche eingestellt hatte, ihn aufzuheitern, löste sich auch seine Depression.

Die hier und in anderen Fällen dieses Modells verwendete Methode wird als »Reframing« bezeichnet. Der Therapeut bedient sich des geistigen »Rahmens«, des Überzeugungssystems seiner Patienten, stellt ihnen aber dazu einen neuen

Blickwinkel zur Verfügung, einen neuen Bezugsrahmen, der es ihnen ermöglicht, anders zu handeln oder zu denken. Die Problemlösungstherapie geht zielbewußt-strategisch vor, ist außerordentlich pragmatisch und am tatsächlichen Verhalten orientiert. Diese Art der Therapie eignet sich am besten für Familien und Paare, etwas weniger gut für Einzelpersonen, die auf individuelle Erkenntnisse aus sind oder ihre Probleme als persönliche betrachten.

## LEKTÜREEMPFEHLUNGEN:

1. Haley, J.: *Problem-Solving Therapy.* San Francisco – Jossey-Bass, 2, Aufl., 1987. (Direktive Familientherapie, Strategien für die Lösung von Problemen leben lernen 27, München, Pfeiffer, 1977.)
2. Rabkin R.: *Strategic Psychotherapy: Brief Symptomatic Treatment.* New York, Basic Books, 1977.
3. Fisch, R., Weakland, J. H., Seagal, L.: *The Tactics of Change: Doing Therapy Briefly.* San Francisco, Jossey-Bass 1983. (Paul Watzlawick, John Weakland, Richard Fisch: Lösungen, Theorie und Praxis menschlichen Wandels. Bern, Huber, 1992).
4. Richard Fisch, John Weakland, Lynn Segal: *Strategien der Veränderung.* Stuttgart, Klett-Cotta, (2. Aufl.) 1991.

Weitere Informationen über strategische Kurztherapeuten erhalten Sie bei:

Brief Therapy Center
Mental Research Institute
555 Middlefield Road
Palo Alto, CA 94301
Tel: (4 15) 3 21 - 30 55

oder:
Family Therapy Institute of Washington, D. C.
5850 Hubbard Drive
Georgetown Park
Rockville, MD 20852
Tel: (3 01) 9 84 - 57 30

Im deutschsprachigen Raum gibt es kein Institut, das sich ausschließlich über strategische Kurztherapie definiert. Strategische Ansätze sind aber sehr häufig wichtige Bestandteile in systemischer Ausbildung und systemischen Therapien. Wie oben bereits angedeutet, läßt sich die von Talmon gewählte Auflistung nach therapeutischen Verfahren oder Schulen im deutschsprachigen Raum nicht ohne weiteres beibehalten: Zu sehr sind Einflüsse von Erickson, von de Shazer und dem BFTC, von MRI und anderen system-orientierten Ansätzen in systemische Therapiekonzepte eingeflossen, die sich oft nur in Teilbereichen und Schwerpunktsetzungen unterscheiden.

Die folgenden Informationen können nicht vollständig sein. Sie erfassen z. B. für Deutschland nur Dachverbände und diejenigen Institute, die sich in der Systemischen Gesellschaft zusammengeschlossen haben.

### Deutschland:
Systemische Gesellschaft
Geschäftstelle
Kußmaulstr. 10
D-69120 Heidelberg
Tel.: 0 62 21/4 06 40

(Im Anhang 2 d finden sich die in der Systemischen Gesellschaft zusammengeschlossenen Institute.)

Deutsche Arbeitsgemeinschaft für Familientherapie DAF
Geschäftsstelle
Hauptstraße 8
D-79104 Freiburg
Tel.: 07 61 / 2 70 - 68 06

Dachverband für Familientherapie
und Systemisches Arbeiten DFS
Geschäftsstelle
Frankfurter Str. 33
D-51065 Köln
Tel.: 02 21 / 61 31 33

**_Österreich:_**
Österreichische Arbeitsgemeinschaft für
systemische Therapie und systemische Studien (ÖAS)
Leopoldsgasse 51/5
A-1020 Wien
Tel.: 02 22 / 2 12 41 35

Institut für Familientherapie und Systemberatung IFS
Grillparzerstr. 66 A
A-4020 Linz
Tel.: 07 32 / 66 06 91

**_Schweiz:_**
Ausbildungsinstitut für Systemische Therapie
und Beratung
Dorfstraße 94
CH-8706 Meilen (Zürich)
Tel.: 01 - 9 23 - 03 - 20

Institut für Ehe und Familie
Wiesenstraße 9
CH-8008 Zürich
Tel.: 01 - 3 83 82 82

## Kurz-Verhaltenstherapie:
## Francine Shapiros EMDR

Gerade innovative Behandlungen werden manchmal durch Zufall entdeckt. Die Psychologin Francine Shapiro entdeckte 1987, daß zerstörerische Gedanken viel von ihrer Kraft verlieren, wenn der oder die Betroffene eine bestimmte Art wiederholter, unwillkürlicher Augenbewegungen ausführte. Auf Grund dieser Erkenntnis entwickelte Shapiro die Technik der *Eye Movement Desensitization and Reprocessing* (kurz: EMDR; deutsch etwa: Augenbewegungs-Desensibilisierungs- und Verarbeitungstechnik), die sich als wirksame und schnelle Behandlungsform für Angstzustände und Opfer schwerer Traumata (Vergewaltigung, Krieg, Mißhandlungen) erwies. Innerhalb von einer bis vier Sitzungen verzeichneten die Patienten signifikante Milderungen bei Symptomen wie Alpträumen, Zwangsgedanken, dem geistigen und emotionalen Wiederholen der Schreckensszenen (Flashbacks) und Angstzuständen. Die Verbesserungen waren auch drei Monate später bei der Nachbesprechung noch vorhanden.

Das Verfahren ist ganz einfach:

1. Der Patient und der Therapeut identifizieren das Symptom des Problems und formulieren die erwünschte positive Selbsteinschätzung.

2. Der Patient wird aufgefordert, in seinem Bewußtsein eine Vorstellung der traumatischen Erinnerungen und/oder

der mit der Angstreaktion einhergehenden körperlichen Empfindungen aufrechtzuerhalten.

3. Gleichzeitig veranlaßt der Therapeut eine Reihe unterschiedlicher Augenbewegungen, indem er den Patienten bittet, einer wiederholten, von dem Therapeuten mit dem Finger vorgezeichneten Links-Rechts-Bewegung zu folgen.

Der Vorteil behavioristischer Verfahren wie der Augenbewegungstechnik liegt in der Tatsache begründet, daß es sich um eine standardisierte Technik handelt, die einen geringen Aufwand an Zeit, Geld oder Risiko mit sich bringt. Sie gibt dem Patienten ein Ritual zum Ersatz eines negativen Gefühls (wie Angst) oder Zwangsgedanken (wie Flashbacks einer traumatischen Szene) durch eine positive, ausgeglichene und wenig aufwühlende Erfahrung. Die Wirkung beruht anscheinend auf dem Zusammenwirken wissenschaftlich erfaßbarer Vorgänge im Gehirn mit dem Glauben an das Ritual als eine Brücke, die vom Problem zur Lösung geschlagen wird. Wie jede andere therapeutische Technik funktioniert auch diese nur bei einigen Problemen, und auch da nicht in jedem Fall, obwohl Shapiro behauptet, die Technik lasse sich bei allen dysfunktionalen Emotionen anwenden und verstärke zudem positive Geisteszustände.

Zur Illustration der vielfältigen Anwendungsmöglichkeiten des Verfahrens liefert Shapiro die folgenden Beispiele: Zwei Kinder wurden Zeugen des schrecklichen Todes eines Elternteils und erlebten exzessiven Kummer, Zorn und Schuldgefühle. In ihrer Erinnerung an den verstorbenen Elternteil hatten nur die entsetzlichen Todesumstände Platz. Unmittelbar nach Durchführung des EMDR-Verfahrens kamen wieder erfreuliche Erinnerungen an die Eltern hoch.

Eine Frau, deren Vater Alkoholiker war, wünschte eine Behandlung wegen ihrer Angstzustände und der hochgradigen Funktionsstörungen im interpersonalen und sozialen Bereich. In der ersten Sitzung wurden spezifische angstauslösende Situationen aus ihrer Vergangenheit und ihrer Gegenwart isoliert. In den nächsten Sitzungen wurden diese angstauslösenden Traumata durch EMDR desensibilisiert. Gleichzeitig suggerierte der Therapeut positive Wahrnehmungen und Überzeugungen. Als sie beispielsweise gebeten wurde, sich den persönlichen Umgang mit ihrem Mann vorzustellen und die dadurch ausgelösten Ängste zu erspüren, gab sie zu Protokoll, sie stelle sich selbst vor, so klein wie ein Kind zu sein, während ihr Mann sie wie ein Riese überrage. Während der wiederholten Augenbewegungsdurchgänge sah sie sich, so berichtete sie, spontan »wachsen« und empfand zunehmend weniger Angst – so lange, bis sie sich in ihrer Vorstellung mit ihrem Mann Auge in Auge gegenüberstand. Jetzt wurde sie aufgefordert, mit ihrem Mann eine leichte, angenehme Interaktion zu beginnen. Sie sagte, sie beginne sich mit weiteren Augenbewegungen immer stärker zu fühlen. Bei der nächsten Sitzung gab sie an, »etwas habe sich verschoben« und sie sei jetzt fähig, mit ihrem Mann »von gleich zu gleich« und sorgenfrei umzugehen. Shapiros Vorgangsweise in diesem Fall sowie in anderen Fällen mit Vietnam-Veteranen und Vergewaltigungsopfern taugen als Veranschaulichungen dafür, daß komplexe Probleme nicht unbedingt langwieriger und kostspieliger Lösungen bedürfen. Sie spricht von einem verinnerlichten, gewissermaßen »fest verdrahteten« – mit anderen Worten: nicht bloß psychisch, sondern umfassend neurologisch fundierten – Informationsverarbeitungssystem. Die Information von dem Trauma ist im Nervensystem in seiner ursprünglichen, zerstörerischen Form gespeichert. Die Augenbewegungen können einen Beitrag als Katalysator des Informationsverarbeitungssystems und zur Umformung der Informationen in Lösungen leisten. Nachgespräche drei Jahre nach der kurzen EMDR-Behandlung haben gezeigt, daß die positiven Wirkungen von Dauer sind.

In den letzten paar Jahren hat Shapiro Tausende von Therapeuten zu EMDR-Experten ausgebildet. Shapiro weist darauf hin, daß nur die Konsultierung eines qualifizierten Therapeuten die Wirksamkeit der Therapie und die Sicherheit des Patienten garantieren können.

Empfehlungen und weitere Informationen erhalten Sie bei:

Francine Shapiro, Ph. D.
oder:
Robbie Dunton, Coordinator
EMDR
PO Box 51010
Pacific Grove, CA 93950-6010
Tel.: (4 08) 3 72 - 3 90
Fax.: (4 08) 6 47 - 98 81

Eine deutschsprachige Adresse, unter der dieses Verfahren angeboten wird, konnte nicht in Erfahrung gebracht werden.

## Kognitiv-Behavioristische Therapie

Die kognitiv-behavioristische Therapie (CBT) ist eine Kombination empirisch begründeter Techniken und Verfahren, die sowohl aus kognitiven wie aus behavioristischen Forschungen abgeleitet sind. Die Mehrzahl der Therapeuten, die früher als entweder kognitiv oder behavioristisch orientiert galten, haben sich in einer als kognitiv-behavioristisch bekannten Schule zusammengefunden. Eine neue Studie spricht von 18 kognitiven und neun behavioristischen Techniken, die üblicherweise von CB-Therapeuten angewendet werden. CBT ist ein strukturierter und umfassender Ansatz, der das Lehren bestimmter Denk- und Verhaltensfertigkeiten in den Mittelpunkt stellt. Sie lernen zum Beispiel, wie Sie depressive Gedanken (»Es ist alles meine Schuld«; »Das wird nie funktionieren«) durch eine ausgeglichene und optimistische Sicht von sich selbst und der Welt ersetzen (»Nicht alles ist meine Schuld«; »Es hat heute nicht funktioniert, aber morgen kann sich schon eine neue Chance ergeben«). Ein solcher Prozeß kann (muß aber nicht) sehr kurz sein. Die Durchschnittsdauer liegt bei acht Sitzungen, allerdings gibt es starke Schwankungen. Die drei Grundvoraussetzungen der CBT lauten wie folgt:

1. Das Denken der Menschen wirkt sich auf ihr Verhalten und ihre Emotionen entscheidend aus. Wenn die Menschen ihre Denkweisen ändern können, werden ihre Handlungen und Gefühle nachfolgen.

2. Die Menschen haben den Löwenanteil ihrer destruktiven Verhaltensweisen und Gedanken gelernt; sie können diese deshalb auch wieder verlernen oder neu erlernen. Sie können beispielsweise lernen, ein Optimist zu sein, oder Sie können lernen, sich selbst trotz sehr negativer Kindheitserinnerungen zu schätzen und zu mögen.

3. Es kommt nicht darauf an, was sich in einem Leben ereignet hat, sondern wie die Menschen dies aufnehmen. Die Menschen sehen, was sie sehen wollen, und sie hören nur das, was sie bereit sind zu hören. Dies ergibt aber im Regelfall eine einseitige, verzerrte Version der Realität.

CBT stellt eine gemeinsame Anstrengung von Patient und Therapeut dar, mit dem Ziel, Annahmen von der Welt, Zuordnungsmuster (die Art und Weise, in der Menschen die

Verantwortung für ihnen geschehene Ereignisse übernehmen) und gewohnheitsmäßige, automatische Gedanken als solche zu identifizieren. Nachdem diese erkannt worden sind, fordert der Therapeut den Patienten auf, alternative Sichtweisen von alltäglichen Ereignissen und flexiblere und optimistische Annahmen über die Welt zu entwickeln und schließlich Denk- und Verhaltensweisen auf der Basis dieser neuen Annahmen zu üben.

Im folgenden ein Beispiel für ein typisches Gespräch zwischen einem CB-Therapeuten und einer deprimierten Frau, die ihrem Leben ein Ende setzen möchte.

*Therapeut (T):* Warum möchten Sie nicht mehr leben?
*Patientin (P):* Ohne Raymond [ihr Ehemann] bin ich wertlos. Ich kann ohne Raymond nicht glücklich sein. Aber es gelingt mir auch nicht, unsere Ehe zu retten.
*T:* Was haben Sie für eine Ehe geführt?
*P:* Es war von allem Anfang an schlimm. Raymond war mir immer schon untreu. Ich habe ihn in den letzten fünf Jahren ja kaum zu Gesicht bekommen.
*T:* Sie sagen, Sie können ohne Raymond nicht glücklich sein. Waren Sie jemals glücklich, wenn Sie mit Raymond zusammen waren?
*P:* Nein! Wir streiten die ganze Zeit, und mir geht's noch schlechter.
*T:* Sie sagen, Sie sind wertlos ohne Raymond. Hatten Sie das Gefühl, wertlos zu sein, bevor Sie Raymond kennenlernten?
*P:* Nein, ich habe mich schon als vollwertig empfunden.
*T:* Wenn Sie eine wertvolle Person waren, bevor Sie Raymond kennenlernten, warum brauchen Sie ihn jetzt, um sich wertvoll zu fühlen?
*P:* (erstaunt) Hmmmmmm.

*T:* Hatten Sie Männerbekanntschaften, ehe Sie Raymond kennenlernten?

*P:* Ich war ziemlich beliebt zu dieser Zeit.

*T:* Wieso glauben Sie, daß Sie jetzt ohne Raymond nicht beliebt sein würden?

*P:* Weil ich nicht mehr so attraktiv auf Männer wirke.

*T:* Haben sich andere Männer für Sie interessiert, seit Sie verheiratet sind?

*P:* Viele Männer haben Anspielungen gemacht, aber ich ignoriere sie.

*T:* Wenn Sie nicht mehr verheiratet wären, glauben Sie, die Männer wären dann an Ihnen interessiert, wenn sie wüßten, daß Sie wieder frei sind?

*P:* Ich glaube schon, daß sie das möglicherweise wären.

*T:* Ist es denkbar, daß Sie einen Mann finden könnten, der verläßlicher ist als Raymond?

*P:* Ich weiß nicht. Wahrscheinlich schon.

*T:* Sie sagen, Sie ertragen den Gedanken nicht, Ihre Ehe aufzugeben. Ist es richtig, daß Sie Ihren Mann in den letzten fünf Jahren kaum gesehen haben?

*P:* Das ist richtig. Ich sehe ihn nur ein paar Mal im Jahr.

*T:* Besteht irgendeine Chance, daß Sie mit ihm wieder zusammen kommen?

*P:* Nein. Er hat eine andere. Er will mich nicht.

*T:* Was haben Sie dann eigentlich verloren, wenn Sie die Ehe beenden?

*P:* Weiß ich nicht.

*T:* Ist es möglich, daß Sie besser zurechtkommen, wenn Sie die Ehe beenden?

*P:* Dafür gibt es keine Garantie.

*T:* Führen Sie überhaupt eine richtige Ehe?

*P:* Sieht nicht so aus.

*T:* Wenn Sie keine richtige Ehe führen, was verlieren Sie dann, wenn Sie sich für eine Trennung entscheiden?

*P:* (Lange Pause) Nichts, glaube ich.

Der Therapeut war Aaron Beck, M. D., der die kognitive Therapie in den siebziger Jahren in der University of Pennsylvania Medical School entwickelte. Er ist in diesem Fall ziemlich aktiv und direkt. Er stellt die Annahmen und Schlüsse der Patientin bezüglich des Problems beständig in Frage. Er stellt ihr detaillierte Fragen, die die Patientin ermuntern, die Dinge zu überdenken und nachzuprüfen. In letzter Zeit wurden CBT-Methoden nicht nur im Zusammenhang mit depressiven Zuständen verwendet, sondern auch für andere komplizierte Probleme, wie Persönlichkeits- und Eheschwierigkeiten.

Was mir an der CBT besonders gefällt, ist deren solide und umfassende wissenschaftliche Grundlage. Sie wurde unter Heranziehung sorgfältiger Studien mit anderen Behandlungsmethoden verglichen, wie etwa der Verabreichung von Antidepressiva, Erkenntnistherapie, Unterstützungstherapie, Entspannungsübungen und nichtdirektiver Therapie. Dabei stellte sich regelmäßig ihre Überlegenheit über diese und andere Methoden heraus. Die CBT erweist sich als besonders nützlich bei Depressionen und Angstzuständen. Sie wurde aber in den letzten zehn Jahren auch zur Bekämpfung vieler anderer persönlicher und interpersonaler Probleme eingesetzt. Viele ihrer führenden Vertreter haben auf der Grundlage dieser Methode populäre Selbsthilfebücher geschrieben, von denen einige im folgenden zitiert werden:

# LEKTÜREEMPFEHLUNGEN:

1. Burns, D.: *Feeling Good: The New Mood Therapy.* New York, Signet, 1980.
2. Beck, A.; Rush A. J.; Shaw B. F.; Emery, G.: *Cognitive Therapy of Depression.* Guilford Press, 1979. (Kognitive Therapie der Depression, Weinheim, Beltz, Psychologie-Verlags-Union, 1993).
3. Seligman, M.E.P.: *Learned Optimism: How To Change Your Mind And Your Life.* Alfred A. Knopf, 1990. (Pessimisten küßt man nicht. Optimismus kann man lernen. München, Droemer-Knaur, 1991).
4. Albert Ellis: *Die rational-emotionale Therapie. Das innere Selbstgespräch bei Problemen und seine Veränderung.* Leben lernen 26, München, Pfeiffer, 1990.

Empfehlungen und Informationen erhalten Sie telefonisch oder schriftlich bei:

Center for Cognitive Thearpy,
133 South 36th Street,
Room 602
Philadelphia, PA 19104;
Tel.: (2 15) 8 98 - 41 00.

Association for Behavior Therapy
15W. 36th Street
New York, N. Y. 10018
Tel.: (2 12) 2 79 - 79 70

Institute for Rational-Emotive Therapy
45 E. 65th Street
Tel.: (2 12) 5 35 - 08 22

### Deutschland:

DIREKT
Deutsches Institut für Rational-Emotive
und Kognitiv-Behaviorale Therapie
Zentralsekretariat
Müllersweg 14
D-97249 Eisingen
Tel.: 09 31 / 8 15 56

(Das Institut kann auch auf ausgebildete TherapeutInnen in
Österreich und der Schweiz verweisen.)

Deutsche Gesellschaft für Verhaltenstherapie
Geschäftsstelle
Postfach 1343
D-72003 Tübingen
Tel.: 0 70 71 / 4 12 11

# Neurolinguistisches Programmieren (NLP)

NLP ist ein ausgefeilter und spezifischer Methodenkomplex
für rasche Veränderung und kurzfristige Problemlösung. Sie
wurde in den siebziger Jahren von Richard Bandler und John
Grinder entwickelt, die dazu das therapeutische Werk zweier
»Meister«-Therapeuten einer sorgfältigen Analyse unterzogen: einer Familientherapeutin namens Virgina Satir und des
Hypnosetherapeuten Milton Erickson. Von diesem Fundus
ausgehend, entwickelten sie Schritt für Schritt standardisierte
Verfahren oder »Rezepte« zur Behandlung unterschiedlicher
Arten von Problemen. Die wissenschaftliche Basis ist nicht
so breit wie bei CBT, doch die klinische Auswertung ist reich
und vielversprechend.

Die Grundannahme des NLP lautet, daß alle Erfahrungen – Erinnerungen, Pläne, Hoffnungen, Befürchtungen und Entscheidungen – aus den Bausteinen sinnlicher Erfahrungen zusammengesetzt sind, also aus den fünf Sinnen Sehen, Hören, Riechen, Schmecken und Fühlen. Die fünf Sinne bestehen aus kleinen Elementen, den sogenannten Submodalitäten. So kann beispielsweise ein bildlicher Eindruck klein oder groß sein, nahe oder fern, in Schwarzweiß oder in Farbe. Normalerweise wird ein bildlicher Eindruck mit den Attributen groß, nahe und farbig eine stärkere Reaktion auslösen als einer mit den Kennzeichen klein, fern und schwarzweiß. Mit Hilfe von NLP werden Sinn- und Submodalitätsstruktur eines Problems oder einer Erfahrung verbal und nonverbal erkannt, indem Signale wahrgenommen und versucht wird, diese zu ändern. NLP lehrt einfache Übungen, mit denen die Art und Weise verändert werden soll, in der der Patient das Problem erlebt. Wenn wir beispielsweise einer kummervollen Erinnerung die Attribute klein, weit entfernt und grau zuordnen, so daß Klang und Farbe aus der Erinnerung weichen, so wird diese vieles von ihrer zerstörerischen Kraft verlieren. Es ist nichts Ungewöhnliches für NLP-Therapeuten, ein Problem in einer einzigen oder einigen wenigen Sitzungen zu behandeln. Am besten eignet sich die Methode für klar definierte und gut erfaßte Probleme. Lori wurde zum Beispiel in einer einzigen Sitzung erfolgreich gegen eine 20 Jahre alte Bienenphobie behandelt. Im Alter von sieben Jahren war sie in ein Wespennest gefallen und hunderte Male gestochen worden. Seither sagt sie: »Wenn eine Biene im Haus ist, flüchte ich.«

Nachdem der Therapeut den Kontakt zu Lori hergestellt hatte, konnte er ihre phobischen Reaktionen beobachten, indem er sie bat, sich eine Biene in dem Raum vorzustellen, in dem die beiden saßen. Dann führte er sie in einen normalen, entspannten Zustand zurück und begann mit der Intervention. Zuerst forderte er sie auf, sich vorzustellen, sie befände sich in einem Kino. Nachdem sie zu dieser Vorstellung in der Lage war, leitete der Therapeut sie folgendermaßen an:

*Therapeut (T):* Ich möchte, daß Sie jetzt diesen Schwarz-weißfilm auf der Leinwand beiseite lassen und aus Ihrem Körper, der da auf dem Stuhl sitzt, herausgleiten. Bewegen Sie Ihren Körper jetzt hinauf in den Projektionsraum des Kinos. Gelingt Ihnen das? Nehmen Sie sich ruhig ein wenig Zeit ...

*Lori (L):* O.K.

*T:* Sie können jetzt sozusagen durch das Glas schauen, und in dem Glas sind Löcher, damit Sie den Filmton hören können; wir werden nämlich bald einen Film sehen. Ich wünsche mir von Ihnen, daß Sie einen Film von sich selbst vorführen, der Sie in einer dieser traumatischen Situationen zeigt, als Sie auf dieses spezielle Ding reagierten. Lassen Sie die Szene vom Anfang bis zum Ende durchlaufen, und bleiben Sie selbst im Projektionsraum ... Beobachten Sie sich, wie Sie als Reaktion auf eine dieser Situationen ziemlich durchdrehen. Gut so. Nehmen Sie sich so viel Zeit, wie Sie brauchen, und geben Sie mir Bescheid, wenn Sie am Ende angelangt sind.

*L:* Es fällt mir schwer, das Ende zu erreichen.

*T:* Aha. Inwiefern ist es schwierig?

*L:* Es scheint anzuhalten ... Der bestimmte Vorfall ereignet sich immer und scheint kein Ende zu finden, obwohl ich weiß, daß es ein Ende gibt.

Der Therapeut forderte Lori nun auf, die Geschwindigkeit zu steigern, damit sie die Szene immer wieder von neuem sehen kann, und er fragte sie, wie oft sie wohl die Szene abspielen muß, damit sie schließlich das Ende sehen kann.

*L.* Hm, ein halbes Dutzend mal.

*T:* Okay. Lassen Sie also ein halbes Dutzend Wiederholungen ablaufen, damit Sie zum Ende durchdringen … Und mit »Ende« meine ich, daß die ganze Angelegenheit zu Ende ist und Sie wieder zurück auf Normal sind.

Nachdem der Therapeut sie darin bestärkte, daß sie es zum Ende schaffen würde, gab Lori zu verstehen, sie fühle sich »ein wenig unwohl, aber nicht schlecht. Nicht wie im wirklichen Leben«. Der Therapeut ging dann einen Schritt weiter und bat Lori, aus dem Projektionsraum herauszukommen und den Sitz im Zuschauerraum zu verlassen. Sie solle sich vorstellen, im Film selbst mitzuspielen, und zwar ganz am Ende, und den Film rückwärts ablaufen lassen. Sie solle den Film in Farbe und in umgekehrter Abfolge abspulen und sich dabei in die Szene hineinbegeben, »so als wären Sie tatsächlich mittendrin.« Er führte sie nun einige Male und mit hoher Geschwindigkeit durch das vom Ende her aufgerollte Nacherleben. Am Ende des Prozesses prüfte der Therapeut, wie Lori auf die Behandlung angesprochen hatte, indem er sie wieder aufforderte, sich eine Biene vorzustellen.

*T:* Und jetzt gehen wir mal ganz hart ran. Sie lassen eine Biene zum Fenster reinfliegen und sich auf Ihre Hand setzen (Lori blickt auf ihre Hand). Können Sie sich das vorstellen?

Lori schüttelt ungläubig den Kopf. Sie beschreibt dem Therapeuten ganz ruhig das Gefühl, wie sich die Biene auf ihrem Handrücken niederläßt. Es liegt ein beträchtlicher Unterschied zwischen dem vorigen Test und der jetzt empfundenen Leichtigkeit vor.

Ein Jahr später kam der Therapeut mit ungefähr einem Dutzend in einem Marmeladenglas gefangenen Bienen zu Lori nach Hause. Sie hielt das Glas ohne Aufregung und beobachtete die darin befindlichen Bienen mit Interesse. Der Therapeut ließ ein paar Bienen aus dem Glas entweichen, und Lori beobachtete sie über ihr Wohnzimmerfenster kriechen, ohne irgendwelche besonderen Reaktionen zu zeigen. Eine Biene war in ihrer Wohnung – und sie dachte gar nicht daran, die Flucht zu ergreifen. Acht Jahre später ist Lori noch immer frei von ihrer alten Phobie.

Wie bei vielen NLP-, Bilderlebens-, EMDR- und Hypnotherapiefällen geht es auch in diesem Fall um eine Dissoziation des Patienten bzw. der Patientin von der traumatischen Erfahrung. Eine lebendige, erfahrungsbezogene Technik ermöglicht es einem Patienten, sich von der traumatischen Erinnerung abzukoppeln und Alternativerfahrungen zu entwickeln. In dem oben dargestellten Fall geschah dies zuerst vom sicheren Standpunkt des Projektionsraums aus, in einem zweiten Schritt vom Stuhl im Zuschauerraum. Nachdem sie einmal fähig war, sich ein positives, normales Ende vorzustellen, wurde Lori gebeten, es sich von innen anzusehen, also sich unmittelbar hineinzuversetzen, allerdings in umgekehrter Abfolge. Es ist ein schrittweise aufgebautes, aber durchaus lebendig gestaltetes Verfahren, das es der Patientin ermöglicht, eine unmittelbare Veränderung zu erfahren und sich die Ergebnisse *in vivo* bei einer Nachbetreuungssitzung (in diesem Fall ein Jahr später) zu vergewissern.

Gelegentlich erscheint NLP mehr zu versprechen, als es halten kann. Es spricht Patienten an, die am liebsten »am Abend zu Bett gehen und am Morgen ohne das Problem aufwachen« möchten. Der Therapeut übernimmt den Großteil der Führung, indem er den verbalen und nonverbalen Reaktionen der Patienten folgt.

Die NLP legt großen Wert auf feste Muster oder »Rezepte«. Gemeinsam ist NLP und Kurztherapie die Erwartung, daß die Patienten innerhalb der ersten drei Sitzungen signifikante Fortschritte in Richtung der gewünschten Veränderungen erzielen müßten. »Ist dies nicht der Fall«, so Andreas, »dann raten wir den Patienten, eine andere Methode zu versuchen … Wir erreichen das, was wir können, in der ersten Sitzung – die bei Bedarf bis zu zwei oder drei Stunden dauern kann – und haben je nach Wunsch oder Notwendigkeit noch die eine oder andere Follow-up-Sitzung.« (Der oben geschilderte Fall und die Beschreibung der NLP-Therapie sind dem Buch *Heart of the Mind* von Steve Andreas und Connaire Andreas (1989) entnommen*.

LEKTÜREEMPFEHLUNGEN:

1. Bandler, R. *Using Your Brain – for a Change.* Moab, UT: Real People Press, 1985. (Veränderung des subjektiven Erlebens. Paderborn, Jungfermann, 5. Aufl., 1995.)
2. Andreas C. und Andreas S.: *Heart of The Mind.* Moab, UT: Real People Press, 1989. (Mit Herz und Verstand, NLP für alle Fälle, Paderborn, Jungfermann, 2. Aufl., 1994.)

Empfehlungen und Informationen erhalten Sie bei:
North American Association of
Neuro-Linguistic Programming
8335 Allison Pinte Trail, Suite 250
Indianapolis, IN 46250
Tel.: (3 17) 8 41 - 80 38

* In Deutsch lautet der Titel: *Mit Herz und Verstand.*

Die Palette an Anbietern von NLP hat sich im deutschsprachigen Raum in den letzten Jahren sprunghaft ausgeweitet. Häufig wird ein Schwerpunkt auf Management und Optimierung von Verkaufsstrategien erkennbar. Daher könnten Talmons Hinweise zur sorgfältigen Auswahl von TherapeutInnen hier besonders wichtig sein.

### in Deutschland:
Hier kann auf einen unabhängigen Dachverband der NLP-Anwender in Deutschland verwiesen werden (»Überinstitutionell, unparteiisch, international«):

GANLP e. V.
German Association for NLP e. V.
Herzogstraße 83
80796 München
Tel.: 0 89 / 3 08 13 06

(Die GANLP kann auch Adressen von ausgebildeten NLP-TherapeutInnen in Österreich und der Schweiz angeben.)

### in Österreich:
Österreichisches Trainingszentrum für NLP
Teybergasse 1/19
A-1140 Wien
Tel.: 02 22 / 8 94 00 17

Austrian Institute for Neurolinguistic Programming
Linzer Straße 77/17
A-1140 Wien
Tel.: 0 22 22 / 9 85 61 50

*in der Schweiz:*
NLP Aus- und Weiterbildung,
Familien-, Paar- und Jugendberatung
Metzgergasse 4
CH-5000 Aarau
Tel.: 0 64 / 22 61 61

## Die zeitbeschränkte psychodynamische Therapie Manns

Eines der Leitprinzipien tiefgehender, erkenntnisorientier-
ter Therapie ist das Angebot einer offenen, zeitlich unbe-
schränkten Behandlung zum Aufbau von Vertrauen und der
Fähigkeit, frei zu assoziieren und seine Gefühle sicher durch-
leben zu können. Die verschlungenen Wege zum Unbewußten sollen dadurch erforscht und den grundlegenden
menschlichen Konflikten ins Auge gesehen werden. Die meisten psychoanalytischen und psychodynamischen Methoden
plädieren für eine zeitlich offene Therapie. In den vergangenen Jahren begann ein Dutzend führender Therapeuten dieser Richtung die These in Frage zu stellen, daß diese Tiefen-
Therapien notwendigerweise zeitlich unbegrenzt sein müßten. Einer von ihnen ist James Mann von der Boston
University School of Medicine, der in den siebziger Jahren
die These aufstellte, eine Therapie sollte auf zwölf Sitzungs-
stunden beschränkt sein und einen festen Endtermin aufwei-
sen, auf den sich Therapeut und Patient bereits im vorhinein
einigen sollen. Wie Mann in seinem Buch *Time Limited Psychotherapy* argumentiert, führe zeitlich unbeschränkte Therapie »zu einer ständigen Ausweitung und Verwirrung des
Inhalts. Dies erzeugt im Bewußtsein des Therapeuten eine wachsende Verwirrung bezüglich seines Gegenstandes,

und … es verstärkt bestimmt die Abhängigkeit des Patienten vom Therapeuten. Die Folge ist, daß Patient und Therapeut über kurz oder lang einander brauchen, so daß ein Abschluß des Falles wie ein Ding der Unmöglichkeit erscheint.«

Das Besondere an Manns Prinzipien ist – neben der vorbestimmten Länge – die Überzeugung, daß grundlegende, tief in der Vergangenheit eines Menschen wurzelnde Konflikte in nicht mehr als zwölf Sitzungen behandelt werden können. Mann beruft sich in hohem Maße auf psychoanalytische Theorien zu Persönlichkeit und Psychopathologie. Ihr therapeutischer Schwerpunkt auf der Pathologie, der Vergangenheit und unlösbaren psychischen Konflikten unterscheidet seine Methode deutlich von den anderen in diesem Buch präsentierten. Eine Gemeinsamkeit besteht allerdings in dem Versuch, in der ersten Sitzung ein zentrales Schwerpunktthema zu schaffen. Mann versucht dadurch ein zentrales, ungelöstes Problem als Auslöser chronischer, dauerhafter Schmerzen zu identifizieren. Er hat dazu vier zentrale psychische Dilemmas (oder Konflikte) beschrieben: Unabhängigkeit gegenüber Abhängigkeit, Aktivität gegenüber Passivität, adäquate Selbstachtung gegenüber verringerter oder verlorener Selbstachtung und ungelöster oder zeitlich verzögerter Kummer aufgrund einer früheren Trennung.

Mann versucht am Ende der ersten Sitzung, zu dem unter Schmerzen leidenden Patienten eine von echter Anteilnahme getragene Verbindung herzustellen. Ein Beispiel für die Formulierung eines zentralen Themas wäre etwa die bestätigende Feststellung: »Sie haben also immer Angst gehabt, daß Sie trotz Ihrer Anstrengungen alles verlieren würden.« Mann stellte fest, daß viele Patienten nach der ersten Sitzung, nachdem sie sich geöffnet hatten und ein zentrales Thema gefunden war, rasche Symptomverbesserungen und eine substantielle Erleichterung verspürten. Während der mittleren Pha-

se der zwölf Sitzungen muß laut Mann mit einigen Rück-
schlägen gerechnet werden, wenn alte Wunden wieder auf-
gerissen werden. Mann nützt diese Phase dazu, den Patienten Einsicht in die intensiven Gefühle der Trennungsangst
und die starken Abhängigkeitsbedürfnisse gegenüber dem
Therapeuten zu gewähren. In der letzten Behandlungsphase
wird die Reaktion des Patienten auf das Ende der Therapie
in den Mittelpunkt der Diskussion gerückt. Wie andere psy-
choanalytisch orientierte Therapeuten auch, geht Mann davon aus, daß die Trennung vom Therapeuten in direkter
symbolischer Beziehung zu allen vorangehenden Verlusten
und Trennungserlebnissen steht und daß die Auflösung dieses Trennungsproblems den Schlüssel zum therapeutischen
Effekt darstellt.

Sie bekommen einen guten Eindruck vom Wesen Mann-
scher Therapie, wenn Sie beobachten, wie er den Abschluß
seiner mit fixem »Ablaufdatum« versehenen Behandlungen
gestaltet. In unserem Beispiel geht es um einen verheirateten
32jährigen Sonderschullehrer, der gezwungen war, sich beurlauben zu lassen, da er extreme Ängste entwickelt hatte,
nachdem er einer Klasse mit fünf geistig behinderten Kindern zugeteilt worden war. In der Klasse wurde er von Symptomen wie schnellem Herzschlag, Schweißausbrüchen, einem großen Knoten im Magen und einem Gefühl der Bedrohung heimgesucht. Alleingelassen mit der Aufgabe, mit
aggressiven, weitgehend unkontrollierten Kindern fertig zu
werden, wurde das ausgelöst, was Mann als zentrales Thema
dingfest machte: »Sie haben lange unter einem Gefühl der
Hilflosigkeit gelitten, wenn Sie alleine gelassen wurden.« An
dieser Furcht wurde über den Großteil der zwölf Sitzungen
hinweg gearbeitet, insbesondere im Hinblick auf das beim
Patienten vorhandene Verlustgefühl in bezug auf eine wesentliche Elternfigur.

Und so ist Mann mit dem Abschluß der Zwölf-Sitzungs-Therapie und dem Verlangen des Patienten nach seiner »elterlichen Zustimmung« umgegangen (aus dem Buch *A Casebook in Time-Limited Psychotherapy*):

*Patient (P):*  Ich bin mir bewußt, daß ich jetzt möglicherweise andere Gefühle abwehre, aber ich habe das Gefühl, daß dies für mich nicht nur ein Ende ist, sondern vielmehr ein Anfang. Mir hat sich ein neuer Kosmos an Möglichkeiten aufgetan, die ich zuvor einfach  nicht kannte.

*Therapeut (T):*  Dieser Meinung schließe ich mich an. Trotzdem ist es tatsächlich möglich, daß Sie anderen Gefühlen aus dem Weg gehen. Es kann sein, daß Sie sich in den kommenden Tagen depressiv fühlen oder verärgert sind, und wenn dies der Fall ist, wird es wohl mit Gefühlen mir gegenüber zu tun haben.

*P:* Ich bin mir bewußt, daß mir Ihre Anerkennung sehr wichtig geworden ist.

*T:* Bin ich Ihnen sympathisch?

*P:* Ja, sehr!

*T:* Dann könnten Sie sich unter Umständen fragen, warum schickt er mich jetzt weg, warum verläßt er mich, nachdem ich so hart für ihn gearbeitet habe ...

*P:* Ich weiß, daß ich riesige Fortschritte gemacht habe, und ich bilde mir auch nicht ein, daß Sie nicht auch bessere Patienten haben.

*T:* Soll ich Ihnen eine Eins mit Goldrand geben?

*P:* Ich würde sagen, ich bin auch mit einer Drei schon zufrieden.

*T:* Aber Sie sehen, daß wir damit schon wieder bei Ihrem Verlangen nach meiner Anerkennung und Zustimmung gelandet sind.

*P:* Wissen Sie, ich hatte den Eindruck einer sofortigen Heilung. Das erscheint mir natürlich ein wenig verdächtig.

*T:* Sie sind nicht geheilt. Sie werden diese Probleme bestimmt wieder erleben, aber Sie werden wissen, worum es geht und wie Sie damit fertig werden.

*P:* Was anfänglich so weit weg erschien – das Therapieende –, ist jetzt da.

*T:* Ich warne Sie noch mal: Sie werden vielleicht deprimiert oder wütend sein – und dies wird an Gefühlen zu mir liegen!

*P:* Ich glaube, ich habe mich unter Kontrolle. Ich habe eben solche Gefühle, und ich werde damit umgehen können.

(Therapeut und Patient verabschieden sich.)

Im Unterschied zu Kurztherapeuten setzt Mann als therapeutische Werkzeuge die Übertragungsgefühle und Erwartungen ein, die der Patient auf den Therapeuten projiziert. Beiden Theorien liegt die Überzeugung zugrunde, daß eine Therapie genau die ihr ursprünglich zugemessene Zeit benötigen wird. Mann schärft das Bewußtsein des Patienten für die vergehende Zeit und die unvermeidliche Akzeptanz der Tatsache, daß alles im Leben zu einem Ende kommt. Die Therapie muß ihre Fortsetzung außerhalb der Sitzung finden, und Veränderung wird auch nach Ende der Therapie stattfinden. Mann verspricht keine Heilung, sondern bereitet seinen Patienten auf die Härten von Trennungen vor. Er verspricht weniger und hält mehr. So verabschiedet er sich zum Beispiel und macht keine weiteren Versprechungen, mit seinen Patienten in Kontakt zu bleiben oder für sie da zu sein. Doch setzt Mann ohne vorherige Ankündigung das Instrument der Nachbesprechungen ein, um Informationen über die Beschwerlichkeiten des therapeutischen Prozesses nach dessen formeller Beendigung zu sammeln. Diese Follow-ups sind eine ausgezeichnete Methode, zwei Ziele mit einem Schlag zu verwirklichen: Verstärkung des therapeutischen Effekts und gleichzeitig Intensivierung des Verständnisses des therapeutischen Prozesses bei Therapeut und Patient.

Ich führe auch Nachbesprechungen mit meinen Kurzzeitpatienten durch, doch ich informiere sie von dieser Absicht im vorhinein. Ich lerne ständig etwas Neues dazu, indem ich sie dazu auffordere, ihre eigenen Fortschritte zu überprüfen. Ich gewinne oft neue Perspektiven aus der zeitlichen Distanz zwischen der Sitzung, den Nachbesprechungen und den Fragen, die wir diskutiert haben, wie etwa:

*»Wodurch wurde Ihrer Ansicht nach die Veränderung möglich?«*
*»Was hat sich seit unserer letzten Sitzung sonst noch verändert?«*
*»Welche anderen Menschen in Ihrer Umgebung haben Ihre Veränderungen bemerkt bzw. kommentiert?«*
*»Was würden Sie im Fall eines Wiederauftretens des Problems oder eines Rückfalls tun?«*

Im Unterschied zu Mann habe ich die Erfahrung gemacht, daß die Patienten mich weniger häufig anrufen (oder aufsuchen), wenn sie darauf vertrauen, daß ich für sie da bin, wenn sie mich brauchen, und daß meine Türe stets offen steht. Ein nachträgliches Telefongespräch bestätigt dieses Wissen und erfüllt dieses Versprechen. Nur in den wenigsten Fällen erfahre ich in den Nachbesprechungen, daß meine Patienten »unter die Räder gekommen« sind oder daß sich nichts zum Besseren geändert habe. In solchen Fällen wird die Nachbesprechung dazu verwendet, die Therapie von neuem zu beginnen oder eine Alternative vorzuschlagen, wenn der Patient mit mir nicht zurechtgekommen ist oder das Gefühl hat, daß die Therapie nicht die richtige Antwort auf seine/ihre Probleme war. Weiterführende Lektüre über elf andere Kurzmethoden psychoanalytischer und psychodynamischer Therapien bietet der zweite Abschnitt in:

1. Bloom, B.: *Planned Short-Term Psychotherapy*. Allyn and Bacon, Needham Heights, Ma, 1992.

Über Manns Methoden erhalten Sie Auskunft in:

1. Hans Strupp & Jeffrey L. Binder: *Kurzpsychotherapie*. Stuttgart, Klett-Cotta (2. Aufl.) 1993
2. Mann, J: *The Time-Limited Psychotherapy*. Cambridge, MA; Harvard University Press, 1973.
3. Mann, J., und Goldman, R.: *A Casebook in Time-Limited Psychotherapy*. New York. McGraw-Hill, 1982.

Deutschsprachige Literatur zu psychodynamischen Kurztherapien:

4. Christ Zoist & Patricia Fogarty: *Wenn die Seele schlappmacht. Selbsthilfe mit Methoden der Kurzzeittherapie*. Hamburg, Ernst Kabel Verlag, 1994.


## Zurück in die Therapie?

Sie haben die Therapie beendet, doch nach einer Weile werden Sie von demselben (oder einem anderen) Problem heimgesucht – was dann?

»Ich hab' wieder meine schwermütigen Stimmungen. Soll ich mich wieder beim Therapeuten anmelden?«

»Wir haben letzte Nacht ganz schrecklich gestritten. Brauchen wir wieder Betreuung?«

In Wahrheit ist es ja so, daß einem das Leben oft wie eine Reihe stets neuartiger Situationen erscheint und wir jeden Tag Bedarf an weisem Ratschlag hätten oder uns zumindest einen Freiraum wünschten, um die Dinge drehen und wenden zu können, bevor wir unsere Entscheidungen treffen. Wer schon einmal von der Hilfe eines Therapeuten profitiert hat, wird sich leichter für eine Wiederbehandlung entscheiden. Ein konventionell arbeitender Therapeut wird Ihnen sagen: »Wenn Sie nicht sicher sind, checken Sie doch die Sache gemeinsam mit einem Therapeuten ab.« Ich behaupte demgegenüber, Sie sollten nur kommen, wenn es absolut notwendig ist. Sie müssen sich darauf verlassen können, daß Hilfe vorhanden und jederzeit greifbar ist. Doch dieses Wissen sollte Ihnen eher als Sicherheitsnetz für Notfälle dienen denn als Krücke für Alltagsprobleme.

Jeremy war zwei Jahre zuvor bei mir in einer Kurztherapie gewesen. Als er mich anrief und bat: »Ich will kommen«, fragte ich ihn erst einmal: »Warum jetzt?«

»Sie werden vielleicht überrascht sein«, sagte er, »aber ich kann mich immer noch daran erinnern, was Sie vor zwei Jahren zu mir sagten. Ich glaube, ich war damals nicht bereit, wirklich etwas dagegen zu unternehmen. Die Situation ist jetzt so schlimm geworden, daß ich keine andere Wahl habe, als wirklich aufzuräumen.«

Gut möglich, daß Sie tatsächlich völlig am Ende sein müssen, um bereit zu sein, eingefahrene Gewohnheiten bei Trinken, Essen, Medikamentenkonsum oder in bezug auf intime Beziehungen radikal zu ändern. Bevor Sie allerdings in die Therapie zurückgehen, sollten Sie sich an Ihren »natürlichen Co-Therapeuten« wenden. Gerade unsere engsten Verbündeten umgehen wir oft: den Partner, einen Freund oder Familienmitglieder, die uns besser helfen können als jeder Therapeut.

# Gründe für eine Langzeittherapie

Wir haben die Therapie als Wendepunkt beschrieben – aber könnten wir sie nicht auch als lange Straße betrachten? Es gibt ohne Zweifel legitime Gründe, nach einer Langzeittherapie zu verlangen. Die Therapie kann schon deshalb mehr Zeit in Anspruch nehmen, weil es sich um ein schwerwiegendes oder besonders komplexes Problem handelt oder weil Sie bestimmte Fähigkeiten erlernen möchten, die ganz einfach einen längeren Lernprozeß bedingen. Dennoch dürfen wir nicht vergessen, daß kein zwingender Zusammenhang zwischen der Schwere eines Problems und der Dauer der Therapie besteht. Die wichtigsten Variablen sind persönliche Bereitschaft, Zeitpunkt und die an die Therapie geknüpften Erwartungen. Die Länge der Therapie ist abhängig davon, was Sie sich erhoffen und wie Sie deren Zwecke definieren. Im folgenden gebe ich Ihnen eine Liste einiger typischer Begründungen, mit denen Sie Ihren Wunsch nach Langzeittherapie untermauern könnten, auch wenn Sie keine Absichten in diese Richtung haben.

- Sie möchten, daß Ihr Therapeut zu Ihrem Freund und Ratgeber wird. Sie brauchen eine »Ersatzbeziehung« für eine fehlende Figur in Ihrem Leben. Sie sind einsam. Sie wollen, daß der Therapeut Sie an der Hand nimmt und während eines längeren Abschnittes oder Prozesses in Ihrem Leben an Ihrer Seite bleibt, daß er ein echter Freund ist, der Beständigkeit, Wärme und Verfügbarkeit in Notfällen bieten kann – Dinge, von denen Sie in Ihren Beziehungen außerhalb der Therapie nicht genug haben. Sie können sich dieser Art der Beziehung vergewissern, indem Sie seine/ihre Dienste kaufen.

- Sie erwarten sich keine frühen Änderungen, weil das Problem zu diffus oder zu kompliziert erscheint.

- Sie haben nur recht vage Beschwerden und allgemein ge-
  haltene Ziele, wie »Ich kann mich selber nicht leiden« oder
  »Ich will bloß inneren Frieden.«
- Sie sind nicht imstande, in den ersten Sitzungen etwas auszumachen, was für Sie funktioniert. Sie sind unfähig, Stärken und Fähigkeiten zu erkennen, die Ihnen eigen sind,
  oder Sie finden niemanden, dem an Ihnen genug liegt
  bzw. der bei der Problemlösung behilflich sein will. Sie
  brauchen mehr Zeit, um Ihre Selbstachtung zu gewinnen
  und die Tugend des Optimismus zu erlernen.
- Sie möchten, daß die Therapie Teil Ihres Wochenplans ist,
  wie eine Seelenmassage oder eine konsequent gepflogene
  Übung.
- Sie möchten nur verstehen, *warum* Sie bestimmte Dinge
  tun. Sie möchten persönliches Wachstum und Weiterent-
  wicklung erreichen oder »blinde Flecken« in Ihrer Persönlichkeit erforschen.
- Sie waren vorher schon einmal bei einem auf Langzeittherapie eingestellten Therapeuten und haben sich an diese
  Form gewöhnt. Jetzt möchten (oder brauchen) Sie mehr
  davon.
- Ihr Zustand erfordert eine Kombination aus Medikation,
  ärztlichen Eingriffen und unterstützender Therapie. Ihre
  Probleme wurzeln in einem medizinischen oder psychiatrischen Befund, der sich ohne medizinische Intervention
  nicht bessert (wie bei Manisch-Depressiven oder Krebspa-
  tienten). Aber auch in diesen Situationen kann kurze, pha-
  senweise Therapie von Nutzen sein.

Es kann auch vorkommen, daß Sie nicht die Absicht haben,
lange Zeit in Therapie zu bleiben, aber dennoch durch die
Art und Weise, wie Sie Ihr Problem oder Ihre Ziele beschreiben, Signale in diese Richtung (einer Langzeittherapie) ge-

ben. Achten Sie auf Ihre Formulierungen! Sie bekommen, wonach Sie fragen.

Im folgenden präsentiere ich Ihnen einige Sätze oder einleitende Feststellungen, die als Hinweise auf Langzeittherapie verstanden werden:

>>Ich will den Sinn und Zweck
meines Lebens verstehen.<<

Diese existentiellen oder philosophischen Dilemmas brauchen oft lange Erforschung. Die psychischen Dilemmas, deren Formulierung mit dem Wort »warum« beginnt, sind so etwas wie das tägliche Brot des Langzeittherapeuten. Es dürfte nicht schwerfallen, einen Therapeuten zu finden, der Sie auf dieser Reise begleitet. Vielleicht wollen Sie herausfinden, warum Sie sind, wie Sie sind. Sie wollen beispielsweise wissen, warum Sie jedesmal Angst bekommen und die Flucht ergreifen, wenn eine Partnerschaft ernsthaft oder intim wird. Wenn Sie Ihr Ziel in der Therapie auf diese Art formulieren, stoßen Sie damit die Tür zu einer sogenannten »Erkenntnistherapie« auf. Ein Erkenntnistherapeut geht davon aus, daß die Antworten auf Ihre Fragen in Ihrem Unbewußten und vergessenen Erinnerungen an die frühe Kindheit zu finden sind und daß Ihr Problem nur die Spitze eines Eisbergs bildet, dessen Basis das »echte Problem« ist. Nach Meinung des Erkenntnistherapeuten können Antworten nur in einem langwierigen, von mannigfachen Widerständen gekennzeichneten Prozeß gefunden werden.

»Ich möchte ein anderer Mensch werden« oder
»Ich möchte meine Persönlichkeit ändern.«

Die meisten Therapeuten sind der Ansicht, daß Persönlich-
keitsveränderungen Arbeiten an den Fundamenten und tra-
genden Wänden eines Hauses gleichen, mit entsprechend
größerem Aufwand an Arbeit, Zeit und Geld. Es ist eines,
Ihnen zu besserer Würdigung der eigenen Person zu verhelfen und Ihre Ressourcen besser zu nutzen. Es ist ein anderes,
sozusagen Ihre Gesamtpersönlichkeit umzustrukturieren.
Dasselbe gilt, wenn Sie Ihre Familie weitreichend und grund-
legend neu strukturieren wollen (wie etwa, wenn Sie eng ver-
wobene Familienbande auflösen und klare Abgrenzungen
herstellen wollen) oder die Persönlichkeit eines anderen zu
ändern trachten. Versuche, andere zu ändern, können sowohl langwierig wie ziemlich enttäuschend verlaufen.

»Ich will kreativer sein« oder »Ich möchte mich selbst
verwirklichen, um das Beste aus mir zu machen.«

Der Wunsch nach Selbstverwirklichung ist ebenfalls eine
Einladung zur Langzeittherapie. Die meisten Therapeuten,
und auch ich gehöre zu ihnen, werden Sie gern für eine zeitlich offene, tiefgründige »Wachstums«-Therapie akzeptieren,
weil Sie ein wünschenswerter Patient sind. Sie sind ein mo-
tivierter, intelligenter und ressourcenreicher Mensch, der
mehr von einer Therapie erwartet als Problemlösung. Glauben Sie nicht, daß ein Therapeut eine Therapie mit diesen
Rahmenbedingungen bald beenden wird.

## »Ich möchte ein Trauma aus meiner Vergangenheit kurieren.«

Dies ist eine von psychologisch bewußt denkenden Menschen oder von Menschen, die von ihren Eltern in irgendeiner Form mißbraucht wurden, sehr häufig geäußerte Bitte. Sie stellt ein direktes Verlangen nach Langzeittherapie dar, und ein berechtigtes dazu, zumal die Eltern großen Einfluß ausüben und es praktisch nicht möglich ist, die Geschichte seiner Kindheit umzukehren oder seine Eltern zu ändern. Der elterliche Einfluß ist so einschneidend und komplex, daß darin wurzelnde Probleme alleine nur schwer zu bewältigen sind.

## »Ich brauche jemanden, der mich besser versteht, als dies (zum Beispiel) bei meinem Partner oder meinen Eltern der Fall ist.«

Sie brauchen einen Therapeuten, damit dieser Ihnen eine inadäquat besetzte oder überhaupt fehlende Figur in Ihrem Leben ersetzt oder Ihnen zumindest eine korrigierende Erfahrung bietet. Nehmen wir an, Sie hatten einen distanzierten und abweisenden Vater und suchen jetzt einen warmherzigen Therapeuten, der immer für Sie da ist. Oder Ihr Ehepartner scheint Ihnen nie zuzuhören, und Sie kommen zur Therapie, um dort einen aufmerksamen und geduldigen Zuhörer zu finden. Wenn der Therapeut symbolisch in diese Rolle schlüpft, können Sie sich auf eine lange Therapie einstellen. Es handelt sich um ein sehr komplexes Unterfangen. Die Übertragung von Gefühlen und großen Enttäuschungen auf die Figur des Therapeuten steht im Mittelpunkt der Langzeittherapie.

Kurz gesagt, je allgemeiner und unklarer das therapeutische Ziel formuliert ist, desto schwieriger sind Prognosen zur Dauer der Therapie zu treffen. Vielfach wird eine Therapie auch nur weiter betrieben, weil sie zu einer Gewohnheit oder zu einem wöchentlichen Ritual ohne spezifisches Ziel geworden ist. Sie werden immer etwas finden, worüber Sie mit dem Therapeuten sprechen können, insbesondere wenn dieser ein guter, anteilnehmender Zuhörer ist. Etwas Schlechtes in Ordnung bringen ist einfacher, als etwas zu 75 Prozent Gutes in etwas zu 100 Prozent Gutes zu verwandeln. Es ist deshalb schwieriger, weil das Leben ständig seine Höhen und Tiefen mit sich bringt, die Menschen daran hindert, permanent die 100-Prozent-Marke zu halten.

Bei der Behandlung von Traumata aus der Vergangenheit läßt sich die Therapie nur dann kürzer gestalten, wenn Sie vollkommen verstanden haben, daß wenig oder gar nichts getan werden kann, um die Realität Ihrer Vergangenheit oder Ihrer Eltern zu ändern. Es ist wichtig, dies einzusehen, Ihre daraus resultierenden Gefühle anzuerkennen und einige Ihrer Erinnerungen zu rekonstruieren. Was immer Sie auch tun, letzten Endes bleibt Ihnen nichts anderes übrig, als sich selbst und Ihren Eltern (immer wieder) zu verzeihen, damit Sie mit Ihrem Leben fortfahren können. Solche Prozesse können übrigens auch in Selbsthilfegruppen abgewickelt werden, zusammen mit Leuten, die ähnliche Erfahrungen gemacht haben; wobei sich allerdings eine Gruppentherapie mit zeitlichem Limit als wenig effektiv erweisen kann.

Wenn Sie für die Therapie bezahlen, möchten Sie eine entsprechende Gegenleistung. Jedes therapeutische Ziel erfordert unterschiedlichen Aufwand an Zeit, Geld und Anstrengung. Jede Lösung bringt ihre eigenen Versprechungen und Risiken mit sich. Allfälligen Risiken müssen Sie begegnen, indem Sie sich zuerst fragen, wie und wie bald Sie sich Hilfe erwarten. Geben Sie dem Therapeuten schon beim ersten Telefongespräch Bescheid, und vergessen Sie nicht zu fragen, wie und wie bald er oder sie Ihnen helfen können wird. Wenn Sie eine Antwort bekommen wie »Das kann ich Ihnen erst sagen, nachdem ich mit Ihnen persönlich gesprochen habe« oder »Sprechen wir darüber, wenn es so weit ist«, können Sie trotzdem nachfragen, welche Erfahrungen der Therapeut mit anderen Patienten in ähnlichen Situationen gemacht hat, einschließlich der Dauer der Behandlung. Wenn Sie nach diesem kurzen Gespräch keine klare Vorstellung über Ihre zukünftige Therapie gewonnen haben, rate ich Ihnen, vorher noch einige Hausaufgaben zu erledigen. Nehmen Sie sich Zeit, mit sich ins reine über Ihre Ziele zu kommen. Als Alternative können Sie immer noch einen anderen Therapeuten anrufen oder sich mit einem Freund besprechen, der in Therapie gewesen ist, oder mit der Person sprechen, die Ihnen den Therapeuten empfohlen hat, mit dem Sie eben telefoniert haben (vergessen Sie aber nicht, daß diese Person unter Umständen parteiisch sein und ein Interesse daran haben könnte, Sie gerade zu diesem Therapeuten zu schicken).

## C'est La Vie

Nach der Lektüre dieses Buches müssen Sie den Eindruck gewonnen haben, ich sei persönlich gegen Langformen der Therapie eingestellt. Das ist aber nicht der Fall. Nur denke ich, diese sollten die Ausnahme sein, und nicht die Regel. Langzeittherapie sollte nur in einer Minderzahl von Fällen eingesetzt werden und nur, wenn sie deutlich angezeigt ist, das heißt, wenn der Patient sie braucht und will. Ich bin (als Patient) ein Veteran guter Langzeittherapie. Ich habe keine schlechten Erfahrungen damit gemacht, da ich exzellente Therapeuten hatte und ich die Therapie als Teil meiner Ausbildung und meiner persönlichen Entwicklung als Therapeut erlebt habe. Auch heute noch habe ich immer wieder Langzeitpatienten. Ich brauche sie. Ich arbeite derzeit als privater Therapeut auf Honorarbasis. Meine Langzeitpatienten leisten einen hohen Beitrag zur Abzahlung meines Kredits und bieten mir zudem die Annehmlichkeit intimer Nähe zu Menschen, an denen mir liegt und die ich liebe. Ich wäre ja verrückt, all das aufzugeben, zumal ich dafür bezahlt werde, das zu tun, was mir am meisten Spaß macht (Menschen treffen und ihnen zuhören). Wenn ich meine Praxis auf Kurzzeitpatienten beschränkte, würden meine Nachbarn denken, ich hätte einen Bahnhof aufgemacht, und ich könnte mich kaum noch an die zahllosen Menschen erinnern, die ich Woche für Woche zu sehen bekäme. Außerdem ist es angesichts der großen Zahl an Therapeuten kaum möglich, jede Woche ausreichend Patienten zu bekommen. Das Dilemma des Therapeuten ist ja, daß er einerseits seinen Patienten bei der Lösung ihrer Probleme helfen will, und andererseits nicht genug Umsatz erzielt, wenn der Patient zu schnell »geheilt« wird (Verstehen Sie mich aber nicht falsch: Das Problem des Therapeuten, seinen Lebensunterhalt zu verdienen, ist nicht das Problem des Patienten).

Therapie ist eine professionelle Dienstleistung und kein Ersatz für echtes Leben. Sie könnten sich natürlich aber auch zu einer Fortsetzung der Therapie entschließen, um weitere Verbesserungen zu erzielen oder auch andere Probleme besser in den Griff zu bekommen. Es spricht nichts gegen eine Weiterführung der Therapie, solange Sie die nötigen Ressourcen dafür besitzen. Meiner Erfahrung nach ist es so, daß das Gesetz der fallenden Profitrate bei den meisten Therapien zwischen der ersten und der zehnten Sitzung zu greifen beginnt. Wie bei so vielem im Leben, scheint uns die Entscheidung über den richtigen Anfang leichter zu fallen als die über das richtige Aufhören. In letzter Zeit steht diese Entscheidung auch zunehmend unter dem Einfluß zahlender Dritter, wie privater oder staatlicher Versicherungen, des Arbeitgebers oder der Träger medizinischer Versorgung, die die Kostendeckung für ambulante Patienten auf immer weniger Sitzungen reduzieren.

Worauf es bei einer Therapie letzten Endes ankommt, ist nicht, wie lange sie dauert, sondern ob die therapeutische Erfahrung (z. B. das Gefühl von Hoffnung) in das Alltagsleben und in die Beziehungen mit Menschen in Ihrer Umgebung übertragen werden kann. Therapeuten werden für ihre Fähigkeit bezahlt, Wärme, Hilfe und menschliches Verständnis zu bieten. Doch Ihr Therapeut sollte kein Ersatz für Ihren Geliebten oder Angehörigen sein.

Ein guter Therapeut wird Ihnen niemals vorschreiben, mit nur einer Sitzung auszukommen. Er wird Ihnen die Möglichkeit andeuten, daß man gemeinsam und rasch nach einer zufriedenstellenden Lösung suchen werde, die Tür aber auf jeden Fall auch für weitere Sitzungen – je nach Bedarf – offen stehe. In dieser Beziehung schätze ich eine Aussage meines Kollegen Dr. Michael Hoyt in seinem mit Simon Budman verfaßten Buch *The First Session in Brief Therapy:* »Die Therapie in einer Sitzung ist eigentlich eine zeitlich offene Therapieform; wir meinen, eine Sitzung werde ausreichen, eine Grundstruktur zu schaffen und Veränderungen auszulösen, aber die Entscheidung, ob die eine Konsultation wirklich genügt, liegt letztlich beim Patienten.«

Mit all meinem Wissen über die psychotherapeutische Praxis läßt mir die Vorstellung keine Ruhe mehr, daß man (viele Jahre lang) einen großen Teil seines Einkommens für ein bis fünf Sitzungen pro Woche ausgeben muß, um von anderen beachtet zu werden oder zu einem vertrauenswürdigen Freund, einer zuverlässigen Elternfigur zu kommen. Mir erscheint es als trauriger Befund einer westlichen Kultur, in der intime Beziehungen, zwischenmenschliche Wärme, Verständnis und emotionale Unterstützungsstrukturen formal gemietet werden müssen.

Der Aufwand beschränkt sich nicht auf das hohe Honorar für die »Gesprächsheilung«. Dazu kommt die geistige Energie, die auf den Therapeuten und die Therapie gelenkt wird, anstatt in andere Bereiche investiert zu werden – in Freundschaften, in die Familie und die Gruppen, denen wir angehören bzw. die Ideen, Pläne usw., die uns etwas bedeuten. Ich bin der Ansicht, daß es anmaßend ist, wenn Therapeuten glauben, sie könnten »echte« Menschen und »echte« Liebe ersetzen und korrektive Erfahrungen anbieten, die für die Abwesenheit anderer Menschen oder Gefühle wahrhaft entschädigen können. Schließlich haben wir es nur mit einer professionellen Dienstleistung zu tun, mit eindeutigen Limits an Zeit, Geld und Fähigkeiten.

Auch in dem Verlangen nach einer Therapie oder einem Therapeuten, mit dessen Hilfe Unabhängigkeit erlangt werden soll, um sein Leben wieder unter Kontrolle zu bringen, kann man getäuscht werden. Wahrscheinlich würden Sie erst merken, wie unabhängig und autonom Sie geworden sind, wenn Sie die Therapie beenden und merken, daß Sie es auch ohne Therapeuten gut schaffen.

Kurz gesagt, lösen Sie sich von Ihrem Therapeuten so früh wie möglich. Führen Sie Ihr Leben weiter unter Nutzung Ihres verborgenen, inneren Therapeuten und indem Sie Ihre Stärken finden und zur Geltung bringen. Keine Sorge! Es werden sich reichlich Probleme für Sie ergeben. Das Leben ist von einer immensen Komplexität und strotzt vor schwierigen Herausforderungen. Das wird sich nach der Kurzzeittherapie wohl auch nicht ändern, und auch nicht nach zehn Jahren Therapie. Versuchen Sie's mal mit einer einzelnen Sitzung. Eines Tages werden Sie gewiß wieder in Schwierigkeiten stecken. Und Sie können sich immer wieder an einen Therapeuten wenden, besonders wenn Sie ihm/ihr vertrauen, daß er Ihnen so rasch wie möglich auf die kostengünstigste Art helfen wird.

# Nachwort zur deutschen Ausgabe
## Lösungen auf den Punkt gebracht
### – Wie Psychotherapie in kurzer Zeit gelingen kann –

Auf den ersten Blick wirkt es schon erstaunlich, wenn jemand eine Ein-Sitzungs-Therapie propagiert. Man ist vielleicht geneigt zu meinen, da nehme einer den Mund gehörig voll. Was soll man schon davon halten, wenn jemand von Lösungen berichtet, die in kürzester Zeit gefunden werden, wo es doch mittlerweile zu einer Art Allgemeinwissen geworden zu sein scheint, daß psychische Probleme komplexe Ursachen haben, sich widerstandsfähig entfalten und überwintern und eine therapeutische Behandlung daher auf jeden Fall aufwendig und lang zu sein habe.

Wenn man Talmons Buch liest, wird jedoch schnell deutlich, daß hier niemand vollmundig dahertönt und sich auf Kosten jener lustig macht, die eine längere Behandlung bevorzugen, sei es als Therapeut oder als Patient. Talmon spielt sich nicht als Richter auf, der anderen vorschreibt, was richtig sei, auch in diesem Fall nicht. Sein Anliegen ist offenkundig ein anderes. So wie ich es verstehe, trägt Talmon ganz wesentlich dazu bei, daß sich eine Möglichkeit zum Entscheiden ergibt, eine Möglichkeit auszuwählen aus einem Angebot. Er trägt in bester aufklärerischer Tradition dazu bei, daß sich Menschen über Alternativen kundig machen und so von vornherein aktiv dazu beitragen können, ihren Spielraum zu erweitern.

Talmon gehört zu denjenigen, die sich entschieden dagegen aussprechen, PatientInnen als unmündige »Empfänger« von Hilfeleistungen zu betrachten, die unmündig sind, über den Wert der durchgeführten Maßnahmen zu urteilen. Sie werden im Gegenteil von vornherein als mündige Menschen betrachtet, als Menschen, die bereit sind, etwas für sich zu tun. Und, das ist das Besondere, die darüber entscheiden, ob ein Hilfeangebot zur Hilfe wird oder nicht. Das heißt: »Hilfe« wird nicht zu einer (vielleicht milden) Gabe für jemanden, sondern »Hilfe« ist etwas, das im gemeinsamen Tun entsteht. TherapeutInnen und PatientInnen sind Ko-Produzenten der neuen, gelösteren Geschichte, die sich dabei entwickelt.

Diese kooperative Grundhaltung ist natürlich nicht nur bei Talmon und seiner Art des Angebots zu finden. Sie ist kennzeichnend für all diejenigen Therapieangebote, die die persönliche Integrität und Autonomie der PatientInnen als wesentlichen Ausgangspunkt betrachten. Was diese Angebote verbindet, ist der Respekt vor den Möglichkeiten der Menschen, die um Hilfe nachfragen, auch wenn diese Möglichkeiten noch unerkannt und ungelebt erscheinen. Die Frage der Behandlungsdauer ist in diesem Fall kein grundsätzliches Unterscheidungsmerkmal.

Talmon ist darüber hinaus nicht der einzige, der Kurztherapien anbietet und an ihrer theoretischen und praktischen Fundierung arbeitet. Er verweist darauf selbst im Text. Auch im Literaturverzeichnis findet man dazu weitere wichtige Hinweise. Allerdings gewinnt Talmons Ansatz in der Palette kurztherapeutischer Angebote ein besonderes Profil. Auf den

Punkt gebracht, erscheint seine Spezialität darin zu liegen, daß er noch mehr als andere KurztherapeutInnen das Timing beachtet und darauf aufbaut. »Warum gerade jetzt?« lautet seine Eingangsfrage, und er versucht, aus der Antwort zu erkennen, wie weit jemand schon damit gekommen ist, sich zu einer Veränderung zu bekennen und sie Wirklichkeit werden zu lassen. Es ist nun nicht so, daß sich Talmon der Aufgabe entzieht, jemanden dabei zu unterstützen, diese Bereitschaft zur Veränderung zu entwickeln, auch wenn das seine Zeit braucht. Das, was Kurztherapien jedoch im Kern ausmacht, ist das konzentrierte, genau abgestimmte und konsequente Aufmerksamsein für den Moment des Kippens, für den Augenblick, in dem es geht wie von selbst, für den Punkt, an dem sich die Kräfte bündeln für den Übergang in eine neue Phase. An einer Stelle greift Talmon das Bild des Geburtshelfers auf, und das scheint er mir zu sein, ein begnadeter Geburtshelfer psychologisch bedeutsamer Veränderungen.

Schön, mag man sagen, so einfach hätte ich es auch gern, lang genug zu warten bis jemand eh' etwas verändert und sich das dann als Erfolg an die eigene Kappe heften. Aber Vorsicht! Erstens heftet sich Talmon keine fremden Meriten an die eigene Kappe. Er schildert sich in keinem Fall als Ursache, als Autor einer Veränderung bei anderen. Er ist ein kompetenter und sensibler Anreger und Begleiter auf diesem Weg, mehr nicht, aber auch nicht weniger.

Zum anderen, und dies darf durchaus als ein Schuß vor den Bug derjenigen gelten, die meinen, das von Talmon entwickelte und geschilderte Verfahren lasse sich ohne weiteres, auf die Schnelle nebenbei oder ohne besondere Sorgfalt anwenden. Oder gar: Weil es »billiger« ist, könne es anderen aufgezwungen werden. Dies wäre meines Erachtens ein Widerspruch in sich selbst: Talmons Verfahren ist *nicht* dazu da, sich selbst zu propagieren. Es will auf eine besondere Art dazu verhelfen, sich zu verändern. Nicht umsonst mahnt der Meister des günstigen Augenblicks: »Wenn die Beendigung einer Therapie nur eine Variante der Vernachlässigung seiner selbst und seiner Verantwortlichkeit darstellt, dann erfolgt sie aus den falschen Gründen.« Es braucht sehr viel Fingerspitzengefühl, Disziplin und Respekt, um Kurztherapien zum Erfolg zu verhelfen. Eve Lipchik, eine bekannte wie kompetente Mitentwicklerin der lösungsorientierten Kurztherapie, wie sie am *Brief Family Therapy Center* in Milwaukee/USA gelehrt und angewendet wird, schreibt in ihrem bemerkenswerten Aufsatz »Die Hast, kurz zu sein«*: »Einer der größten Fallen für KurztherapeutInnen ist die, subtil oder unmerklich die eigenen Ziele den PatientInnen aufzuzwingen«. Sie bezeichnet es als einen großen Irrtum, wenn KurztherapeutInnen »ausschließlich auf die Technik fokussieren und die wirkliche PatientIn aus Fleisch und Blut negieren, die ihnen gegenübersitzt«. Wer nur auf die kurze Dauer von Talmons Ansatz verweist, hat m. E. den Kern der Botschaft verpaßt. Die kurze Dauer ist nicht die DIN-Norm der Behandlungs-Ausführung. Die kurze Dauer ist eher eine Folge der zugrundeliegenden Annahmen und Einstellungen, die sich ja in einem Höchstmaß an Kooperation zwischen TherapeutIn und PatientIn verwirklichen.

Ich bin sicher, daß die Lektüre von Talmons Buch eine wichtige und hilfreiche Anregung darstellt, sich genau darüber klar zu werden. So wird das Buch wirklich zu einem befreienden Helfer, zu einer aufmunternden Anregung dafür, sich selbst (wieder) zu vertrauen und sich auf den Weg zu machen, mit sich (und damit fast wie von selbst: auch mit anderen) respektvoll umzugehen.

Wolfgang Loth,
Steinbrecher Weg 52, 51427 Bergisch Gladbach

---

* 1994, Zeitschrift f. Systemische Therapie 12(4): 228–235.

# Anhang 1

# Einführungsbrief eines Therapeuten an einen potentiellen Patienten

An meine Patienten:

Es ist vielleicht von Nutzen für Sie, wenn ich Ihnen sage, wie ich meinen Beruf als Therapeut sehe. Es ist meine Aufgabe, Ihr psychisches Wohlbefinden zu fördern, indem ich Ihnen helfe, das Problem oder Dilemma zu lösen, das Sie in Hoffnungslosigkeit und Verzweiflung gebracht hat.

Als erstes sollten Sie wissen, daß das Ziel des Therapeuten darin liegt, Ihnen Hilfe zur Selbsthilfe zu leisten. Die größte Genugtuung und Belohnung für den Therapeuten müßte es denn sein, wenn er Sie ins normale Leben zurückkehren sieht – überzeugter von Ihrer Fähigkeit, mit Ihren Problemen im Vertrauen auf Ihre Urteilskraft und Intuition alleine fertig zu werden. Eine Therapie muß hilfreich und wirksam sein, und somit so kurz wie möglich und Ihre normale Lebensführung so wenig wie möglich beeinträchtigen. Unsere wichtigsten Verbündeten auf diesem Weg sind nicht die neuesten Technologien oder die modernsten wissenschaftlichen Erkenntnisse. Die entscheidende Rolle kommt vielmehr Ihren geistigen und körperlichen Fähigkeiten zu. Nicht der

Therapeut ist der Heilende – das sind letztlich Sie selbst! Die Aufgabe des Therapeuten besteht darin, Ihre eigenen Heilmechanismen und Ihre innere Weisheit anzuregen und zu fördern.

Der Therapeut darf niemals an der Realität Ihrer Schmerzen und Probleme zweifeln. Die Tatsache, daß Sie die Hilfe eines Therapeuten suchen, mag Ihnen das Gefühl geben, verrückt oder ein Hypochonder zu sein. Das sind Sie aber nicht! Der Therapeut lernt Sie kennen, indem er sich aufmerksam anhört, was Sie zu sagen haben, und Ihnen Fragen stellt, die ihn auf die Spur zu den Ursachen Ihrer mißlichen Lage führen sollen. Warum blinken Ihre Warnsignale? In erster Linie wird sich der Therapeut mit Ihnen auf die Suche nach Mitteln und Wegen machen, Sie aus der Sackgasse herauszuholen und die erforderliche Umstellung oder Veränderung zu erleichtern.

Das Zusammenwirken Ihrer psychologischen Kenntnisse mit dem Wissen Ihrer Körper-Geist-Einheit ergibt ein schlagkräftiges Team, das weiß, was zu tun ist. Ordnen Sie Ihre Ressourcen spiritueller, emotionaler, intellektueller, physischer und sozialer Natur. Sie sind nicht allein. Zahlreiche Hilfsquellen stehen Ihnen zur Verfügung. Es besteht kein Grund, in Panik zu verfallen oder aufzugeben. Ihr mächtigstes Werkzeug ist Ihr Lebenswille. Die Tatsache, daß Sie sich entschlossen haben, einen Therapeuten zu konsultieren, ist ein Ausdruck dieses Lebenswillens und Ihrer Bereitschaft, alles zu tun, was für eine Erholung und ein Wiedererlangen Ihrer Selbstbestimmtheit nötig ist. Verlangen Sie nichts von sich, solange Sie nicht überzeugt sind, dazu fähig zu sein und daß die Änderungen Ihr Leben erleichtern. Sie sind jederzeit selbst für die Veränderung und den Heilprozeß verantwortlich. Der Therapeut ist nicht dazu da, Ihnen mit Tricks zu kommen oder Dinge von Ihnen zu verlangen, die Sie erniedrigen oder verletzen oder die Ihnen die Kontrolle aus der Hand nehmen könnten.

Obwohl der Therapeut jederzeit und solange dies erforderlich ist verfügbar und an Ihrer Seite sein wird, muß es Ihnen darum zu tun sein, ihn so bald wie möglich überflüssig zu machen. Beenden Sie die Therapie, sobald Sie das Gefühl haben, das Problem sei gelöst oder – und dies ist wahrscheinlicher und genauer ausgedrückt – Sie seien in der Lage, in Zukunft selbst damit fertig zu werden.

Sie sind hier, weil Sie die Schmerzen besiegen und neue Hoffnung schöpfen wollen, auf welchen positiv-freudvollen Kräften Sie dazu auch immer aufbauen können. Reden Sie mit Ihrem Therapeuten genauso viel über Angenehmes wie über Ihren Kummer, über Lösungen genauso viel wie über Probleme. Die Therapie ist kein Ort, an dem es nur ums Klagen und um Schuldzuweisungen geht.

Möglicherweise sind Sie in die Therapie gekommen, weil Sie sich hilflos und als Opfer fühlen. Nun sollten Sie aber nicht in den Fehler verfallen, in der Therapie genau das zu wiederholen, was Sie in die mißliche Stimmung gebracht hat. Die Therapie ist ein Ort, um sich zu ändern, neue Hoffnung zu schöpfen und Probleme zu lösen.

Zweifellos haben Sie gerade jetzt einige negative Gefühle, und Sie sollten diese offen ausdrücken. Doch geben Sie acht! Negative Gefühle können sich in Ihrer Seele ausbreiten wie das Feuer in einem windigen, trockenen Sommer. Wenn Ihnen negative Gedanken auf der Seele liegen, können diese unter Umständen andere Wahrnehmungen, Aussichten und Freuden blockieren.

Die Bereitschaft zu verzeihen ist eine Tugend, die Sie nicht nur Ihren Mitmenschen, sondern auch sich selbst angedeihen lassen sollten. Jeder macht unzählige Fehler, und jedem muß verziehen werden, damit ein glückliches Leben möglich ist. Nichts legt sich so sehr auf die Seele wie Gewissensbisse, Groll und gegenseitige Beschuldigungen. Schuldgefühle und Schuldzuweisungen sind nicht der Boden, auf dem Veränderung gedeiht. Die sicherste Methode, eine Sorge zu verstärken, ist es, sich daran festzuklammern. Die sicherste Methode, ein Problem zu verschärfen, ist die Selbstbeschuldigung. Änderung und Handlung wurzeln viel eher in vorurteilslosem Verständnis und einer gesunden Portion Eigenliebe als in ständiger Kritisiererei und der Unterminierung der eigenen Lebenskraft.

Eine Therapie sollte das Vertrauen in sich selbst wecken, sollte Sie ermutigen, auf Ihre eigene Fähigkeit zu vertrauen, das Problem zu lösen. Gehen Sie eine Partnerschaft der Hoffnung ein. Ihre Hoffnung, die Sie durch Ihr Kommen in die Therapie dokumentiert haben, ist die geheime Waffe des Therapeuten. Sie stellt die wirksamste Ingredienz in jedem Rezept dar, in jeder Aufgabe, die Sie auf sich nehmen wollen.

# Anhang 2

# Weiterführende Adressen und Informationen

**Regionalinstitute der Milton Erickson Gesellschaft für Klinische Hypnose e. V.**

04357 Leipzig
Mockauer Str. 120/0507
Tel.: 03 41/6 01 50 35

10825 Berlin
Wartburgstr. 17
Tel.: 0 30/7 81 77 95

20249 Hamburg
Eppendorfer Landstr. 56
Tel.: 0 40/4 80 37 30

30171 Hannover
Heinrich-Stamme-Str. 6
Tel.: 05 11/85 38 51

32105 Bad Salzuflen
Osterstr. 68
Tel.: 0 52 22/32 71

37021 Göttingen
Tel.: 05 51/48 47 57

40210 Düsseldorf
Stresemannstr. 37
Tel.: 02 11/36 41 67

44803 Bochum
Schattbachstr. 74
Tel.: 02 34/70 10 16

55128 Mainz
Hinkelsteinerstr. 16
Tel.: 0 61 31/36 36 62

63611 Bad Orb
Kuppelsmühle
Tel.: 0 60 52/8 28 00

66115 Saarbrücken
Altes Forsthaus Pfaffenkopf
Tel.: 0 68 98/81 01 53

69121 Heidelberg
Im Weiher 12
Tel.: 0 62 21/41 09 41

70182 Stuttgart
Esslingerstr. 40
Tel.: 0 7 11/2 36 06 18

72074 Tübingen
Wilhelmstr. 5
Tel.: 0 70 71/29-64 39

78628 Rottweil
Bahnhofstr. 4
Tel.: 07 41/4 14 77

80801 München
Konradstr. 16
Tel.: 0 89/33 62 56

**MEGA-Regionalstelle**
Regionalstelle West:
Grillparzer Str. 3
A-6020 Innsbruck
Tel.: 05 12/57 26 14
      05 12/58 34 21

# Stichwort: Lösungsorientierte Kurztherapie

*in Deutschland:*
NIK Berlin
Allerstr. 37
D-12049 Berlin
Tel.: 0 30/6 21 21 60

projekt: system
Norderweg 14
D-24980 Meyn
Tel.: 0 46 39/75 06

Psychosoziale Klinik
St. Marin
Fachkrankenhaus für
psychosoziale Behandlung
und Rehabilitation
Sternenstr. 1
D-53881 Euskirchen
Tel.: 0 22 51/9 47 70

NIK Leipzig
Politzerstr. 27
D-04155 Leipzig
Tel.: 0 3 41/5 64 12 93

*in Österreich:*
Institut für
Kurzzeittherapie
Schönbergstr. 12
A-5102 Anthering
Tel.: 0 62 23/27 44

Institut für
Systemische Therapie
Am Heumarkt 9/2/22
A-1030 Wien
Tel.: 0 2 22/7 14 38 00

Systemische Initiativen
Salzburg
Bergstr. 22/5/41
A-5020 Salzburg
Tel.: 0 6 62/87 47

*in der Schweiz:*
Kinder- und Jugend-
psychiatrischer Dienst
Graubünden
Rätusstr. 7
CH-7000 Chur
Tel.: 081/22 90 23

## Zur *Systemischen Gesellschaft* gehören

APF –
Arbeitsgemeinschaft für
psychoanalytisch-
systemische Forschung
und Therapie
Graf-Adolf-Str. 72
D-51065 Köln
Tel.: 02 21/62 88 49

BIF –
Berliner Institut für
Familientherapie
Obentrautstr. 57
D-10963 Berlin-Kreuzberg
Tel.: 0 30/2 16 40 28

IFW –
Institut für Familientherapie
Weinheim
Buchenweg 7
D-69469 Weinheim
Tel.: 0 62 01/6 59 52

Institut für systemische
Theorie und Praxis
Frankfurt
Zeisselstr. 11
D-60318 Frankfurt
Tel.: 0 69/55 18 80

Institut für Systemische
Therapie und Organi-
sationsberatung
Schlüterstr. 111
D-85057 Ingolstadt
Tel.: 08 41/4 74 65

ISS –
Institut für Systemische
Studien Hamburg
Sophienstr. 24
D-20257 Hamburg
Tel.: 0 40/49 55 57

IGST –
Internationale Gesellschaft
für Systemische Therapie
Kußmaulstr. 10
D-69120 Heidelberg
Tel.: 0 62 21/4 06 40

Niedersächsisches Institut
für systemische Therapie
und Beratung
Bödekerstr. 102
D-30161 Hannover
Tel.: 05 11/39 13 09

Saarländische Gesellschaft
für Systemische Therapie
Stefansbergstr. 42
D-66663 Merzig
Tel.: 0 68 61/34 96

Stuttgarter Institut für
Familientherapie
Falkertstr. 70
D-70176 Stuttgart
Tel.: 07 11/2 99 14 74

VIST –
Verband internationaler
Institute für Systemische
Therapie
Am Weinberg 12
D-35037 Marburg
Tel.: 0 64 21/6 40 11

Stationäre Kurztherapien zur Behandlung von Angst- und
Zwangsstörungen, Bulimischen Eßstörungen und Rückfall
bei Alkohol- und Medikamenten-Abhängigkeit werden an-
geboten im
Christoph-Dornier-Centrum für Klinische Psychologie
Tibusstr. 7–11
D-48143 Münster
Tel.: 02 51/4 8 10-0

**Öffentliche Beratungsstellen** gibt es in allen größeren
Städten und auch in vielen Mittel- und Kleinstädten.
Sie sind im Telefonbuch etwa unter folgenden Stichworten
zu finden:
– Beratungsstelle für Eltern, Jugendliche und Kinder
– Beratungsstelle für Erziehungs-, Ehe- und Lebensfragen
– Erziehungsberatungsstelle
– Familienberatungsstelle, u. a.

**Wer an Kurzzeittherapie interessiert ist, soll genau danach fragen. Öffentliche Beratungsstellen sind in der Regel nicht nach therapeutischer Ausrichtung besetzt.** Allgemeine Informationen zu Kurztherapie in Erziehungs- und Familienberatungsstellen gibt z. B. Kurt Hahn in seinem Aufsatz »Lösungsorientierte Kurztherapie nach de Shazer« (In: Kurt Hahn, Franz-Werner Müller [Hg.] Systemische Erziehungs- und Familienberatung. Wege zur Förderung autonomer Lebensgestaltung. Mainz: Matthias-Grünewald-Verlag, 1993, S. 216–235).

Die 1949 gegründete
DAJEB
Deutsche Arbeitsgemeinschaft für Jugend- und Eheberatung
Neumarkter Str. 84c
D-81673 München
Tel.: 0 89/4 36 10 91

hat im Auftrag des Bundesministeriums für Familien und Senioren einen »*Beratungsführer*« herausgegeben, ein Handbuch sämtlicher ambulanter psychosozialer Versorgungseinrichtungen in Deutschland, das regelmäßig auf den neuesten Stand gebracht wird. Auch alle nachfolgenden Angaben sind darin enthalten.
Wer von vornherein spezielle Eigenschaften und Themen zur Basis seiner Wahl machen möchte, kann sich auch an folgende Dachverbände wenden, um Adressen zu erhalten:

AWO Arbeiterwohlfahrt
Bundesverband
Oppelner Str. 130
D-53119 Bonn
Tel.: 02 28/6 68 50

Bundeskonferenz für
Erziehungsberatung
Geschäftsstelle
Herrnstr. 53
D-90763 Fürth
Tel.: 09 11/97 714-0

Evangelische Konferenz für
Familien- und Lebens-
beratung
Kurfürstenstr. 49
D-12105 Berlin
Tel.: 0 30/7 05 58 84

Katholische Bundesarbeits-
gemeinschaft Beratung
Erziehungsberatung:
   Karlstr. 40
   D-79104 Freiburg
   Tel.: 07 61/2 00-0
Ehe-, Familien- und
Lebensberatung:
   Kaiserstr. 163
   D-53113 Bonn
   Tel.: 02 28/10 31

pro familia
Deutsche Gesellschaft für
Familienplanung, Sexual-
pädagogik und Sexual-
beratung
Bundesverband
Stresemannallee 3
D-60596 Frankfurt/M.
Tel.: 0 69/63 90 02

# Bibliographie
## und ausgewählte Quellen

Andreas, Connirae, and Steve Andreas, *Heart of the Mind: Engaging Your Inner Power to Change with Neuro-Linguistic Programming.* Moab, UT: Real People Press, 1989.
(Mit Herz und Verstand. NLP für alle Fälle. Paderborn, Junfermann, 1994.)

Bandler, Richard, and John Grinder. *Frogs into Princes: Neuro-Linguistic Programming.* Moab, UT: Real People Press, 1979.

Bandler, Richard. *Using Your Brain – for a Change.* Moab, UT: Real People Press, 1985 (Wahrnehmung der Wirklichkeit und Neurose. Kognitive Psychotherapie emotionaler Störungen. München: Pfeiffer, 1979.)

Bandler, Richard & John Grinder. *Neue Wege der Kurzzeit-Therapie.* Paderborn: Junfermann, (11. Auflage), 1994.

Bandler, Richard. *Veränderung des subjektiven Erlebens. Fortgeschrittene Methoden des NLP.* Paderborn: Junfermann (5. Auflage), 1995.

Beck, Aaron T. *Cognitive Therapy & Emotional Disorders.* New York: International Universities Press, 1976.

– *Depression: Clinical, Experimental and Theoretical Aspects.* New York: Hoeber Medical Division, Harper & Row, 1967.

– *Love Is Never Enough: How Couples Can Overcome Misunderstandings,*

*Resolve Conflicts and Solve Relationship Problems through Cognitive Therapy*. New York: Harper & Row, 1988.

Beck, Aaron T.; A. J. Rush, B. F. Shaw, and G. Emery. *Cognitive Therapy of Depression*. New York: Guilford Press, 1979. (Kognitive Therapie der Depression, hg. v. Martin Hautzinger, Weinheim, Beltz Psychologie Verlags Union)

Beck, Aaron, A. H. Rush, B. F. Shaw & G. Emery. *Kognitive Therapie der Depression* (hg. von Martin Hautzinger, Weinheim: Beltz Psychologie Verlags Union)

Benson, Herbert, and Miriam Z. Klipper. *The Relaxation Response*. New York: William Morrow & Co., 1975.

Benson, Herbert: *Das Anti-Streß-Programm. Den alltäglichen Fluß der Gedanken durchbrechen. Ein Interview mit H. B.* In: Psychologie heute 20(2) (Februar 1993): 20–29, 1993)

Benson, Herbert, and William Proctor. *Beyound the Relaxation Response*. New York: New York Times Books, 1984.

Berg, Insoo Kim. *Familien Zusammenhalt(en). Ein kurz-therapeutisches und lösungsorientiertes Arbeitsbuch*. Dortmund: modernes lernen, 1992.

Berg, Insoo, and Scott D. Miller. *Working with the Problem Drinker: A Solution – Focused Approach*. New York: W. W. Norton, 1993. (Kurzzeittherapie bei Alkoholproblemen. Ein lösungsorientierter Ansatz, Heidelberg, Carl Auer Systeme, 1993.)

Berman, Jeffrey S., and N. C. Norton »Does Professional Training Make a Therapist More Effective?« *Psychological Bulletin 98, no 2* (Sept. 1985): 401–407.

Berne, E, *Principles of Group Treatment*. New York: Oxford University Press, 1966.

Bloom, Bernard L. *Community Mental Health: A General Introduction*. Monterey, CA: Brooks/Cole, 1984.

– *Planned Short-Term Psychotherapy: A Clinical Handbook*. Needham Heights, MA: Allyn and Bacon, 1992.

Bowers, T. G., and G. A. Clum. »Relative Contribution of Specific and Nonspecific Research.« *Psychological Bulletin* 103, no 3 (may 1988): 315–323.

Budman, Simon H., Michael F. Hoyt, and Steven Friedman. *The First Session in Brief Therapy.* New York: Guilford, 1992.

Burns, David D. *Feeling Good: The New Mood Therapy.* New York: Signet, 1980

Calabrese, Joseph, R., Mitchel A. Kling, and Philip W. Gold. »Alterations in Immunocompetence during Stress, Bereavement, and Depression: Focus on Neuroendocrine Regulation.« *American Journal of Psychiatry 144*, no 9 (Sept. 1987): 1123–1134.

Cousins, Norman. *Head First: The Biology of Hope.* New York: E. P. Dutton, 1989.

Day, G. »Spellbinding and Spellbreaking in Convalescence.« *Lancet* (January 27, 1962): 211–213.

de Shazer, Steve, Insoo Berg, Eve Lipchik, Elam Nunnally, A. Molnar, W. Gingerich, and M. Weiner-Davis. »Brief Therapy: Focused Solution Development.« *Family Process 25*, no 2 (June 1986): 207 bis 222.

de Shazer, Steve. *Keys to Solutions in Brief Therapy.* New York: W. W. Norton, 1985. (Kurztherapie: Zielgerichtete Entwicklung von Lösungen. In: Familiendynamik 11: 182–205, 1986).

de Shazer, Steve. *Wege der erfolgreichen Kurztherapie.* Stuttgart: Klett-Cotta, 1989.

de Shazer. *Der Dreh. Überraschende Wendungen und Lösungen in der Kurzzeittherapie.* Heidelberg: Carl Auer Systeme, 1989.

Eberling, Wolfgang & Jürgen Hargens (Hg.). *Einfach kurz und gut. Zur lösungsorientierten Kurztherapie.* Dortmund: Borgmann, 1996.

Ellis, Albert. *Training der Gefühle. Wie Sie sich hartnäckig weigern, unglücklich zu sein.* München: mgv Verlag, 1990.

Endicott, Jean, Marvin Herz, and Miriam Gibbon. »Brief Versus Standard Hospitalization: The Differential Costs.« *American Journal of Psychiatry 125*, no 6 (June 1978): 707–712.

Erickson, Milton H. *Conversations with Milton H. Erickson, M. D.* Edited by Jay Haley. Volume 1: *Changing Individuals*. New York: Triangle Press, Distributed by W. W. Norton, 1985.

– *An Uncommon Case Book: The Complete Clinical Work of Milton H. Erickson*, M. D. Summarized and complied by William H. O'Hanlon and Angela L. Hexum. New York: W. W. Norton, 1973 (Milton H. Ericksons gesammelte Fälle. Stuttgart, Klett-Cotta, 1994.)

Ferguson, Marilyn. *The Aquarian Conspiracy: Personal & Social Transformation in Our Time*. L. A.: J. P. Tarcher, 1980. (Die sanfte Verschwörung, Basel: Sphinx Verlag, 1982).

Fisch, Richard, J. H. Weakland, and L. Segal. *The Tactics of Change: Doing Therapy Briefly*. San Francisco: Jossey-Bass, 1983. (Strategien der Veränderung. Systemische Kurzzeittherapie. Stuttgart: Klett-Cotta, 1987).

Frances, A., and J. F. Clarkin. »No Treatment as the Presecription of Choice«. *Archives* of General Psychiatry 38, no 5 (May 1981): 542–545.

Frank, Jerome Dr., R. Hoehn-Saric, S. Imber, B. L. Liberman, and A. R. Stone. *Effective Ingredients of Successful Psychotherapy*. New York: Brunner/Mazel, 1978.

Frank, Jerome D., and Julia B. Frank. *Persuasion & Healing: A Comparative Study of Psychotherapy*. Baltimore, MD: Johns Hopkins University Press, 1991.

Frankl, Viktor. *Man's Search for Meaning*. New York: Touchstone, 1984. (Der Mensch auf der Suche nach Sinn. Freiburg: Herder, 1972.)

Furman Ben & Tapani Ahola. *Die Zukunft ist das Land, das niemandem gehört. Probleme lösen im Gespräch*. Stuttgart: Klett-Cotta, 1995.

Garfield, Sol L. *The Practice of Brief Psychotherapy*. New York: Pergamon Press, 1989.

Gergen, Kenneth J. *The Saturated Self: Dilemmas of Identity in Contemporary Life*. New York: Basic Books, 1991. (Das überflutete Selbst. Identitätsprobleme im heutigen Leben. Heidelberg: Carl-Auer-Systeme, 1996.)

Goleman, Daniel: »When a Long Therapy Goes a Little Way.« New York Times, April 13, 1993.

Hahn, Kurt, Franz-Werner Müller (Hg.): Systemische Erziehungs- und Familienberatung. Wege zur Förderung autonomer Lebens- gestaltung. Mainz: Matthias-Grünewald-Verlag, 1993.

Haley, Jay. Uncommon Therapy: *The Psychiatric Techniques of Milton H. Erickson,* M. D. New York: W. W. Norton, 1973. (Die Psychothe- rapie Milton H. Ericksons. München: Pfeiffer, 1978).

– *Strategies of Psychotherapy.* New York: Grune & Stratton, 1963. (Ge- meinsamer Nenner Interaktion. München, Pfeiffer, 1978.)

– *Problem-Solving Therapy.* 2d ed. San Francisco: Jossey-Bass, 1987. (Direktive Familientherapie. Strategie für die Lösung von Proble- men. München: Pfeiffer, 1977.)

Hoyt, M., R. Rosenbaum, and M. Talmon. »Planned Single Session Therapy.« In Budman, Simon H., Michael F. Hoyt, and Steven Friedman. *The First Session in Brief Therapy.* New York: Guilford Press, 1992.

Ingelfinger, F. »Arrogance.« *New England Journal of Medicine 303* (1980): 1506–1511.

Jung, C. G. *Memories, Dreams, Reflections.* New York: Vintage Books, Division of Random House, 1961. (Erinnerungen, Träume, Ge- danken von C. G. Jung (hg. von Aniela Jaffe. Olten: Walter Verlag, 1992.)

Keeney, Bradford P. *Improvisational Therapy: A Practical Guide for Creative Clinical Strategies.* New York: Guilford Press, 1991. (Impro- visational. Therapy. Ein Leitfaden zur Entwicklung kreativer kli- nischer Strategien, Paderborn: Junfermann, 1995.)

Kojo, I. »The Mechanism of the Psychophysiological Effects of Place- bo.« *Medical Hypothese 27* (1989): 261–264.

Koss, Mary P., and James N. Butcher. »Research on Brief Psychothe- rapy.« In A. E. Bergin and S. L. Garfield. *Handbook of Psychotherapy and Behavior Change: An Empirical Analysis.* New York: Wiley, 1986.

Lenz, Gerhard, Gisela Osterhold, Heiner Ellebracht. *Erstarrte Bezie- hung – heilendes Chaos. Einführung in die systemische Paartherapie und -beratung.* Freiburg: Herder, 1995.

Luborsky L., B. Singer, and L. Luborsky. »Comparative Studies of Psychotherapies.« *Archives of General Psychiatry 32* (1975): 995–1008.

Luborsky, L., P. Crits-Christoph, J. Minz, and A. Auerbach. *Who Will Benefit from Psychotherapy? Predicting Therapeutic Outcomes.* New York: Basic Books, 1988.

Madanes, Cloe. *Strategic Family Therapy.* San Francisco: Jossey-Bass, 1981. (Hinter dem Einwegspiegel. Fortschritte in der strategischen Therapie. Salzhausen: ISKO, 1989).

Mahoney, Michael J. *Human Change Processes: The Scientific Foundation of Psychotherapy.* New York: Basic Books, 1991.

Mann, James, Robert Goldman. *A Casebook in Time-Limited Psychotherapy.* New York: McGraw Hill, 1982.

Mann, James. *The Time-Limited* Psychotherapy. Cambridge, MA: Harvard University Press, 1973.

Mattes, J. A., B. Rosen, and D. F. Klein. »Comparison of the Clinical Effectiveness Short Versus Long Star Psychiatric Hospitalization. Results of Three-Year Post-Hospital Follow-up.« *Journal of Nervous and Mental Disease 165* (1977): 387–394.

McKenzie, K. R. »Recent Developments in Brief Psychotherapy.« *Hospital and Community Psychiatry 39* (1988): 742–752.

Melnechuk, T. »Emotions, Brain, Immunity, and Health: A Review.« In M. Clynes and J. Panksepp, eds., *Emotions and Psychopathology.* New York: Plenum Press, 1988.

Meredith, N. »Testing the Talking Cure.« *Science 86* (June 1986): 29–37.

Nossal, G. J. V. »Current Concepts: Immunology.« *The New England Journal of Medicine 316* (1987): 1320–1325.

O'Hanlon, William H., and Michele Weiner-Davis. *In Search of Solutions: A New Directions in Psychotherapy.* New York: W. W. Norton, 1989.

O'Hanlon, William Hudson & Angela L. Hexum. *Milton H. Ericksons gesammelte Fälle.* Stuttgart: Klett-Cotta, 1994.

O'Hanlon, William H. *Eckpfeiler. Grundlegende Prinzipien der Psychotherapie und Hypnose Milton H. Ericksons.* Salzhausen: ISKO, 1995.

Piper, William E., Elie G. Debbane, J. P. Bienvenu, and Jacques Garant. »A Comparative Study of Four Forms of Psychotherapy.« *Journal of Consulting and Clinical Psychology* 52, no 2 (April 1984): 268–279.

Rabkin, R. *Strategic Psychotherapy: Brief and Symptomatic Treatment.* New York: Basic Books. 1977.

Rosen, Sidney, ed. *My Voice Will Go with You: The Teaching Tales of Milton H. Erickson,* M. D. New York: W. W. Norton, 1985. (Die Lehrgeschichten von Milton H. Erickson. Salzhausen: ISKO, (3. Aufl.), 1995.)

Russell, Roberta, and R. D. Laing. *R. D. Laing & Me: Lessons in Love.* Lake Placid, New York: Hillgarth Press, 1992.

Sacks, Oliver. *The Man Who Mistook His Wife for a Hat: and Other Clinical Tales.* New York: Summit Books, 1985. (Der Mann, der seine Frau mit einem Hut verwechselte. Reinbek: rororo, 1990.)

Satir, Virginia, P. Englander-Golden. *Sei direkt. Der Weg zu freien Entscheidungen.* Paderborn: Junfermann, 1994.

Schwartz, Dieter. *Nicht gleich den Kopf verlieren. Vernünftiger Umgang mit selbstschädigenden Gefühlen.* Freiburg: Herder, 1991.

Seligman, Martin E. *Learned Optimism: How to Change Your Mind and Your Life.* New York: Alfred A. Knopf, 1990. (Pessimisten küßt man nicht. Optimismus kann man lernen. München: Droemer-Knaur, 1991.)

Shapiro, A. K. »A Contribution to the History of the Placedo Effect.« *Behavioral Science 5* (1960): 117.

Shapiro, F. »Eye Movement Desensitization & Reprocessing Procedure: From EMD to EMDR – A New Treatment Model for Anxiety and Related Trauma.« *The Behavior Therapist* (May 1991): 133–135.

Siegel, Bernard S. *Love, Medicine & Miracles.* New York: Harper & Row, 1986.

Smith, Mary L., G. V. Glass, and T. I. Miller. *The Benefits of Psychotherapy*. Baltimore, MD: Johns Hopkins University Press, 1980.

Solomon, G. F., et al. » An Intensive Psychoimmunologic Study of Long-Surviving with AIDS«, *Annals of the New York Academy of Sciences* 496 (1987): 647–655.

Strupp, Hans, Jeffrey, L. Binder: Kurzpsychotherapie. Stuttgart: Klett-Cotta, 1993.

Swartzburg, M., and A. Schwartz. »A Five Year Study of Brief Hospitalization.« *American Journal of Psychiatry 133* (1976): 922–924.

Talmon, Moshe. *Single-Session Therapy: Maximizing the Effect of the First (& Often Only) Therapeutic Encounter.* San Francisco: Jossey-Bass, 1990.

Watzlawick, Paul, J. H. Weakland, and R. Fish. *Change: Principles of Problem Formation & Problem Resolution.* New York: W. W. Norton, 1974. (Lösungen, Theorie und Praxis menschlichen Wandels. Bern: Huber, 1992).

Watzlawick, Paul. *Anleitung zum Unglücklichsein.* München: Piper, 1995.

White, Michael, and David Epston. *Narrative Means to Therapeutic Ends.* New York: W. W. Norton, 1990. (Die Zähmung der Monster, Literarische Mittel zu therapeutischen Zwecken. Heidelberg: Carl Auer Systeme, 1994.)

Zeig, Jeffrey K. *Die Weisheit des Unbewußten. Hypnotherapeutische Lektionen bei Milton H. Erickson.* Heidelberg: Carl Auer Systeme, 1995.

Zoist, Chris & Patricia Fogarty. *Wenn die Seele schlapp macht. Selbsthilfe mit Methoden der Kurzzeittherapie.* Hamburg: Kabel Verlag, 1994.